괴짜의사 Dr. Araw의 장편(掌篇) 강의

기독교의 3대 보물

괴짜의사 Dr. Araw의 장편(掌篇) 강의

기독교의 3대 보물

사·주·십

이선일 · 이성진 · 김선민 지음

산지

공저자 이성진

공저자는 저자의 큰 아들(5대째 기독교인)로서 아주 어릴 적부터 성경과 성구 암송, 복음과 교리에 대해 지독한 훈련을 받았다.

이는 대대로 내려오는 집안(Lee's Family)의 전통이기도 하다. 그에게는 일찍부터 성구 암송과 찬송가 가사 암송은 당근과 채찍이었다. 물론 최종 선택은 본인에게 있었다. 그의 선택은 한결같았고 그리하여 칭찬으로 일관되었다. 그렇게 그는 학문은 조금 늦게 간다고 하더라도 성경말씀은 항상 앞서가야 하는 분위기 속에서 자랐다.

그는 누나와 함께 초등학교때 외국으로 건너갔다. 처음엔 지긋지긋한 성경공부에서 벗어났다고 생각하며 여유를 부리려 했으나 금방 착각임을 알게 되었다. 저자인 그의 아버지는 정기적으로 외국을 오가며 공저자의 성경실력을 점검했고 복음과 교리를 더욱더 심층적으로 가르쳤기 때문이다.

그는 중학교(Surrey Christian School), 고등학교(Monte Vista Christian School, High), 대학교(Northeastern Univ. in Boston, Business & Psychology)를 거치며 계속 영성과 전문성을 쌓아갔다. 그리고 사업(BAM, Business as Mission, HRC빌딩 대표, 카페 팔레트 대표)으로 성공을 거두기도 했다. 지금은 대전 침례신학대학원(M. Div)에서 공부하며 전도사로 섬기고 있다.

그는 웅변과 설득에 탁월하다. 게다가 그의 다양한 언어구사 능력은 타의 추종을 불허한다. 아이디어맨이고 기획통이며 사람들을 잘 모은다. '큰 귀'를 통한 격려의 은사가 남다르고 '영안'과 더불어 온유한 성품을 지녔다. 심리학을 공부한 그는 마음이 따스하고 상대를 배려하며 무엇에든지 대화를 통해 잘 풀어간다.

그런 그가(요한복음, 요한계시록 공저자) 이번에는 <기독교의 3대 보물>의 공저자에 도전했다. 저자인 아버지의 지속적인 도전과 격려 때문이다. 신대원 졸업반으로서 바쁜 시간을 할애했다. 이것도 취하고 저것도 버리지 말라는 저자의 격려 속에 자신을 향하신 소명과 사명을 감당했다.

공저자 이메일 ssungly@gmail.com

공저자 김선민 목사/방어진제일교회

공저자는 세 아이의 아빠이자 저자의 멘티로서 대한예수교장로회(백석) 백석대학교 기독
교실용음악과(보컬)와 신학과를 복수전공했으며 신학대학원 Mdiv 과정을 졸업한 후 수년
간 찬양 사역, 청소년 사역 등을 감당해왔다. 현재는 저자가 운영하는 병원 근처인 울산 동
구 방어진제일교회에서 7년째 사역 중이다.

'한 번뿐인 인생, 하나님의 일하심을 보고 싶다'는 일념으로 중대형교회 사역을 내려놓고
개척교회에서 사역하기도 했다. 왜냐하면 성령하나님의 인도하심(할라크) 때문이다.
처음에는 큰 목회를 하며 좀 더 유명해지고 잘나가고 싶었다. 그러나 주인 되신 성령님은
강권적으로 당신의 뜻으로 이끄셨다. 그리하여 지금은 하나님이 원하시면 어느 곳이든 무
조건 순종하기로 했다. 물론 앞으로도 그럴 것이다.

2012년 신대원 재학 중 멘토인 저자와 처음 만났다. 당시 그는 사역에 대한 고민과 갈등,
결혼 등등으로 많은 고민에 빠져 있었다. 그때 선생님은 여러 가지 조언과 더불어 지속적
으로 멘토링을 해 주셨다. 그렇게 멘토와 멘티가 되었다. 2016년, 하나님의 인도하심으로
울산에 왔다. 2020년, 본격적으로 선생님과 함께 울산 지역 목회자들로 구성된 성경연구
모임 에이레네 팀의 리더로 함께하게 되었다.

선생님은 십수 년 전부터 나를 볼 때마다 훌륭한 목회자가 될 거라고 힘주어 말했다. 처음엔 격려라고 생각했다. 나 자신의 적나라한 현실을 보며 100% 믿진 않았으나 놀랍게도 내게는 확실한 자극과 도전이 되었다. 그로부터 10여 년이 지난 지금 나는 스스로를 보며 놀라고 있다. 훌륭한 목회자라는 것은 아니지만 저자가 말한대로 만들어져 가고 있음을 느끼기 때문이다.

2020년부터 시작된 선생님과의 성경연구 모임을 통해 파편적으로 흩뿌려져 있던 성경 말씀이 하나로 모아지기 시작했다. 또한 온갖 어려움과 바쁨 속에서도 하나님의 말씀에 푹 빠져 소망해왔던 주석들을 한 권, 한 권 완성해가시는 선생님의 모습을 곁에서 지켜보며 큰 도전을 받았다.

지금 나의 결심은 단호하다. '오직 말씀(Sola scriptura)', '다시 말씀'이다. 하나님 말씀에 집중하는 것이 목회 성공의 길이라 확신한다. 사실 목회를 하면 할수록 여러가지 잡념이 생기곤 한다. 가끔 혼란스러울 때도 있다. 그러나 그다지 신경쓰지는 않는다. 내게는 말씀이 있기 때문이다.

앞으로는 힘들고 어려울 때 더욱더 말씀에서 답을 찾고 잘될 때에도 말씀 앞에 온전히 무릎 꿇을 것이다. 그런 사람이 되길 간절히 소망한다. 작은 바람이 있다면, 많은 사람들에게 살아서 역사하시는 삼위일체 하나님의 말씀을 올바르게 선포하고 가르치는 것이다. 말씀이 주는 참된 기쁨을 나만 누리는 것이 아니라 많은 사람들도 누릴 수 있는 일에 쓰임 받기를 간절히 바란다.

공저자 이메일 suenmin@naver.com

2023년 2월!

7권을 끝으로 성령님의 인도하심을 따랐던 장편(掌篇) 주석의 대장정을 막 마쳤다. 이 책 〈기독교의 3대 보물〉이 나올 즈음(2023. 9월 예정)에는 7권의 장편 주석은 모두 다 출간되어 나의 가장 가까운 지인들의 손에 있게 될 것이다.

나와 공저자 최용민 전도사, 이상욱 전도사와 더불어 직전에 마쳤던 여섯 번째 창세기 장편(掌篇) 주석 〈태초에 하나님이 천지를 창조하시니라〉에서는 신론(Theology)과 인간론(Anthropolpogy)에 집중하며 의도적으로 하나님의 하나님 되심을 드러내려 노력했다. 더 나아가 창조주 하나님과 하나님의 형상을 따른(쩨렘, 데무트) 피조물 인간과의 바른 관계(Relationship)를 드러내면서 글과 글줄 사이에 '흔적'을 남기려고 노력했다. 동시에 친밀한 교제(Fellowship)를 통해 하나님의 마음에 합하게 사용되었던 선진들과 그렇지 못한 선진들을 비교했다.

절필을 결심하며 마지막으로 나와 공저자 이성준 님이 썼던 일곱 번째 사도행전 장편(掌篇) 주석 〈오직 성령이 너희에게 임하시면〉을 통하여는 사복음서(공관복음과 요한복음)와 서신서(바울서신과 사도서신)를 잇는 충실한 고리

역할을 놓치지 않으려고 애를 쓰며 집필했다. 28장(Chapter) 1,007 구절(Verses)로 이루어진 사도행전 (사도들의 발자취, 프락세이스 아포스톨로스)은 성령님께 붙잡힌 바 되어 쓰임을 받았던 사도들의 이야기인 성령행전(프락세이스 프뉴마토스)으로서 성령님을 주인으로 모시고 현재형 하나님나라를 살아가는 '우리들의 작은 이야기(발자취 곧 족적(足迹, footprints, mark))' 이기도 하다. 특별히 13장부터는 성령님의 세미하신 인도를 따라 황홀하게 펼쳐지고 있는 사도 바울의 발자취(프락세이스)를 소개하였다. 이 부분에 있어 나와 공저자는 성경의 모든 지명을 하나하나 다 찾아 일일이 그려가며 지도를 완성했다.

놀라운 발견이 있었다. 사도행전 28장(30-31절)은 바울의 제1차 로마 투옥(AD 61-63년, 상옥, 성경은 셋집(행 28:30))으로 끝난다는 점이다. 우리는 그 이후를 추적했다. 물론 하늘나라에 가서 물어보면 가장 정확할 것이다.

사도 바울은 1차 로마 감옥에서 석방 후(AD 63-67년) 티레니아해

(Tyrrhenian Sea)를 거쳐 보니파시오 해협(Strait of Bonifacio)을 지나 스페인으로 건너갔다. 이후 남하하여 지난날 요나가 도망가려 했던 다시스(Tarshish, 욘 1:3, 4:2) 지역을 통과하여 지브롤터 해협(Strait of Gibralt)을 보며 북 아프리카를 끼고 지중해를 항해하며 그레데(Crete), 에베소(Ephesus)에 도착했다. 다시 위로 올라가 드로아(Troas, 에게해 연안 항구도시, Troy북방 25Km)에 도착한 후 에게 해(Aegean Sea)를 건너 빌립보(Philippi)에 도착했다. 때가 겨울이었던 관계로 너무 추웠던 데다가 평생 선교를 다니며 골병이 들고 얻어맞은 후유증으로 노년이 되자 여기저기 아팠던 듯하다. 그리하여 과동하기 위해(딛 3:12) 따스한 휴양도시 니고볼리(Nicopolis, 승리의 도시(victorious city), Νικόπολις, 옥타비아누스의 악티움해전(BC 31) 승리 기념 도시)로 갔다가 당시 로마의 5대 황제 네로(AD 64년 로마 대화재(Great Fire of Rome) 사건 이후 그 희생양으로)에 의해 체포되는 것을 기록했다. 이후 아드리아 해(Adriatic Sea)를 거쳐 로마의 남동쪽 항구도시 브린디시움(Brindisium, Brindisi)에서 아피아 가도(Via Appia Antica)를 거쳐 AD 67년에 2차로 로마 감옥(하옥)에 투옥되었다. 그리고는 그 다음해 AD 68년에 순교하는 것으로 정리했다.

이미 오래 전에 나와 공저자 이성진 전도사(BAMer, HRC 빌딩 대표, 카페 팔레트 대표)가 출간했던 요한계시록 장편(掌篇) 주석 〈예수 그리스도 새 언약의 성취와 완성〉, 그리고 이후 수정했던 요한계시록 개정판 장편(掌

篇) 주석 〈예수 그리스도 복음의 계시라〉를 통하여는 교회론(Ecclesiology), 기독론(Christology), 종말론(Eschatology)을 의식하며 22장 404구절의 글줄 사이에 드러내려고 최선을 다했다. 그러다 보니 일곱 재앙의 시간적 순서에 따른 해석은 아예 지양했으며 사람과 사건의 대입이나 지금 혹은 지난 역사상 일어난 것들을 억지로 힘들게 해석하는 것 또한 지양했다. 오히려 상기에서 언급한 조직신학의 3대 기둥을 보다 더 드러내기 위해 개혁주의적 입장에서 철저히 계시(묵시, 아포칼립시스, ἀποκάλυψις)적 관점으로 주석했다. 물론 일부 세대주의적 관점에서의 예언(프로페테이아, προφητεία)적 입장도 아주 배제하지는 않았다.

나와 공저자 황의현 대표(이롬 글로벌)가 '믿음 3총사'라고 직접 별명을 지어주었던 갈라디아서 장편(掌篇) 주석 〈오직 의인은 믿음으로 말미암아 살리라〉, 그리고 이후 수정한 갈라디아서 개정판 장편(掌篇) 주석 〈예수 믿음과 하나님의 계명을 붙들라〉를 통하여는 '다른 복음'과 '바른 복음'의 차이를 드러내며 논쟁적인 정경답게 강하게 '오직 믿음(Sola Fide)'을 외치며 주석에 집중했다. 더하여 '하나님께 좋게 하랴, 하나님을 기쁘게 하랴' 아니면 '사람들에게 좋게 하랴, 사람들의 기쁨을 구하랴'고 2,000년 전보다 더욱더 큰 소리를 외치며 양단간에 결단할 것을 촉구했다.

나와 공저자 이성혜 대표(주, 리빔, 홍보 마케팅)가 역시 '믿음 3총사'라고 직접 별명을 지어주었던 히브리서 장편(掌篇) 주석 〈오직 믿음, 믿음, 그리고 믿음〉을 통하여는 '믿음'에 해당하는 헬라어 원어인 명사, 동사, 형용사적 의미를 개념화하여 주석함으로 하나님의 풍성한 은혜에 감격하는 시간을 가졌다. '믿음'에는 3종류가 있는데 곧 주신 믿음(명사 피스티스, πίστις, 객관적 믿음, 허락하신 믿음), 반응하는 믿음(동사 피스튜오, πιστεύω, 주관적 믿음, 고백하는 믿음), 하나님의 신실하심(형용사 피스토스, πιστός, 미쁘심)이다. 히브리서 주석을 통하여는 '오직 은혜(Sola Gratia)'를 글줄 사이에 넣으려고 최선을 다했다.

믿음 3총사(롬, 히, 갈)를 한 구절에 아우르고 있는 '오직 의인은 믿음으로 말미암아 살리라'는 말씀을 따라 '이신칭의, 이신득의'에 관하여는 '로마서(16장 433구절)'를 전면에 내세웠다. '믿음'에 관하여는 '히브리서(13장 303구절)'를, 그렇게 '믿음을 붙들고 살아가라'는 것에 관하여는 '갈라디아서(6장 149구절)'를 주석했다. 이후 나와 공저자는 이들 3권을 '믿음 3총사'라고 직접 별명을 지어주었던 것이다. 이들은 구원론(Soteriology)의 근간이 되는 '믿음(피스티스, 피스튜오, 피스토스)'에 관해 선명한 개념을 정립해주며 더 나아가 조직신학의 기독론(Christology), 교회론(Ecclesiology), 신론(Theology), 인간론(Anthropology), 종말론(Eschatology)을 아주 쉽게 설명해주기도 한다.

로마서 장편(掌篇) 주석 〈살아도 주를 위하여 죽어도 주를 위하여〉는 멘티인 이선호 원장(정형외과), 조카이자 멘티인 윤요셉 원장(안과)과 공저했다. 모든 인간은 한 번은 육신적 죽음을 맞게 된다(히 9:27). 그렇다면 살아있는 동안 하나님의 뜻을 따라 하나님의 기쁨으로 살아간다는 것은 모든 그리스도인들의 소망이자 특권이다. 더 나아가 죽음 자체도 순교로 장식한다면 더할 나위 없는 것이다. 이런 관점을 기저에 두고 주석을 했다. 특히 이 책은 16장 433구절을 핵심 14구절로 먼저 압축하여 전체적인 흐름을 잡은 뒤 디테일을 통한 구원론(Soteriology)을 드러내려 노력했다.

나와 공저자 이성진 대표(BAMer, HRC 빌딩 대표, 카페 팔레트 대표)는 21장(Chapter) 879구절(Verses)인 요한복음 장편(掌篇) 주석 〈은혜 위에 은혜러라〉를 통하여는 하나님의 은혜를 통해 주신 율법(죄 인식, 메시야 대망)과 그 율법을 완성하신 은혜 위에 은혜(예수 그리스도 생명)를 감사하며 찬양하며 복음

과 교리에 집중하며 주석했다.

　상기의 책들은 이미 출간되어 주변의 목회자들, 전도사들, 전문인들과
더불어 성경공부 모임을 통해 나누고 있는 중이다. 그렇게 나는 지난 5년
간을 가쁜 숨을 겨우겨우 고르며 쉴 새 없이 달려왔다. 지난 정권의 폭정
과 코로나가 준 축복이기도 하다.

　〈기독교의 3대 보물〉의 프롤로그를 처음 썼던 때는 바야흐로 겨울이
서서히 밀려가며 막 봄이 들이닥치려는 찰나였다. 당시 햇볕이 드는 창가
의 따스함이 더욱더 봄을 느끼게 했었다.

　'겨울과 봄', '바람과 햇볕', '차가움과 따스함'이라는 둘 사이의 힘겨루
기는 마치 작금의 이 땅에서 치열하게 싸우고 있는 민주(사람(?)이 먼저다)로
위장한 극좌파와 자유 우파(자유민주 곧 인권과 자유)의 둘 사이를 보는 것만 같
다. 나는 '역사의 주관자 하나님'의 섭리(providence)와 경륜(administration) 하
에 순응하고 있는 대자연의 흐름은 아예 거역할 수 없다고 단언한다.

　당시 내게는 신체적 변화가 조금씩 찾아오고 있었다. 그것은 지독한 불
청객으로 한번도 빠짐없이 매년 찾아오는 알러지성 비염(Allergic Rhinitis)이
었다. 겨울이 싫은 나는 매년 다가올 봄을 그렇게나 고대하지만 그럼에도
불구하고 나의 신체 중 한 부분인 코(Nasal stiffness, Rhinorrhea)만큼은 이제
나저제나 하면서 봄을 두려워했다. 매년 거의 2월 말에서 5월 말까지는
연례행사인 양 코에서 맑은 물이 줄줄 흘렀다. 코 주변은 벌겋게 되다 못
해 피부가 벗겨지고 쉴 새 없이 흐르는 그 녀석(?) 때문에 탈수마저 오곤
했다. 산골짜기마다 계곡의 물들은 점점 더 줄어드는데 이 골짜기의 물만

큼은 날로 풍성해지는 것이 신비하다.

이런 성가심에도 불구하고 하나님이 창조하신 대자연의 여기 저기서 파릇파릇 돋아나는 새싹(sprout, shoot)들 때문에 봄을 싫어할 수가 없다. 가지마다 솟아나는 새순(筍, bud)들 때문에 그에게서 눈을 뗄 수가 없다. 그러다가 봉우리진 꽃망울이 밝은 미소를 띄기라도 하면 나의 모든 힘듦은 삽시간에 사라져버린다.

새봄과 함께 기지개를 펴며 기독교의 3대 보물인 사도신경(Symbolum Apostolicum, The Apostles' Creed), 주기도문(The Lord's Prayer), 십계명(The Ten Commandments)의 원고를 썼던 때가 엊그제 같다. 이들은 믿음, 소망, 사랑을 품고 있다. 이 셋은 어려서부터 지금까지 아주 오랜 기간 동안 나와 함께 해왔다. 그만큼 나에게는 익숙하고 그만큼 내가 약간은 경시했던 부분이기도 하다.

지난날 이 세 부분을 깊이 묵상하다가 기독교의 모든 기본과 근본 골격, 진리가 들어있음을 처절하게 깨달았다. 그 이후로 나는 틈나는 대로 이 세 부분을 반복하여 강의해왔고 자주 설교도 했다. 몇 번이고 책으로 쓰려는 시도도 했었다. 그러나 중도에서 포기하곤 했다.

아무튼 올해 봄 7권의 장편(掌篇) 주석을 마치자마자 절필을 선언하며 쉬었다. 그러나 불과 얼마 지나지 않아 글을 쓰지 않음으로 인한 괴로움이 찾아왔다. 끄적거렸던 원고를 들었다 놓았다 하기를 수차례 반복했다. 그러는 사이에 계절이 바뀌었다. 이제는 그 원고를 수정하며 지금과 연결시키려니 글의 시제가 엉망이 되고 있다.

답답함에 친구이자 유명한 베스트셀러 작가인 조창인(가시고기 우리 아빠)에게 연락했다. 그리고는 그 친구의 격려에 힘입어 좌고우면(左顧右眄)하지 않고 곧장 이 책 〈기독교의 3대 보물〉을 다시 쓰고 있다.

뒤이어 큰 아들인 이성진 전도사와 멘티인 김선민 목사에게 연락하여 공저자로 도와줄 것을 요청했다. 그들의 흔쾌한 답변을 받자마자 최근에 다시 쓰게 된 것이다.

내주(內住)하셔서 그렇게 인도하시고 역사하신 주인 되신 성령님을 한없이 찬양한다. 나는 나하흐의 하나님, 에트의 하나님, 할라크의 하나님이신 삼위일체 하나님을 믿고 따르는 일에 목숨을 건다. 언제나 글을 씀에 있어서의 관계는 분명하다.

'나는 기록자로서, 당신은 원저자로서.'

기독교인들에게 있어서 믿음, 소망, 사랑 이 세 가지는 항상 있을 명제이자 소중한 덕목이다.

개중 '믿음'에 해당하는 '사도신경(Symbolum Apostolicum, The Apostles' Creed)'이란 기독교 복음의 본질적인 진리에 대한 개개인의 성경적인 신앙고백이다. 곧 내가 누구를 믿으며 무엇을 믿고 어떻게 그 믿음을 따라 살아갈 것인가에 대한 선명한 답이다. 이는 오직 믿음(피스티스), 믿음(피스튜오), 그리고 믿음(피스토스)에 대한 성령님의 말씀이기도 하다. 사도신경은 '다른 하나님(기능론적 종속성), 한 분 하나님(존재론적 동질성)'이신 삼위일체 하나님에 대한 명확한 개념 정립에 도움을 준다.

'소망'에 해당하는 '주기도문(마 6:9-13, 눅 11:2-4, The Lord's Prayer)'은 사람의 호흡에 해당한다. 그렇기에 주기도문을 통해 우리는 '생명(살라는 명령, (生命))'을 유지할 수 있고 '생명(살라는 명령, (生命))'을 지속할 수가 있다. 그런 주기도문은 하나님께 대한 바른 기도의 모범을, 하나님과의 바른 대화에 대한 방법을 알려준다. 그렇기에 예수님께서 가르쳐 주신 주기도는 우리 성도들의 '지극한 소망'인 것이 맞다. 하나님께 드리는 '바른 기도'에 있어서의 그 대상은 성부하나님이시다. 동시에 우리는 성령하나님의 도움을 바라며 기도해야 하고 성자예수님의 이름에 의지하여 기도를 끝맺어야 한다.

'십계명(עֲשֶׂרֶת, 아쉐레트, 신 4:13, Ten, 열 마디 말씀, The Comandments, 하데바림, הַדְּבָרִים, 출 20:3-17, 신 5:7-21)'은 '사랑'의 계명으로 피조물인 인간은 창조주 하나님을 사랑해야 하고 피조물인 인간끼리는 서로 사랑하며 살라는 말씀이다. 단, 서로 사랑하되 '먼저' 사랑이어야 하고 '무조건적' 사랑이어야 한다. 그렇기에 십계명은 길지 않은 유한되고 제한된 직선의 일회 인생을 살아가며 어떻게 살다가 죽을 것인가, 무엇을 하다가 죽을 것인가에 대해 선명한 답을 제시한다. 곧 '사랑'에 입각하여 부르심(소명, Calling)을 따라 보내신 곳(사명, Mission)에서 하나님의 뜻에 맞게 충성되게 살아가야 함을 명료하게 제시하고 있는 것이다.

지난날 끄적거렸다가 아무렇지도 않게 던져버렸던 이 책 〈기독교의 3대 보물〉의 원고를 다시 정리하는 것이 호락호락하지 않음을 느낀다. 지난 몇 년 동안의 누적된 육체적인 피로는 상황을 더 어렵게 만들고 있다. 힘이 빠지고 늘어지기 시작하자 의욕이 줄어들며 몸이 원활하게 움직여주지를 않는다. 그때 성령님은 친구인 조창인 작가를 생각나게 하셨고 동역자인 공저자 이성진 전도사와 김선민 목사를 허락하셨다.

성령님은 다시 방향을 정해주시며 이끄시고 밀고 가셨다. 아니 정확하게는 끌고 가셨다. 그저 감사이며 그저 할렐루야이다.

지금까지의 저술에서 밝혔듯이 나는 노년에 들어서며 급격히 체력이 떨어졌다. 자주자주 바닥을 치곤 한다. 여생에 대한 자신감이 줄어들자 삶의 가치(Core Value)와 우선순위(Priority)를 조정했다. 그리고는 여생에 반드시 저술하고 싶은 것들을 다시 하나씩 차례대로 줄을 세웠다.

감사하게도 내게는 주변에 잘 준비된 동역자들이 제법 있다. 곧 나의 아이들과 평생을 함께 해온 멘티들이다. 그들은 하나같이 모든 저술들에서 공저자로 나와 동역을 했으며 지금까지 나의 저술들에 기꺼이 합류했다. 훗날 그들은 나의 모든 저술들을 업그레이드, 업데이트 해줄 것이다. 그렇기에 나는 내게 맡겨진 소임을 다하게 되는 그날에 기쁨으로 미래형 하나님나라로 달려 갈 것이다.

돌이켜보면 나는 지금까지 수많은 실수들을 저질렀다. 그런 내게는 지독한 허물이 있고 모든 지식에는 일천하기까지 하다. 그럼에도 불구하고 그런 나를 매번 택하여 주신 것은 크신 하나님의 은혜이다. 신실하시고 고마우신 삼위일체 하나님께 그저 감사할 뿐이다.

특이하게도 지난날부터 저술을 할 때마다 처음 시작은 막막하고 답답했다. 신기하게도 매번 똑같았다. 그래서 그때마다 당황하곤 했다. 매번 망설이며 주저할 때마다 성령님의 음성은 분명했다.

'너는 기록자일 뿐이고 저자는 나다. 그리고 네가 쓰는 것이 아니라 내가 쓰는 것이다.'

나는 그 음성이 들리기가 무섭게 '아멘'으로 화답하며 기쁨으로 원고를 써 내려가곤 했다. 이번에도 동일하다. 그렇기에 성령님과 동행(할라크의 하나님)하게 될 색다른 모험여행이 엄청 기대가 된다.

어떤 결과물이 도출될까?

마음이 마구 설레고 있다. 가슴은 두근거리다 못해 쿵쾅거린다. 엔도르핀이 치솟아 오른다. 어느새 손이, 손가락이 마구 움직이기 시작하며 마음이 벅차다. 머릿속 뇌세포가 하나씩 정렬되는 듯하다.

나는 인생 65년을 뛰어넘으며 이제는 '오직 말씀(Sola Scriptura)', '오직 예수(Solus Christus)', '오직 믿음(Sola Fide)', '오직 은혜(Sola Gratia)', '오직 성령(Solus Spiritus)'뿐이다. 그렇기에 여생 또한 '오직 삼위일체 하나님께만 영광(Soli Deo Gloria)'을 돌리며 살아갈 것이다.

나는 정형외과 전문의(M.D)이며 생리학 박사(Ph D)이다. 임상의사(Clinician)이지만 의학에 대한 기초적인 학문(《인체의 신비》, 해부학과 생리학)을 사랑하는 의사(Basic Scientist)이기도 하다. 매사 매 순간 누구보다도 알차게 살아가며 최선을 다하는, 열정적인 독특한 의사이다. 나보다 앞서간 동일한 영역의 선배 중에는 영국 왕립의과대학 외과의사였던 마틴 로이드 존스(1899-1981, 사도행전은 가장 서정적인 책)가 있다. 그를 뛰어 넘어보려고 얕은 물가에 서서, 넓고 깊은, 끝없는 망망대해(茫茫大海, a boundless ocean, open sea)를 바라보며 많이 찰싹거려왔다. 지금도, 앞으로도 그럴 것이다.

그런 나는 정규 신학의 커리큘럼을 온전히 거치기도 했다. 처음 한 번은 시원찮게 보냈다. 이후 좀 더 잘해보려고 두 번째로 신대원(M. Div.)에서 나를 점검하기도 했다. 나는 설교 목사와 교육선교사를 했다. 내게는 일곱 분의 살뜰한 멘토도 있었는데 그중의 한 분이 나의 선친이신 이윤화 목사이다.

나는 지난 40여 년 동안 의료선교사로서 성경교사로서 청년사역자로서 제법 치열하게 알차게 살아왔다. 진료와 시술, 수술 틈틈이 성경을 읽고 묵상하며 암송했다. 진료가 끝나면 혼자 진료실에 남아 밤 늦게까지 앞서가는 신앙선배들의 책을 읽고 또 읽었다. 예전에는 다독을 즐겨했다면 최근에는 엄선한 책을 정독하며 몇 번이고 집중하면서 반복하여 읽는다.

나의 장점 중 하나는, 한번 시작한 일은 반드시 끝을 보고야 마는 것이다. 그리하여 엄혹했던, 적어도 내게는, 지난 수년 사이에 10여 권의 책을 출간했다. 이런 나의 모습에 대해 주변의 모든 사람들은 의아해하지만 나는 분명한 이유를 말할 수 있다.

그것은, 매사 매 순간 간섭하셨고 함께 하셨으며 뒤에서 밀어주셨고 방향을 제시해 주셨으며 앞서서 이끌어 가시며 인도하셨던 삼위일체 하나님이 계셨던 때문이다.

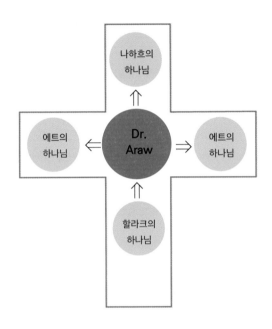

나하흐(엑사고, ἐξάγω, נָחָה)의 성부하나님!

에트(אֵת, with us is God", the name of a child/엠마누엘 Ἐμμανουήλ, "God with us", Immanuel, a name of Christ)의 성자하나님!

할라크(הָלַךְ)의 성령하나님!

이번 〈기독교의 3대 보물〉은 사도신경을 시작으로 주기도문, 십계명에 대해 하나씩 차근차근 설명하려 한다. 처음에는 따로 한 권씩 나누어 집필하려고 했으나 기도 후 한 권으로 묶기로 최종 결정했다.

이 글 또한 앞서 모든 책들과 마찬가지로 전도사들과 크리스천 청년 리더들을 대상으로 하는, 장편(長篇)이 아닌, 장편(掌篇)의 해설서임과 아울러 앞서간 신앙선배들의 생각들을 개념 정리(Conceptualization)한 것임을 밝힌다. 장편(掌篇) 주석이란, 손바닥 만한 지식의 '얕고 넓은 강의(장편(掌篇))'라는 것이다. 마치 장풍(掌風)의 허풍(虛風)처럼······.

충실한 디딤돌 역할!

소량의 마중물 역할!

미주에 참고도서 목록을 모두 다 밝혔다. 그러나 주로 참고한 도서는 **사도신경**(제임스 패커/김진웅 옮김, 아바서원, 2021), **십계명**(제임스 패커/김진웅 옮김, 아바서원, 2012), **주기도문**(제임스 패커/김진웅 옮김, 아바서원, 2012), **십계명**(스탠리 하우어워스, 윌리엄 윌리몬, 복 있는 사람, 2019), **사도신경**(알리스터 맥그래스/송동민 옮김, 죠이북스, 2020), **메시지 신약**(유진 피터슨, 복 있는 사람, 2009), **게제니우스 히브리어 아람어사전**(생명의 말씀사), **스트롱코드 헬라어사전**(로고스), **로고스 스트롱코드 히브리어 헬라어사전**(개혁개정4판), **핵심 성경히브리어**(김진섭, 황선우 지음, 2012), **핵심 성경히브리어**(크리스챤출판사, 2013), **직독직해를 위한 히브리어 400 단어장**(솔로몬), 직독직해를 위한 헬라어 400 단어장(솔로몬), 성경 히브리어(크리스찬출판사), 신약성경 헬라어 문법(크리스찬출판사) 등등이다.

이들을 토대로 진료실에 파묻혀 나의 생각을 다시 조정하고 주시는 말씀(요 14:26)에 귀를 기울였다. 반복된 성령님의 음성에 민감함으로 많은 부분을 첨삭했다.

매번 집필을 할 때마다 정해 놓은 대원칙은 결코 흔들지 않으려고 무척이나 애를 쓰고 있다.

가장 먼저는 문자를 면밀하게 세심히 살피는 일이다. 6대 속성(무오류성, 완전성, 충분성, 명료성, 권위성, 최종성)과 더불어 성령님의 감동으로 쓰여진 축자영감(逐字靈感, Verbal Inspiraion), 유기영감(有機 靈感, Organic Inspiraion), 완전영감(完全靈感, Plenary Inspiraion)이다. 그렇기에 한글번역과 영어, 헬라어, 라틴어, 히브리어를 모두 다 찾아 비교했다. 어린 시절부터 익숙한 개역한글판 성경을 주로 이용했다. 그렇다고 하더라도 너무 문자적으로 접근하지는 않았다. 또한 이 책 〈기독교의 3대 보물〉 자체를 규범화(規範化, standardization)하거나 원리화(原理化, fundamentalization)하는 것에는 반대한다.

둘째는 단락을 떼어 읽지 않고 전후 맥락을 늘 함께 읽는다. 그리고는 왜 지금 이 부분을 그렇게 기록했는지를 고민하며 전후의 연결고리를 파악하려고 애를 쓴다. 동시에 이 부분을 해석하기 위해 성경의 다른 부분을 찾아 연결시키려고 노력한다.

셋째는 상징(symbolic)과 의미(meaning), 예표(typological)하는 바가 무엇인지를 살핀다. 특별히 구속사(Salvation history, History of Redemption)적인 해석

에 중점을 둔다.

넷째는 배경(background) 곧 역사적 배경(Historical background)이나 문화적 배경(Cultural background)을 찾아 특별히 '유기영감(Organic Inspiration)'으로 기록된 그 말씀의 원뜻을 파악하려고 노력한다. 더 나아가 오늘의 내게 주시는 말씀에 귀를 기울인다.

종국적으로는 성경의 원저자이시고 우리의 주인 되신 성령님께 무릎 꿇고는 가르쳐 주시고 깨닫게 해주시라(요 14:26)고 조용히 듣는 기도를 올린다. 아버지 하나님의 마음을 정확하게 알게 해달라고 간구한다.

이번에 출간될 〈기독교의 3대 보물〉이라는 책은 아주 깊지 않게, 동시에 쓸데없이 광범위하지 않게 기술하려고 몸부림을 칠 것이다.

나는 유한된 한 번 인생을 살아가며 매사 매 순간에 '본질'에는 목숨을 건다. 반면에 본질이 아닌 것에는 기다림과 듣는 훈련을 하곤 한다.

오늘날 우리는 본질을 흔들려는 악한 세력들의 교묘한 도전과 위험에 직면해 있다. 악한 영의 거대한 세력들이 도처에서 날뛰고 있다. 이러한 때에는 숨죽이거나 뒤로 물러서면 필패하고 만다. 그러므로 당당하게 담대하게 맞서야 한다. 움츠려 들지 말고 실력을 갖추고 그들을 무찔러야 한다. 더 이상 고상함을 가장한 비굴함은 버려야 한다.

이 책 〈기독교의 3대 보물〉은 함께 살아가는 오늘의 교회들과 청년지도자들에게 삼위일체 하나님의 섭리와 경륜을, 순간순간을 인도해가시는 성령님의 세미한 손길을 전하고자 떨림으로 쓴 것이다. 매번 저술할 때마다 느꼈던 것은 어눌한 표현과 문맥의 어색함, 그리고 일천한 지식이었다. 그럼에도 불구하고 또한 매번 글을 쓰는 이유는 분명하다. 불꽃이 아닌 불씨의 역할, 디딤돌, 마중물의 역할이며 나보다 훨씬 뛰어난 후배들을 선동하고 싶은 강한 욕망 때문이다.

'6 Sola.'

늘 감사하는 것은 암투병을 하며 지금까지 의연하게 대처해왔던 소중한 아내 김정미 선교사(대한민국 여성미술 추대작가)의 마음씀씀이다. 그녀(Sarah)는 내가 답답해 할 때마다 격려해 주었고 용기를 주었던 내 영혼의 친구(Soulmate)이다. 그가 했던 말이 귓가에 쟁쟁하다.

'당신은 영적 싸움을, 나는 암과의 싸움을."

사랑하는 아내에게 감사와 사랑, 그리고 존중을 전하며 이 책을 헌정한다. 어설픈 주석을 쓰느라 끙끙거릴 때마다 그녀는 용기와 격려, 위로를 아끼지 않았다.

아내 김정미 선교사를 아는 모든 사람들은 그런 그녀에 대해 나의 말을 자신있게 증언할 것이다. 아울러 외동 딸 이성혜 대표(히브리서 공저자, 홍보 마케팅 회사, 리빔 대표)와 사위 황의현 대표(갈라디아서 공저자, 이롬 글로벌 대표)에게, 큰 아들 이성진 전도사(요한복음, 요한계시록 공저자, BAM리

더, HRC빌딩 대표, 카페 팔레트 대표), 막내 성준(사도행전 공저자, 찬양리더), 외조카이자
멘티 윤요셉 교수(로마서 공저자, 안과의사), 멘티 이선호 원장(로마서 공저자, 정형외과
의사), 창세기 공저자 멘티 최용민 전도사(말씀과 교리, 카리스 팀장), 멘티 이상욱
전도사(말씀과 교리, 레마 팀장), 멘티 김선민 목사(말씀과 교리, 에이레네 팀장, 방어진 제일
교회)에게 감사와 사랑을 전한다.

이 책이 나오기까지 함께 해준 도서출판 산지의 대표이자 나의 친구 조
창인 작가(가시고기 우리 아빠)와 김진미 대표(빅픽처가족연구소 소장, 이너프마더 대표)에
게 감사를 전한다. 또한 공저자로 나서준 나의 큰 아들 이성진 대표(전도
사), 멘티 김선민 목사(방어진제일교회)에게 지극한 감사를 전한다. 추천사와
함께 따끔한 충고도 아끼지 않은 여러 친구들에게 감사를 전한다.

매번 책을 출간할 때마다 멘티들의 도움이 있었다. 이번에도 그들은 바
쁜 시간을 쪼개어 교정과 문맥을 잡아 주었다. 그들에게 진심어린 감사를
전한다. 또한 음으로 양으로 도움을 준 모두에게 감사를 전한다.

살롬!
오직 하나님께만 영광!

울산의 소망정형외과 진료실에서
Dr Araw 이선일
hopedraraw@hanmail.net

괴짜의사 Dr. Araw의 장편(掌篇) 강의
기독교의 3대 보물

괴짜의사 Dr. Araw의 장편(掌篇) 강의

기독교의 3대 보물

레마 이야기 1

사 . 주 . 십

나와 공저자는 사도신경(使徒信經, The Apostles' Creed), 주기도문 (Lord's Prayer), 십계명(十誡命, The Ten Commandments)을 '기독교의 3대 보물'[1] 이라고 칭한다. 그렇기에 상기의 3가지를 지금까지 그렇게 기독교의 알 토란(土卵)같은 보물이라고 외쳐왔다. 이런 보물들을 보다 더 쉽게 잘 전하 고 싶어 나와 공저자는 기독교의 핵심단어 3가지인 믿음, 소망, 사랑으로 대치하기도 했다.

---

1 기독교의 3대 보물이란 사도신경(使徒信經, The Apostles' Creed, Symbolum Apostolicum or Symbolum Apostolorum), 주기도문(Protestant, 마 6:9-13, 눅 11:2-4, Lord's Prayer, Oratorio Dominica(Pater noster), 주님의 기도(RCC, 성공회), 주의 기도(Orthodox), 퀴리아케 프로슈케 (κυριακή προσευχή)), 십계명(출 20:3-17, 신 5:7-21, 十誡命, The Ten Commandments)을 말한 다. 다음 학자들의 도움을 많이 받았다. 1.제임스 패커(James Packer, 영, 1926-2020) 1944 옥스퍼드 대: J을 인격적으로 만남, 1979-1996 캐나다 리젠트칼리지(역사신학, 조직신학), [하나님을 아는 지식 (knowing God), CLC, 1996] 2.알리스터 맥그래스(Alister Edger McGrath, 북 아일랜드, 1953), 옥스 퍼드 역사신학, 킹스 칼리지 런던 신학부 학장, 현, 옥스퍼드 대 과학과 종교강좌 석좌교수(Andreas Idreos Prof. of Science & Religion), 생화학 박사(분자생물물리학), 신학박사(조직신학), 문학박사(역 사), 3.스탠리 하우어워스(stanley Hauerwas, 미, 1940), 성공회 신학자, 기독교 윤리학자, 사우스 웨 스턴 대-예일신대원(신학, 윤리학)-현, 애버딘 대(신학적 윤리학 교수, 스코틀랜드), 4.윌리엄 윌리몬 (William Henry Willimon, 미, 1946), 미, 듀크대 Divinity School학장역임, 2008, 미국 연합감리교회 감독 등이다.

기독교의 3대 보물		
사도신경	주기도문	십계명 삶에서의 '명료한 기준': 목자의 손에 잡힌 지팡이 삶의 '든든한 보호막': 목자의 손에 잡힌 막대기
누구를 믿을 것인가	어떻게 기도할 것인가	
기독교의 핵심 3단어		
믿음 피스티스 피스튜오 피스토스	소망 미래형 하나님나라에의 입성 영생	사랑 서로 사랑, 먼저 사랑 하나님 사랑 이웃 사랑

먼저 기독교의 3대 보물 중 기독교 신앙의 핵심이 들어있는 '사도신경'은 유한된 한 번의 직선 인생 동안에 내가 누구를 믿을 것인가라는 '믿음'으로 대치했다. 곧 '삼위일체 하나님을 믿으라'는 것과 '다른 하나님, 한 분 하나님'이신 삼위일체 하나님에 관한 선명한 개념 정립(conceptualization)에 대한 명료한 답을 제시하고자 한다.

예수님께서 직접 가르쳐 주신, 그리스도인으로서의 올바른 삶과 결단의 기도를 가르쳐주고 있는 '주기도문(마 6:9-13, 눅 11:2-4)'을 통하여는 피조물인 나와 창조주인 삼위일체 하나님과의 바른 관계와 친밀한 교제를 통해 소망을 공급 받고 그 소망을 견고히 붙들게 되기에 '소망'에 해당한다고 했다. 여기서 '소망(엘피스)'이란 미래형 하나님나라에의 입성과 영생을 말한다. 이런 '주기도문'은 '삼위일체 하나님과 어떻게 대화할 것인가'

라는 것에 대한 명쾌한 답을 준다.

온 율법과 선지자의 강령으로서 하나님 사랑과 사람 사랑을 말씀하고 있는 새 계명(요 13:34-35, 14:15, 21)인 '사랑'에 해당하는 '십계명'은 그리스도인들의 행동 규범과 순종에 관한 것이다. 이 '십계명'은 얼핏 의무처럼 보이나 사실은 험한 세상을 살아가는 동안 명료한 기준과 든든한 보호막이 되기에 '사랑'에 해당한다고 했다.

'명료한 기준'이란 목자의 손에 잡힌 지팡이(시 23:4)를 말하며 '든든한 보호막'이란 목자의 손에 잡힌 막대기(시 23:4)를 말한다. 즉 '십계명'은 우리의 목자 되신 예수님의 손에 잡힌 지팡이와 막대기라는 의미이다.

시편 23편 4절에는 "주의 지팡이와 막대기가 나를 안위하시나이다"라고 말씀하고 있다. 결국 '십계명'은 우리 인생의 명료한 기준이요 우리의 삶을 안위하는 든든한 보호막인 것이다.

그런 '십계명(출 20:1-17, 신 5:1-21)'은 길어야 70, 건강해도 80인 한 번의 유한된 직선 인생을 피조물인 나와 창조주인 삼위일체 하나님과의 바른 관계와 친밀한 교제 가운데 '어떻게 살다가 죽을 것인가, 무엇을 하다가 죽을 것인가'라는 명제에 대한 최고의 답을 준다.

언뜻 십계명의 경우 선입관에서 '사랑'과의 연결이 잘 안될 뿐만 아니라 어색하게 느껴질 수도 있다. 왜냐하면 계명이란 의무로서 누구에게나 약간은 짐(burden)으로 다가오기 때문이다. 그러나 조금만 더 곰곰이 생각해보면 하나님 사랑과 더불어 이웃 사랑으로 살아가는 십계명은 그리스도인이 살아갈 인생의 가이드 라인이자 보호막으로서 기독교인의 특별하고도 최고의 권리임이 틀림없다. 다시 강조하지만 십계명은 기독교인의 특별한 권리로서 사랑으로 행하고 사랑으로 살아갈 수 있는 특권을 남다르게 누리라고 주신 것이다.

상기의 모든 사실들을 전제하고 보면 오늘날 작금의 현실 기독교는 매우 암담해 보인다. 왜냐하면 최고로 값이 나가는 3종류의 보물인 진주가 진흙 속에 묻혀 있다는 사실 자체를 모르거나 알면서도 등한시한다는 느낌이 들기 때문이다.

일반적으로 기독교의 핵심을 가장 정확하게 동시에 한 마디로 명료하게 전하려면 기독교의 3대 보물인 사도신경, 주기도문, 십계명을 잘 설명해주면 된다. 이 이상의 집약적이고도 핵심적인 요약은 찾아볼 수 없을 정도이다. 그런 의미에서 나와 공저자는 기독교의 3대 보물만큼은 교회학교 교육과 가정교육에서 반드시 반복하고 또 반복하여 가르쳐야 한다고 주장한다. 어린 아이 때부터 시작하는 성경과 교리를 근간으로 하는 교회학교의 '말씀 교육'과 책임있는 크리스천 부모로서 가정에서의 '말씀교육(자녀교육, 성경암송 등등)'은 아무리 강조해도 지나치지 않다. 교육에 있어 특히 '개념화 작업(conceptualization)'에 대한 중요성은 더욱 그러하다.

4대째 기독교인으로 태어난 나는 교회 안에서 자랐기에 말씀과 교리를 반복적으로 배우며 자랐다. 특별히 나의 멘토 중의 한 분이셨던 선친 이윤화 목사의 집중적인 가르침도 받았다. 어렸던 그 시절에는 그 가르침이 얼마나 귀한 것인지를 잘 몰랐다. 훗날 장성한 후에야 그것이 얼마나 소중한 것인지를 알게 되었다. 그런 연고로 나는 자녀들(공저자를 포함한 삼남매)에게 어려서부터 성경암송과 더불어 교리를 반(半) 강제적으로 가르쳤다.

　지난날 나의 경우에는 체벌(punishment) 대신에 성경암송을 했다. 내가 저지른 실수의 크기에 따라 큰 실수는 체벌 5대, 중간은 3대, 사소한 실수는 1대였다. 회초리로 맞아도 되었으나 체벌의 댓수만큼 성경구절을 외운다면 체벌은 면제되었다. 맞는 것이 싫어 그때마다 성구암송을 했다. 그렇게 자랐던 나는 아이들에게 '말씀의 중요성'과 함께 '용돈벌이'를 하게끔 유도하며 성경암송을 시켰고 동시에 번 돈을 어떻게 쓸 것인지 '성경적 자본주의'의 중요성도 가르쳤다.

　사연인즉 지난날 나는 큰 아이들(히브리서 공저자 이성혜/요한복음, 요한계시록 공저자 이성진)에게 성경암송 한 구절에 1,000원, 찬송가 가사 하나에 500원을 정했다. 뒤늦게 Lee's family에 합류한 막내(사도행전 공저자 이성준)에게는 2배를 제시했다. 시간이 지나며 구절이 10개가 쌓이면 인센티브를 주곤 했다. 그 다음날에 반복하여 암송하면 1/2을 계속 얹어 주었다. 아이들은 그것으로 십일조, 감사헌금, 주일헌금, 선교헌금, 장학헌금, 구제헌금 등등에 썼고 필요한 것들을 샀으며 친구들과 맛난 것을 사 먹었다.

세월이 갈수록 늘어난 눈덩이 같은 성경구절들은 어느새 번듯한 수많은 눈사람들을 만들었다. 그렇게 시간이 흘러가며 나는 소기의 목적을 달성하게 되었다. 원래 품었던 '나름의 계획'이 성공하자 너무 기뻐 속으로 쾌재를 불렀다. 놀라운 것은, 처음에는 힘들어하던 아이들도 말씀이 풍성해지자 굉장히 즐거워했던 것이다. 그리하여 오늘날 삼남매는 성경교사로서의 말씀과 교리 실력에 전혀 부족함이 없게 되었고, 모든 나의 저술들에 나와 공저자가[2] 되었다. 아이들은 내가 먼저 미래형 하나님나라에 가게 되면 나의 뒤를 이어 성경교사로 살아가게 되리라 확신한다. 그런 아이들을 보게 된 오늘의 나는 행복한 사람이다.

모든 그리스도인들은 '오직 말씀'과 더불어 그 말씀을 바르게 해석하는 길라잡이인 '바른 교리'를 열심히 배워야 한다(요 14:21). 말씀과 교리를 가르치는 그 일에 목회자나 성경교사들은 열정적이어야 하며 성도들을 올바르게 잘 가르쳐야 한다(딤전 3:2, 4:13, 딤후 4:2, 딛 1:9). 그리하여 성도들을 "믿는 것과 아는 일에 하나(엡 4:13)"가 된, 성장(Growth)과 성숙(Maturity)이 있는 그리스도인들로 양육해야 한다.

"그러므로 믿음은 들음에서 나며 들음은 그리스도의 말씀(롬 10:17)으로

2　나는 나의 자녀들(오직 믿음, 믿음, 그리고 믿음, 이성혜/ 예수 그리스도 새 언약의 성취와 완성, 예수 그리스도 복음의 계시라, 은혜 위에 은혜러라, 이성진/ 오직 성령이 너희에게 임하시면, 이성준)과 사위(오직 의인은 믿음으로 살리라, 예수 믿음과 하나님의 계명을 붙들라, 황의현) 멘티들(살아도 주를 위하여, 죽어도 주를 위하여, 이선호, 윤요셉)에게 '공저자가 되라'고 하는 분명한 이유가 있다. 내가 먼저 하늘나라로 간 후 그들이 계속하여 그 저작물들을 업그레이드, 업데이트하라는 무언의, 그러나 즐거운 유산을 남겨주려는 의도이다.

말미암았느니라"_롬 10:17

생각보다 오늘날의 한국교회는 기독교의 근본(본질)인 '말씀(정경 66권)'과 '교리(말씀을 바르게 해석하는 길라잡이)'에 대해 열정적으로 가르치지 않는 듯 보인다. 그러다 보니 겉은 번드르르한 기독교인처럼 보이지만 실상은 말씀이나 기독교의 본질(핵심), 근본에 대한 개념 정립(conceptualization)에는 놀라울 정도로 너무 얇다. 심지어 그리스도인이라고 하면서 자신들이 사용하는 기독교 용어조차 혼용(混用, 평안과 편안, 기쁨과 재미, 샬롬과 살롬, 복과 축복, 소천함과 소천됨 등등)하기도 한다. 이런 비일비재(非-非再)한 현상들은 바라보는 세상 사람들로 하여금 기독교에 대한 혼란을 가중시키고 있다.

이를 회복하기 위해 말씀과 교리에 있어 뛰어난 영성과 탁월한 전문성을 가진 실력있는 성경교사들을 시급히 배출해야 한다. 그들로 하여금 교회학교에서 진술하면서도 사실적인 '투박한 복음'을 바르게 전하도록 독려해야 한다. 복음을 보다 더 쉽게 전한답시고 아이들의 눈높이에 맞춘다고 하면서 무분별하게 세상의 문화를 도입하는 것에는 약간 자제할 필요가 있다. 자칫하면 그 문화에 복음이 예속(종속)될 수 있고 종국적으로는 복음이 소멸될 수도 있기 때문이다.

'말씀교육'에 있어서만큼은 제발 요란하지 말았으면, 제발 겉치장에만 몰두하지 말았으면 좋겠다. '복음(오직말씀, Sola Scriptura)'은 우직하게, 직설적으로 동시에 체계적으로 가르쳤으면(catechumenate) 한다. 나와 공저자는 한국교회의 미래가 교회학교의 '말씀교육'에 달려 있다고 확실히 믿고 있다. 작금에 교회학교 내에서 만연하고 있는, 문화를 가장한 흥미 요소(Entertainment)들은 과감하게 몽땅 걷어 내기를……

다시 강조하지만 나와 공저자는 사도신경, 주기도문, 십계명을 '기독교의 3대 보물'[3]이라 칭하는 데 주저하지 않는다. 물론 '사도신경'에 대한 불편한 감정을 숨기지 못하는 교단도 있다. 그들의 진심을 알기에 그들의 입장 또한 이해할 수가 있다. 그럼에도 불구하고 사도신경을 포함한 주기도문, 십계명이야말로 기독교의 근본과 본질을 가장 일목요연(一目瞭然)하게, 가장 명료하게 요약한 '최고의 진주(마 13:45-46)'라고 생각한다.

'좋은 진주를 구했던 장사'와 '밭에 감추인 보화(마 13:44)'의 비유를 생각해보라. 그는 자기의 모든 소유를 다 팔아 '그 값진 진주'와 '그 밭'을 샀다.

"천국은 마치 밭에 감추인 보화와 같으니 사람이 이를 발견한 후 숨겨두고 기뻐하여 돌아가서 자기의 소유를 다 팔아 그 밭을 샀느니라"_마 13:44

"또 천국은 마치 좋은 진주를 구하는 장사와 같으니 극히 값진 진주 하나를 만나매 가서 자기의 소유를 다 팔아 그 진주를 샀느니라"_마 13:45-46

---

3 주기도문(마 6:9-13, 눅 11:2-4, Lord's Prayer, Oratorio Dominica(Pater noster), 주님의 기도(RCC, 성공회), 주의 기도(Orthodox), 주기도문(Protestant), 퀴리아케 프로슈케($\kappa\nu\varrho\iota\alpha\kappa\acute{\eta}$ $\pi\varrho\sigma\sigma\epsilon\nu\chi\acute{\eta}$)), 십계명(출 20:3-17, 신 5:7-21, 十誡命, The Ten Commandments)과 더불어 사도신경(使徒信經, The Apostles' Creed, Symbolum Apostolicum or Symbolum Apostolorum)을 '기독교의 3대 보물'이라고 칭한다.

괴짜의사 Dr. Araw의 장편(掌篇) 강의

기독교의 3대 보물

레마 이야기 2

사도신경

(The Apostles' Creed)

사도신경^4(使徒信經, The Apostles' Creed, Symbolum Apostolicum or Symbolum Apostolorum)은 사도신조(使徒信條), 종도신경(宗徒信經)이라고도 불린다. 초창기의 기독교 신조(신경)였던 사도신경은 '가이사는 나의 주인이시다'라는 것에 반(反)하여 '예수님만이 나의 주님(주인)이시다(롬 10:9-10, 고전 12:3, 고후 4:5, 빌 2:11, 골 2:6)'라는 고백을 통해 충성과 헌신(commitment), 순종(obedience)을 선포한 것이었던 듯하다.

'Creed(교리, 신념, 신조, Credo)'란 '삼위일체 하나님^{5}을 믿는 사도들과 같은 신앙에 선 사람들의 고백'이라는 의미^{6}이다. 그렇기에 '나는 믿는다^7(나

---

4 사도신경은 저자와 공저자의 순전한 연구물(창작물)이 아니라 참고도서들을 읽고 느낀 것들이며 이들을 개념화(conceptualization)하여 쉽게 저술한 것이다. 특히 [사도신경], 제임스 패커/김진웅 옮김, 아바서원, 2021 [사도신경], 알리스터 맥그래스/송동민 옮김, 죠이북스, 2020 등등을 통하여 많은 통찰력을 얻었음을 밝힌다.

5 삼위일체 하나님이란 '다른 하나님, 한 분 하나님'이시다. 그렇기에 예수님은 창조주, 구속주로서 하나님의 성부이시며 하나님은 예수를 부활의 첫 열매 되게 하신 하나님의 성자이시고 예수의 영이신 성령님은 십자가 보혈을 통해 하나님의 성령이심을 드러내셨다. 그런 성부하나님은 낳으시고 성자하나님은 나아지시고 성령하나님은 나오셨다(발출). 성부하나님은 나사렛 예수 안에서 육체로 드러내셔서 우리로 보게 하신 하나님이시다.

6 은혜 위에 은혜러라, 이선일 • 이성진공저, 산지, 2022, p326-327

7 Credo in Deum이란 I believe in God(나는 하나님을 믿습니다)인데 이는 내게는 하나님을 향한 확신이 있습니다(I have confidence in God)이나 나는 하나님을 신뢰합니다(I put my trust in God) 혹은 나는 하나님을 믿습니다(I trust in God 나는 하나님이 존재하신다는 견해를 품고 있습니다)라는 의미도 품고 있다. 사도신경, 알리스터 맥그래스/송동민 옮김, 죠이북스, 2020, p24-26

는 하나님을 믿습니다. Credo in Deum)'라는 주관적(subjective)인 고백인 동시에 '사도들의 신앙고백(Apostles' Creed)의 내용을 믿는다'라는 선언적 결단이기도 하다.

결국 '사도신경'은 사도들의 '신앙고백의 내용'에 대한 우리 개개인들 또한 그들과 동일한 신앙임을 드러내는 고백인 것이다. 그런 '사도신경'에는 기독교의 근본(beginning, foundation)과 본질(Essence)이 간단명료(簡單明瞭)하게 잘 요약되어 있다. 그렇기에 신조를 통하여는 이단과 사이비를 걸러낼 수 있으며 정통 신앙에서의 주류가 지향하는 바를 선명하게 파악할 수 있다. 더 나아가 신조를 고백함으로써 자신의 분명한 정체성(Christian Identity)과 소속(하나님나라 소속, 하나님의 소유, 자녀)을 밝히는 것이 되기도 한다.

'동일한 신조를 고백한다'는 것은 '동일한 신앙공동체'라는 말이다. 참고로 18세기 미국에는 '중도적인 신자(halfway believers)'가 제법 있었다. 소위 '박쥐 같은 신앙인'으로 필요에 따라 여기 붙었다 저기 붙었다를 반복했던 부류이다. 의식적으로 그런 신자가 되었든지 아니면 자신이 그런 줄도 모르고 그런 신자가 되었든 간에 그들은 '하나님은 의지(신뢰)할 분인 것은 사실이나 현실적으로나 실제적으로는 의지(신뢰)하지 않는다'는 행동으로 일관했던 사람들이다. 이런 부류는 당장 신조를 입으로 고백한다고 하더라도 행동이 따르지 않기에 동일한 신앙공동체라고 할 수가 없다.

'사도신경'의 핵심을 이해하려면 12문장으로 나누어 하나씩 깊이 묵상을 하면 정확한 내용 파악에 도움이 된다. 특히 유한되고 제한된 일회의 직선 인생 가운데 '내가 누구를 믿을 것인가'에 대한 명확한 답을 얻을 수 있다. 동시에 '다른 하나님(기능론적 종속성, Functional subordination), 한 분 하나님(존재론적 동질성, Essential equality)'이신 삼위일체 하나님을 선명하게 개념화할 수 있게 될 것이다.

이제 본격적으로 이 챕터의 주제인 '사도신경'을 논의하고자 한다. 앞서 언급했듯이 '사도신경'은 12문장으로 나누어 한 문장씩 찬찬히 묵상하면 큰 도움이 된다. 한 단어(單語, word) 한 글자(letter, 엉어의 알파벳, 조사 등등)도 가볍게 여기지 말고 곰곰이 되씹는 과정이 중요하다.

가장 먼저는 문자적으로 접근하되 동시에 그 문자가 의미하는 상징(symbolical)이나 예표(typological)하는 바를 함께 묵상함이 바람직하다. 또한 전후 맥락을 이어서 해석하고 역사적 배경(Historical background), 문화적인 배경(Cultural background)을 고려함이 마땅하다. 마지막으로 우리 안에 내주하셔서 우리의 주인 되신 성령님께 무릎을 꿇고 사도들의 신앙고백 곧 사도신경을 허락하신 당신의 뜻을 구하는 '조용한 독대의 시간'이 꼭 필요하다. 이런 과정 속에 2,000년 전 사도들의 심정으로 '사도신경'을 고백하는 모든 그리스도인들에게는 놀라운 은혜가 있게 될 것이다.

12문장으로 된 전문의 내용은 다음과 같다. 다채로움을 배가시키기 위해 개역한글판, 개역개정판, 헬라어 사도신경(Σύμβολον τῆς Πίστεως), 라틴어 사도신경을 순서대로 비교하면서 나열하고자 한다. 조금씩 다르게 표현하고 있는 것들을 대조하며 동일한 내용을 반복적으로 묵상하다 보면 이전에 알았던 것은 더욱 선명해질 것이고 몰랐던 것은 새롭게 명료하게 알게 되는 가슴 설레는 신비한 여행을 하게 되리라 확신한다.

사도신경 (개역한글판)	
1	전능하사 천지를 만드신 하나님 아버지를 내가 믿사오며 I believe in God the Father Almighty Maker of heaven and earth
2	그 외아들 우리 주 예수 그리스도를 믿사오니 and in Jesus Christ His only Son our Lord
3	이는 성령으로 잉태하사 동정녀 마리아에게 나시고 who was conceived by the Holy Spirit born of the Virgin Mary
4	본디오 빌라도에게 고난을 받으사 십자가에 못 박혀 죽으시고 suffered under Pontius Pilate was crucified, dead, and buried
5	장사한 지 사흘 만에 죽은 자 가운데서 다시 살아나시며 He descended into hell, the third day He rose again from the dead
6	하늘에 오르사 전능하신 하나님 우편에 앉아 계시다가 he ascended into heaven and sitteth on the right hand of God the Father Almighty
7	저리로서 산 자와 죽은 자를 심판하러 오시리라. from thence he shall come to judge the quick and the dead
8	성령을 믿사오며 I believe in the Holy Spirit
9	거룩한 공회와 성도가 서로 교통하는 것과 (I believe in) the holy universal church & the communion of saints
10	죄를 사하여 주시는 것과 (I believe in) the forgiveness of sins
11	몸이 다시 사는 것과 (I believe in) the resurrection of the body,
12	영원히 사는 것을 믿사옵나이다. 아멘 and (I believe in) the life everlasting. Amen.

개역개정판 사도신경	
1	나는 전능하신 아버지 하나님, 천지의 창조주를 믿습니다.
2	나는 그의 유일하신 아들, 우리 주 예수 그리스도를 믿습니다
3	그는 성령으로 잉태되어 동정녀 마리아에게 나시고
4	본디오 빌라도에게 고난을 받아 십자가에 못 박혀 죽으시고
5	장사된 지 사흘 만에 죽은 자 가운데서 다시 살아나셨으며
6	하늘에 오르시어 전능하신 아버지 하나님 우편에 앉아 계시다가
7	거기로부터 살아 있는 자와 죽은 자를 심판하러 오십니다.
8	나는 성령을 믿으며
9	거룩한 공교회와 성도의 교제와
10	죄를 용서받는 것과
11	몸의 부활과
12	영생을 믿습니다. 아멘

헬라어 사도신경(Σύμβολον τῆς Πίστεως) 쉼볼론 테스 피스테오스	
1	Πιστεύω εις Θεον Πατερα, (피스튜오 에이스 데온 파테라) 믿사오며/향하여/하나님/아버지를 παντοκράτορα, (판토크라토라) 전능하사 ποιητην ουρανου και γης. (포이에텐 우라누 카이 게스) 만드신/하늘/과/땅
2	Και (εις) Ἰησουν Χριστον, (카이 에이스 이에순 크리스톤) 과/향하여/예수/그리스도 υίον αυτου τον μονογενη, (휘온 아우투 톤 모노게네) 아들/그 분/그/외아들 τον κύριον ἡμων, (톤 퀴리온 헤몬) 그/주/우리

3	τον συλληφθέντα εκ πνεύματου άγίου, (톤 쉴레프덴타 에크 프뉴마투 하기우) 그/잉태하사/으로/령/성 γεννηθέντα εκ Μαρίας της παρθένου, (겐네덴타 에크 마리아스 테스 파르데누) 나시고/에게/마리아/그/동정녀
4	παθόντα επι Ποντίου Πιλάτου, (파돈타 에피 폰티우 필라투) 고난을 받으사/에게/본디오 빌라도 σταυρωθέντα, (스타우로덴타) 십자가에 못 박혀 θανόντα, (다논타) 죽으시고
5	και ταφέντα, (카이 타펜타) 장사한 지 κατελθόντα εις τα κατώτατα, (카텔돈타 에이스 타 카토타타) 죽음을/향하여/그/아래로 τη τρίτη ῾ημέρα ῾αναστάντα ῾απο των νεκρων, (테 트리테 헤메라 아나스탄타 아포 톤 네크론) 그/사흘 만에/다시 살아나시며/로부터/그/죽은 자
6	ανελθόντα εις τοθς ουρανούσ, (아넬돈타 에이스 토드스 우라누스) 오르사/향하여/그/하늘을 καθεζόμενον εν δεξια θεου πατρος παντο δυνάμου, (카데조메논 엔 덱시아 데우 파트로스 판토 뒤나무) 앉아 계시다가/에/우편/하나님아버지/한 분/권능으로
7	εκειθεν ερχόμενον κρῖναι ζωντας και νεκρούς. (에케이덴 에르코메논 크리나이 존타스 카이 네크루스) 거기서부터/오시리라/심판하러/산 자/와/죽은 자를
8	Πιστεύω εις το Πνυμα το ῾Αγιον, (피스튜오 에이스 토 프뉴마 토 하기온) 내가 믿사옵나이다/향하여/그/령을/그/성
9	αγίαν καθολικην εκκλησίαν, (하기안 카돌리켄 에클레시안) 거룩한/전체의/공회와 αγίων κοινωνίαν, (하기온 코이노니안) 성도가/서로 교통하는 것과
10	άφεσιν αμαρτιων, (아페신 하마르티온) 사하여 주시는 것과/죄를
11	σαρκος ανάστασιν, (사르코스 아나스타신) 몸이/다시 사는 것과
12	ξωήν αιώνιον. Αμήν (조엔 아이오니온. 아멘) 영생을/아멘

라틴어 사도신경	
1	'Credo' in Deum Patrem omnipotentem, (끄레도 인 데움 파트렘 옴니포텐템) '믿습니다'. 나는 전능하신 아버지 하나님, Creatorem coeli et terrae. (끄레오아토렘 첼리 엣 떼레) 천지의 창조주를,
2	Et in Jesum Christum, Filium eius unicum, (엣 인 예숨 크리스툼, 필리움 에이우스 우니쿰) 나는 그의 유일하신 아들, Dominum nostrum, qui conceptus est de Spiritu (도미눔 노스트룸, 뀌 콘투스 에스트 데 스피리투) 우리 주 예수 그리스도를,
3	Sancto, natus ex Maria Virgine, Passus sub Pontio Pilato, (상토, 나투스 엑스 마리아 버르지네, 파수스 숩 폰티오 필라토) 그는 성령으로 잉태되어 동정녀 마리아에게서 나시고, 본디오 빌라도에게 고난을 받아
4	crucifixus, mortuus, et sepultus, (끄루치픽수스, 모르투우스, 엣 세풀투스) 십자가에 못 박혀 죽으시고,
5	descendit ad inferos, tertia die resurrexit a mortuis, (데스첸딧 아드 인페로스, 테르치아 디에 레술렉시트 아 모르투이스) 장사된 지 사흘 만에 죽은 자 가운데서 다시 살아나셨으며,
6	ascendit ad coelos, sedet ad dexteram Dei Patris omnipotentis, (에스첸딧 아드 첼로스, 세뎃 아드 덱스테람 데이 파트리스 옴니포텐티스,) 하늘에 오르시어 전능하신 아버지 하나님 우편에 앉아 계시다가,
7	inde venturus est iudicare vivos et mortuos. (인데 벤투루스 에스트 유디차레 비보스 엣 모르투스) 거기로부터 살아있는 자와 죽은 자를 심판하러 오십니다.
8	Credo in Spiritum Sanctum, (끄레도 인 스피리툼 상툼) 나는 성령을 믿으며,

9	sanctam Ecclesiam catholicam, sanctorum communionnem, (상탐 에끌레시암 카돌리캄, 상토룸 꼬뮤니오넴)sanctam Ecclesiam catholicam, sanctorum communionnem, (상탐 에끌레시암 카돌리캄, 상토룸 꼬뮤니오넴) 거룩한 공교회와 성도의 교제와 #Sanctorum 성인, 순교자/sanctorum communio성도의 교제 #Sanctum sanctorum 지성소, the holy of holies, the sancuary
10	remissionem peccatorum, (레미시오넴 페카도룸) 죄를 용서받는 것과
11	carnis resurrectionnem, (까르니스 레술렉치오넴) 몸의 부활과
12	vitam aeternam. Amen. (비탐 에테르남. 아멘.) 영생을 믿습니다. 아멘.

참고로 삼위일체 하나님에 대해 사도신경보다 좀 더 자세히 기술하고 있는 니케아 신조라고 불리는 콘스탄티노플 신조(The Nicene-Constantinopolitan Creed, 니케아-콘스탄티노플신조, 헬라어 Σύμβολον τῆς Νικαίας or τῆς πίστεως, 라틴어 Symbolum Nicaeno-Constatinopolitanum)에 대해 간략하게 설명하고자 한다. 성공회에서는 '니케아 신조(1차 니케아 공의회에서 채택, AD 325년)'라고 부르나 장로교와 루터교에서는 '니케아-콘스탄티노플 신조'라고 부르며 사도신경과 더불어 삼위일체 교리에 관한 명료한 개념 정리에 도움을 준다.

‘니케아-콘스탄티노플 신조’는 초대교회로부터 이어진 사도신경보다는 후대의 것이기는 하지만 서방교회 전통에서는 사도신경과 더불어 공식적으로 사용하고 있는 신조이다. AD 381년 제 1차 콘스탄티노플 공의회에서 아리우스주의[8](Arianismus)를 배격하고 니케아 신조(AD 325년)를 계승 보완한 것이다.

---

8 아리우스주의란 성자 예수는 성부에 의해 시간 이전에 창조된 존재(피조물)이며 성부와 함께 영속하는 존재는 아니다 라고 주장

니케아-콘스탄티노플신조
(The Nicene-Constantinopolitan Creed), 대한 성공회

나는 믿나이다. 한 분이신 하나님 아버지, 전능하시고 하늘과 땅과 유형 무형한 만물의 창조주이신 하나님을 믿나이다.
We believe in one God. The Father Almighty, Maker of all things visible and invisible.

오직 한 분이신 주 예수 그리스도, And in one Lord Jesus Christ,
모든 세대에 앞서 성부로부터 나신 하나님의 외아들이시며
the Son of God Begotten of the Father [the only-begotten: that is, of the essence of the Father, God of God],
빛에서 나신 빛이시요 참 하나님으로부터 나신 참 하나님으로서
Light of Light, very God of very God, begotten,
창조되지 않고 나시어 성부와 일체시며
not made, being of one substance with the Father:
만물이 다 이분으로 말미암아 창조되었나이다.
By whom all things were made [both in heaven and earth]
(그분은 하나님의 외아들이시며 아버지에게서 나셨으며 곧 아버지의 본질에서 나셨다. 하나님에게서 나신 하나님이시며 아버지와 본질이 같으시다. 그분으로 말미암아 하늘에 있는 것들이나 땅에 있는 것들이 생겨났다.)

우리 사람을 위하여 우리 구원을 위하여 하늘에서 내려오셔서 성령으로 또 동정녀 마리아에게 혈육을 취하시고 사람이 되셨음을 믿으며
Who for us men, and for our salvation, came down and was incarnate and was made man:
본디오 빌라도 치하에서 우리를 위하여 고난을 받으시고 십자가에 못 박히시고 묻히셨음을 믿으며 성경말씀대로 3일만에 부활하시고 하늘에 올라 성부 오른 편에 앉아 계시며,
He suffered, and the third day he rose again, ascended into heaven:
산 이와 죽은 이를 심판하시러 영광 속에 다시 오시리라 믿나니
From thence He shall come to judge the quick and the dead.
(그분은 우리 인간을 위하여, 우리의 구원을 위하여 내려오시어 육신을 취하시고, 사람이 되셨으며, 고난을 받으시고 사흘만에 부활하시고 하늘로 올라가셨으며 산 이와 죽은 이를 심판하러 오실 것이다.)
And His kingdom will have no end
그분의 나라는 끝이 없으리이다.

And in the Holy Spirit. (그리고 우리는 성령을 믿는다.)

주님이시여 생명을 주시는 성령을 믿나니 성령은 성부 성자에게서 나시며, 성부와 성자와 더불어 같은 경배와 영광을 받으시며, 예언자를 통하여 말씀하셨나이다. 하나이요 거룩하고 사도로부터 이어오는 보편교회를 믿으며 죄를 용서하는 하나의 세례를 알고 믿나이다. 죽은 이들의 부활과 후세의 영광을 믿고 기다리나이다. 아멘

니케아-콘스탄티노플신조(헬라어)
(Σύμβολον τῆς Νικαίας or τῆς πίστεως)

Πιστεύω εἰς ενα Θεόν, Πατέρα, 나는 믿나이다/한 분이신 하나님 아버지, παντοκράτορα, 전능하시고
ποιητήν ουρανού καί γῆς, ορατών τε πάντων καί αοράτων.
만드신/하늘과 땅/유형 무형한 만물을

Καί εἰς ενα Κύριον, Ἰησούν Χριστόν, 오직 한 분이신 주 예수 그리스도,

τόν Υἱόν του Θεού τόν μονογενή, τόν εκ του Πατρός γεννηθέντα πρό πάντων τών αιώνων. 모든 세대에 앞서 성부로부터 나신 하나님의 외아들이시며

Φῶς εκ φωτός, Θεόν αληθινόν εκ Θεού αληθινού γεννηθέντα, 빛에서 나신 빛이시요 참 하나님으로부터 나신 참 하나님으로서

ού ποιηθέντα, ομοούσιον τῶ Πατρί, δι' ού τά πάντα εγένετο. 창조되지 않고 나시어 성부와 일체시며 만물이 다 이분으로 말미암아 창조되었나이다.

Τόν δι' ημάς τούς ανθρώπους καί διά τήν ημετέραν σωτηρίαν κατελθόντα εκ τών ουρανών καί σαρκωθέντα εκ Πνεύματος Ἁγίου καί Μαρίας τῆς Παρθένου καί ενανθρωπήσαντα. 우리 사람을 위하여 우리 구원을 위하여 하늘에서 내려오셔서 성령으로 또 동정녀 마리아에게 혈육을 취하시고 사람이 되셨음을 믿으며

Σταυρωθέντα τε υπέρ ημών επί Ποντίου Πιλάτου καί παθόντα καί ταφέντα. 본디오 빌라도 치하에서 우리를 위하여 고난을 받으시고 십자가에 못 박히시고 묻히셨음을 믿으며

Καί αναστάντα τή τρίτη ημέρα κατά τάς Γραφάς. 성경말씀대로 3일만에 부활하시고

Καί ανελθόντα είς τούς ουρανούς καί καθεζόμενον εκ δεξιών τού Πατρός. 하늘에 올라 성부 오른 편에 앉아 계시며,

Καί πάλιν ερχόμενον μετά δόξης κρίναι ζώντας καί νεκρούς, 산 이와 죽은 이를 심판하시러 영광 속에 다시 오시리라 믿나니

ού τής βασιλείας ουκ εσται τέλος. 그분의 나라는 끝이 없으리이다.

Καί είς τό Πνεύμα τό ¨Αγιον, τό Κύριον, τό ζωοποιόν, τό εκ τού Πατρός εκπορευόμενον, τό σύν Πατρί καί Υιώ συμπροσκυνούμενον καί συνδοξαζόμενον, τό λαλήσαν διά τών Προφητών. Είς μίαν, αγίαν, καθολικήν καί αποστολικήν Εκκλησίαν. Ὁμολογώ εν βάπτισμα είς άφεσιν αμαρτιών. Προσδοκώ ανάστασιν νεκρών. Καί ζωήν τού μέλλοντος αιώνος. Ἀμήν. 주님이시여 생명을 주시는 성령을 믿나니 성령은 성부 성자에게서 나시며, 성부와 성자와 더불어 같은 경배와 영광을 받으시며, 예언자를 통하여 말씀하셨나이다. 하나이요 거룩하고 사도로부터 이어오는 보편교회를 믿으며 죄를 용서하는 하나의 세례를 알고 믿나이다. 죽은 이들의 부활과 후세의 영광을 믿고 기다리나이다. 아멘

니케아-콘스탄티노플신조(라틴어)
(Symbolum Nicaeno-Constatinopolitanum)

우리는 천지의 창조자이며 모든 보이는 것과 보이지 아니하는 것을 만드신 한 분의 전
능한 하나님 아버지를 믿습니다.

Credo in unum Deum 한 분이신 하나님을 저는 믿습니다.

Patrem omnipotentem: 전능하신 아버지

Factorem coeli et terrae, 하늘과 땅과

Visibilium omnium et invisibilium. 유형무형한 만물의 창조주를 믿나이다

우리는 또한 하나님의 독생자이신 한 분의 주 예수 그리스도를 믿습니다. 그는 영원
전에 성부에게서 태어난 신 중의 신이며 빛 중의 빛이고 참 신 중의 참 신으로서, 창조
되지 않고 출생되었으며, 모든 것을 창조하신 성부와 동일한 본질을 가지고 있으신 분
입니다.

Et in unum Dominum Jesum Christum, 또한 한 분이신 주 에수 그리스도

Filium Dei unigenitum, 하나님의 외아들

Et ex Patre natum ante omnia saecula, 영원으로부터 성부에게서 나신 분을 믿습
니다.

Deum de Deo, Lumen de Lumine, Deum verum de Deo vero, 하나님에게서 나신
하나님, 빛에서 나신 빛, 참 하나님에게서 나신 참 하나님으로서

Genitum, non factum, consubstantialem Patri: 창조되지 않고 나시어 성부와 한 본
체로서

Per quem omnia facta sunt: 만물을 창조하셨음을 믿나이다

Qui propter nos homines et propter nostram salutem 성자께서는 저희 인간을 위
하여 저희 구원을 위하여

Descendit de coelis 하늘에서 내려오셨음을 믿나이다

Et incarnatus est de Spiritu Sancto 또한 성령으로 인하여

Ex Maria virgine, Et humanatus [homo factus] est: 동정녀 마리아에게서 육신을
취하시어 사람이 되셨음을 믿나이다

그는 우리 인류를 위하여, 우리 구원을 위하여 하늘에서 내려와 성령의 능력으로 동정
녀 마리아에게서 육신을 받아 인간이 되었고, 우리를 위하여 본디오 빌라도에게 십자
가 처형을 받았습니다. 그는 고난을 받고 장사되었으며, 성경대로 사흘만에 부활하여
하늘에 오르사 아버지의 우편에 앉으셨습니다. 그리고 그는 산 자와 죽은 자를 심판하
러 영광 중에 다시 오실 것이며, 그의 나라는 끝이 없을 것입니다.

우리는 또한 성부[와 성자]에게서 나온 생명의 부여자와 주님이신 성령을 믿습니다. 그는 성부와 성자와 함께 예배와 영광을 받으시며 거룩한 선지자들을 통해 말씀하셨습니다. 그리고 우리는 하나의 거룩하고 사도적인 세계교회를 믿습니다. 우리는 죄의 용서를 주시는 하나의 세례를 믿으며, 죽은 자의 부활과 내세의 삶을 기다립니다. 아멘.

Crucifixus etiam pro nobis sub Pontio Pilato 본디오 빌라도 통치 아래서 저희를 위하여 십자가에 못 박혀

Passus, et sepultus est: 수난하고 묻히셨으며

Et resurrexit tertia die, secundum scripturas: 성서말씀대로 사흘 만에 부활하시어

Et ascendit in coelum, sedet ad dexteram Patris: 하늘에 올라 성부 오른 편에 앉아 계심을 믿나이다.

Et interum venturus est cum gloria, 그 분께서는 산 이와 죽은 이를 심판하러

Judicare vivos et mortuos: 영광 속에 다시 오시리니

Cuius regni(레니) non erit finis. 그분의 나라는 끝이 없으리이다

Et in Spritum Sanctam, Dominum et vivificantem: 또한 주님이시며 생명을 주시는 성령을 믿나이다

Qui ex Patre Filioque procedit. 성령께서는 성부와 성자에게서 발하시고

Qui cum Patre et Filio simul adoratur et conglorificatur: 성부와 성자와 더불어 영광과 흠숭(흠모하고 공경함, Adoratio, Latreia)을 받으시며

Qui locutus est per prophetas 예언자들을 통하여 말씀하셨나이다

Et unam, sanctam, catholicam et apostolicam Ecclesiam. 하나이고 거룩하고 보편되며 사도로부터 이어오는 교회를 믿나이다

Confiteor unum baptisma in remissionem peccatorum. 죄를 씻는 유일한 세례를 믿으며

Ex expecto resurrectionem mortuorum 죽은 이들의 부활과

Et vitam venturi saeculi. Amen. 내세의 삶을 기다리나이다

니케아-콘스탄티노플신조, <u>Christian Reformed Church</u> (The Nicene-Constantinopolitan Creed)
우리는 하늘과 땅 그리고 모든 보이는 것과 보이지 않는 것을 지으신 한 분, 전능한 아버지 하나님을 믿습니다.
우리는 또한 하나님의 독생자이신 한 분, 주 예수 그리스도를 믿습니다. 그는 영원 전에 성부에게서 태어난, 신 중의 신이며 빛 중의 빛이고, 참 신 중의 참 신으로서, 창조되지 않고 출생되었으며, 성부와 동일한 본질을 가지신 분입니다. 모든 것이 그로 말미암아 창조되었습니다.
그는 우리를 위하여, 우리 구원을 위하여 하늘에서 내려와, 성령의 능력과 동정녀 마리아를 통해 육신을 입어 사람이 되셨습니다. 그는 우리를 위하여 본디오 빌라도가 다스릴 때에 십자가에 못박혔습니다. 그는 고난을 받고 장사되었으며, 성경대로 사흘 만에 부활하시고, 하늘에 오르사 아버지의 우편에 앉으셨습니다. 그는 산 자와 죽은 자를 심판하러 영광 중에 다시 오실 것이며, 그의 나라는 끝이 없을 것입니다.
우리는 또한 성부와 성자에게서 나온, 생명을 주시는 주, 성령님을 믿습니다. 그는 성부와 성자와 함께 예배와 영광을 받으시며, 선지자를 통해 말씀하셨습니다.
우리는 하나의 거룩하고 사도적인 세계교회를 믿습니다. 우리는 죄를 용서하시는 하나의 세례를 믿으며, 죽은 자의 부활과 내세의 삶을 기다립니다. 아멘.

특별히 사도신경은 '3가지 특성'에 유의하면서 크게 '3부분'으로 나누어 묵상하면 이해가 훨씬 더 쉽다. 먼저 3가지 특성이란, 첫째는 그리스도 예수에 대한 고백(2-7)인데 이 부분은 사도신경의 가장 핵심으로 알맹이에 해당한다. 둘째는 하나님의 아들 예수님은 그리스도 메시야로서(요 1:41) 우리의 주인이시고 믿음의 주체[9](아르케고스, ἀρχηγός, nm)라는 것이며 마지막 셋째는 '천국복음'을 가르치시고 전파하신 예수 그리스도의 공생애와 그의 치유사역(Messianic sign)에 관한 것이다(3-7).

3부분이란, 성부하나님(1)에 관한 것과 성자하나님(2-7) 곧 그분의 인격, 생애, 사역에 관한 것과 성령하나님(8-12)에 관한 것이다. 특히 성령님에 관한 것이란, 진리의 영(요 14:17), 예수의 영(행 16:7)이신 성령님의 기능론적 종속성(구속의 보증)에 관한 것을 말한다.

모든 그리스도인들은 각자의 안에 내주하시는 주인 되신 성령님께 온전한 주권을 드리고(바른 관계) 그분의 통치, 질서, 지배하에서(친밀한 교제) 살아가야 한다. 더 나아가 예수님 안에서 함께 한 피 받아 한 몸을 이룬 각 지체들(교회와 교회 공동체, 현재형 하나님나라)과의 아름다운 교제(코이노니아)를 이어가야 한다. 그런 우리들(already~not yet)에게 성령님은 죄사함(자범죄, 회개를 통한)을 통한 거룩함(정결케 됨, 성화, 상태의 변화)에로 인도하실 것을 약속하셨다. 우리는 온전히 영적 죽음 가운데서 출생하여 예수를 믿은 후 영적 부활되어 하나님의 자녀로 인침을 받은 자들이다. 성령님은 그런 우리들에게 미래형 하나님나라에로의 입성과 영생을 보증하셨다.

---

9   주체의 헬라어는 아르케고스(ἀρχηγός, nm)인데 이는 originator, author, founder, prince, leader, (from 746 /arxḗ, "the first" and 71 /ágō, "to lead"), 행 3:15, 5:31, 히 2:10, 12:2)이다.

사도신경	
3 특성	3 부분
1)C. J에 대한 고백(2-7): M/I	1)성부하나님에 관한 부분(1)
2)하나님의 아들 예수님 : 그리스도 & 메시야(요 1:41) 우리의 주인 믿음의 주체, 창시자 (아르케고스, ἀρχηγός, nm)	2)성자하나님(2-7)에 관한 부분 : 그분의 인격 예수님의 생애 예수님의 사역에 관한 것 죄사함(원죄, 칭의)과 영적 부활
3) 예수 그리스도의 공생애(3-7) Teaching Ministry Preaching Ministry Healing Ministry : 그의 치유사역(Messianic sign)에 대한 부분	3)성령하나님(8-12)에 관한 부분 : 진리(예수)의 영이신 성령님과의 바른 관계와 친밀한 교제 성령 충만(주권, 통치, 질서, 지배) : 현재형 하나님나라 죄사함(자범죄)과 거룩함(성화) 하나님의 자녀에로의 인치심 미래형 Q나라에로의 입성 영생에의 보증

이제는 사도신경의 각 문장을 하나씩 떼어내어 좀 더 디테일하게 나누기로 하겠다. 앞서 사도신경은 12문장으로 나누면 도움이 된다고 언급했다. 각 문장에 주어진 각각의 문자적 의미와 예표적, 상징적 의미, 전후 맥락을 고려하면서 역사적 배경과 문화적인 배경을 놓치지 않고 성령하나님께서 주시고자 하는 말씀에 집중하고자 한다.

1) 전능하사 천지를 만드신 하나님 아버지를 내가 믿사오며

첫째 문장(1)은 '전능하사 천지를 만드신 하나님 아버지를 내가 믿사오며'이다. 이를 개역한글판, 개역개정판, 헬라어 사도신경(Σύμβολον τῆς Πίστεως), 라틴어 사도신경(The Apostles' Creed)의 순으로 한꺼번에 표를 만들어 비교 나열함으로 서로 서로 대조한 후에 설명을 덧붙이려 한다.

개역한글판	(1)'전능하사 천지를 만드신 하나님 아버지를 내가 믿사오며' I believe in God the Father Almighty Maker of heaven and earth:
개역개정판	나는 전능하신 아버지 하나님, 천지의 창조주를 믿습니다.
헬라어 사도신경 (Σύμβολον τῆς Πίστεως)	Πιστεύω εις Θεον Πατερα, (피스튜오 에이스 데온 파테라) 믿사오며/향하여/하나님/아버지를 παντοκράτορα, (판토크라토라) 전능하사 ποιητην ουρανου και γης. (포이에텐 우라누 카이 게스) 만드신/하늘과/땅
라틴어 사도신경	Credo in Deum Patrem omnipotentem, (끄레도 인 데움 파트렘 옴니포텐템) 나는 전능하신 아버지 하나님, Creatorem coeli et terrae. (끄레오아토렘 첼리 엣 떼레) 천지의 창조주를 믿습니다.

'전능하사'에서의 '전능'이란 omnipotence라는 말로서 omni-라는 접두어는 초월을 전제한 '모든 것의, 모든 방식으로, 모든 곳에'라는 의미

이고 potence(or potency)라는 것은 '강력한'이라는 의미이다.

결국 '전능(omni+potence)'이란 모든 '것'에서의 강력함, 모든 '곳'에서의 강력함, 모든 '방식'에서의 강력함이라는 의미로서 '초월'[10]이라는 하나님의 속성(Omnipotent, Omniscient, Omnipresent, Omnipersonal) 중 하나이다. 히브리어는 카비르(כָּבִּיר, adj) 혹은 솨다이(שַׁדַּי, nm, Almighty)라고 한다. 헬라어는 판토크라토르(παντοκράτωρ, nm)인데 이는 파스(πᾶς, adj)와 크라테오(κρατέω, v)의 합성어이다. 이런 '전능'이라는 단어에 대해 좀 더 깊고 넓게 묵상하면 다음과 같다.

첫째, '전능'이란 단어는 문자적으로 '하나님은 무엇이나 다 하실 수 있다'는 단순한 의미가 아니다. 물론 전능하신 하나님은 당신의 뜻이라면 무엇이든 하실 수가 있다(시 135:6, 33:9, 창 1장). 그렇다고 하여 당신의 성품(공의와 사랑)에서 벗어난 일까지도 하시는 것은 아니다. 아니 그런 일은 아예 하지 않으신다. 예를 들면, 믿음(피스티스, πίστις, 만세 전에 하나님의 은혜로 택정된 자에게 당신의 때에 당신의 방법으로 거저 주시는)이 없이는 구원을 베푸실 수도 없고 베풀지도 않으신다는 말이다.

둘째, '전능하신(omnipotent)' 하나님 아버지의 뜻(델레마 데우)은 인간의 상황이나 환경, 자유의지에 제한되지도 제한을 받지도 않으신다는 것이다.

---

10 '초월'의 히브리어는 카비르(כָּבִּיר, adj, great, mighty, much, from כָּבַר, v, to be much or many) 혹은 솨다이(שַׁדַּי, nm, Almighty)라고 하며 헬라어는 판토크라토르(παντοκράτωρ, nm, ruler of all, ruler of the universe, the almighty)이다. 특히 헬라어 판토크라토르(παντοκράτωρ, nm)는 파스(πᾶς, adj, all, the whole, every kind of)와 크라테오(κρατέω, v, to be strong, rule, to place under one's grasp (seize hold of, put under control), from κράτος, nn, dominion, strength, power: a mighty deed)의 합성어이다. 곧 모든 능력과 권세가 있으며 불가능이 없고 영원불변, 영원자존을 함의하고 있다.

그렇기에 '전능하신 하나님'이신 것이다. 이 말인즉 '전능'이란 피조물의 독립성은 유지되지만 강제하지 않으시면서 마침내 당신의 뜻을 이루어 가시는 능력을 말한다(엡 1:11, 사 55:8-9, 잠 16:9, 19:21, 21:31). 결국 이 세상에서 일어나는 그 어떤 것도 하나님의 허용이 없이는 일어나지 않으며(섭리의식, Providence) 세상만사는 모두 다 하나님이 정하심(주권 영역)이요 하나님의 섭리(providence)하 경륜(Administration)에 따라 이루어진다. 문제는 제한된 우리가 그때그때 하나님의 뜻을 다 헤아리지 못하는 것이다. 참고로 하나님의[11] 작정과 예정, 섭리와 경륜을 잘 이해해야 하나님의 뜻을 '올바로' 알 수 있게 된다.

셋째, 하나님의 전능하심을 의심케 하는 것들 곧 '도덕적인 악함', '무고한 고통', '돌발상황', '예상치 못한 질병', '선의 결핍' 등등 우리 주변에서 흔히 일어나고 있는 것들은 악의 존재에 대한 하나님의 무능으로 보이기도 한다. 그러나 이런 것들조차도 하나님의 섭리 하에서 당신의 허용하심(호 13:11)으로 일어남을 알아야 한다. 그렇기에 하나님은 진실로 '전능하심'이 맞다. 좋으시고 정확하신, 신실하신 역사의 주관자 하나님은 당신의 뜻을 따라 당신의 때에 당신의 방법으로 모든 것을 이루어 가신다. 어리석은 우리가 알지 못하여서, 혹은 속 좁은 인간인 우리가 기다리지 못하거나 답답하여 가슴이 터지려 할 뿐인 것이다. 또한 악한 존재나 쭉정이들을 그때그때 모두 다 심판하실 수 있으나 혹시라도 알곡들이 다

---

11 하나님의 작정(Decree)이란 기독교 세계관(창조, 타락, 구속, 완성)의 전체적인 청사진을 말하며 예정(Predestination)이란 하나님의 작정 속에 택정된 하나님의 백성들의 구원이 성취되는 것을 말한다. 하나님의 섭리(Providence)란 작정과 예정이 성취되기 위한 하나님의 간섭과 열심으로 큰 그림이라면 경륜(Administration)은 섭리 하의 작은 그림으로 목적과 방향이 있는 특별한 섭리를 말한다.

칠까 봐 보호하려고 노하기를 더디 하시며 심판을 늦추실 때도 있다. 그러나 심판 유보에 대한 그 기간은 최후 심판의 때인 그날까지뿐이다.

당신께서 허용하신 현실적 고통(당한 인간에게는 약간 어려운 것일 수 있으나)은 종종 하나님의 전능을 의심케 하지만 이는 훈련의 과정(Training process)이다. 이를 통해 숨겨져 있는 변장된 복을 주시려는 것이다. 더 나아가 결과를 보다 더 풍성하고 아름답게 도출하기 위해 그 고난의 과정을 허락하는 것임(시 119:67, 71, 롬 8:18, 벧전 4:19, 5:10)을 알아야 한다.

No Pain, No Gain.

그러므로 전능하신 하나님을 통해 우리는 무엇이든 할 수 있다고 하면서 세속적인 욕심이나 탐욕을 부려서는 안 된다(갈 5:24, 엡 5:3, 골 3:5). 결국 '전능'이란 '전능하신 하나님' 안에서만 '견고함'을 누리게 되며 그분 안에서만 '진정한 안식'을 누릴 수 있다는 의미이다.

'천지를 만드신 하나님 아버지'란 '다른 하나님(기능론적 종속성, functional subordination), 한 분 하나님(존재론적 동질성, essential equality)'이신 삼위일체 하나님의 공동 천지창조 사역을 가리키는 것으로 존재론적 동질성이신 '창조주 하나님'을 가리킨다. 이는 기능론적 종속성과 존재론적 동질성의 개념을 잘 이해해야만 쉽게 고개를 끄덕일 수가 있다. 첨언할 것은 이 부분의 말씀을 통하여는 천지창조의 '방법'이 아닌 천지를 '창조하신' 삼위일체 하나님에 대해 주목해야 한다는 사실이다.

소설가이자 언어학자였던 도로시 세이어즈(Drothy Leigh Sayers)는 그의 탐정소설에서 '방법을 알면 누가 했는지 안다'고 했다. 전형적인 탐정소설가의 말이다. 그러나 성경은 천지창조의 '방법(how, 과학적 접근)'이 아니라

'누가(who, 선포되어지는 권위의 말씀)' 천지만물을 창조했느냐에 방점을 두고 있음을 알아야 한다. 오늘날 '천지창조'에서의 실제적, 현실적인 논쟁은 '창조에 대한 믿음'보다는 어떻게 창조되었냐(방법)라고 하면서 진화론을 앞세우며 왜곡된 태도로 일관하고 있는 것이다.

천지창조에 있어서 창세기 1장 1절-2장 3절까지는 '전능하신 하나님, 창조주 하나님(엘로힘)'께서 첫째 날부터 셋째 날까지 혼돈(תֹהוּ, 토후, formlessness, confusion, unreality)을 바로잡으시며 전체의 구조(Frame, Structure)를 세우셨다. 이어 넷째 날부터 여섯째 날까지는 공허(בֹהוּ, 보후, emptiness)를 채우시려고 내용물(Contents)을 창조하셨음을 보여주고 있다. 그런 다음 2장 4절-25절까지는 디테일을 주관하시는 '역사의 주관자 하나님(야훼 엘로힘)'의 세미한 인도하심을 보여주고 있다.

삼위일체 하나님의 무(無)에서 유(有)에로의 공동 천지창조와 천지만물을 운행하심에 대하여는 특별히 시편 104편과 욥기 38-41장에서 더욱더 자세하게 말씀하고 있다.

"주께서 옷을 입음같이 빛을 입으시며 하늘을 휘장같이 치시며 물에 자기 누각의 들보를 얹으시며 구름으로 자기 수레를 삼으시고 바람날개로 다니시며 바람으로 자기 사자를 삼으시며 화염으로 자기 사역자를 삼으시며 땅의 기초를 두사 영원히 요동치 않게 하셨나이다. 옷으로 덮음 같이 땅을 바다로 덮으시매 물이 산들 위에 섰더니~산은 오르고 골짜기는 내려갔나이다. 주께서 물의 경계를 정하여 넘치지 못하게 하시며 다시 돌아와 땅을 덮지 못하게 하셨나이다. 여호와께서 샘으로 골짜기에서 솟아나게 하시고 산 사이에 흐르게 하사~저가 누각에서 산에 물을 주시니 주

의 행사의 결과가 땅에 풍족하도다~여호와께서 달로 절기를 정하심이
여 해는 그 지는 것을 알도다 주께서 흑암을 지어 밤이 되게 하시니 삼림
의 모든 짐승이 기어 나오나이다~여호와여 주의하신 일이 어찌 그리 많
은지요 주께서 지혜로 저희를 다 지으셨으니 주의 부요가 땅에 가득하니
이다~주의 영을 보내어 저희를 창조하사 지면을 새롭게 하시나이다" 시
104:2-6, 8-10, 13, 19-20, 24, 30

삼위일체 하나님의 무(無)에서 유(有)에로의 공동 천지창조와 천지만물 운행하심	
창조주 하나님	여호와여 주의하신 일이 어찌 그리 많은지요 주께서 지혜로 저희를 다 지으셨으니 주의 부요가 땅에 가득하니이다~주의 영을 보내어 저희를 창조하사 지면을 새롭게 하시나이다
빛	옷을 입음같이 입으심
하늘	휘장같이 치심
물	자기 누각의 들보를 얹으심
구름	자기 수레를 삼으심
바람	바람날개로 다니시며 바람으로 자기 사자를 삼으심
화염	자기 사역자를 삼으심
땅	기초를 두사 영원히 요동치 않게 하심
바다	옷으로 덮음 같이 물로 땅을 덮으심 물이 산들 위에 섬-산은 오르고 골짜기는 내려감 물의 경계를 정하여 넘치지 못하게 하심 곧 다시 돌아와 땅을 덮지 못하게 하심
샘	골짜기에서 솟아나 산 사이에 흐르게 하심 누각에서 산에 물을 주심-땅에 풍족
달	절기를 정하심
해	지는 것 알게 하심 흑암을 지어 밤이 되게 하심-삼림의 모든 짐승이 기어 나오게 하심

한편 하나님은 당신의 형상(צֶלֶם, 체렘, nm, an image, 성품, 지정의)을 따라 당신의 모양(דְּמוּת, 데무트, nf, likeness, 신체적 특성)대로 사람을 창조하셨다. 그렇기에 그분은 창조주이시고 우리는 피조물이다. 결국 아버지 하나님과 우리는 '바른 관계'를 전제한 후에야 '친밀한 교제'가 주어짐을 알아야 한다.

'창조주 하나님과 피조물 인간'

'바른 관계와 친밀한 교제'

이 부분에 있어 제임스 패커 교수의 책 〈사도신경, p47-50〉의 내용을 나와 공저자의 표현(conceptualization)으로 바꾸어 기술하고자 한다.

첫째, 창조주 하나님은 전능(Omnipotence)하시고 전지(Omniscience)하시며 무소부재(Omnipresence)하시며 무한(Omni limitlessness)하시다. 반면에 피조물인 인간은 전적 타락(total depravity), 전적 부패(total corruption), 전적으로 무능(total inability)할 뿐만 아니라 모든 것에 한계가 있다. 인간은 시간과 공간에 제약이 있으며 상황과 환경에도 제한이 있다. 유한된 일회 인생이기에 육신은 세월의 흐름과 더불어 노쇠하고 쇠퇴해짐으로 망가져간다. 그렇다고 하여 영혼마저 망가져서는 안 된다. 그렇다면 피조물인 인간은 무엇보다도 먼저 자신을 바르게 인식(정체성)한 후에 창조주 하나님과의 바른 관계 정립(소명과 사명)에 힘써야 할 것이다.

앞서 언급했지만 하나님은 인간을 당신의 형상(צֶלֶם, 체렘, nm, an image, 성품)과 모양(דְּמוּת, 데무트, nf, likeness, 신체적 특성)으로 당신께서 보시기에 심히 좋게 만드셨다. 그런 피조물 된 인간이 오늘날에 이르러는 오히려 창조주이신 하나님을 재단(裁斷, judge, cut off)하며 자신의 형식대로 하나님을 생각하고 만들려는 우(遇)를 범(犯)하고 있다. 그 결과 하나님에 대한 엉뚱한 상상이나 생각으로 하나님을 가두어 버렸다. 이는 하나님과의 바른 관계를 깨는 아주 나쁜 행위이다. 곧 창세기 3장(5절)의 "하나님과 같이 되어", 창세기 6장(4절)의 네피림 사상, 창세기 11장(4절)의 바벨탑 사상과 진배없다 (equal to, similar to).

프랑스의 계몽사상가이자 철학자, 소설가인 볼테르(Voltaire, 본명-프랑수아마리 아루에, 1694-1778)는 '똘레랑스(tolerance, 종교적 관용)'를 프랑스 정신의 일부로 만든 사람이다. 그는 '신이 존재하지 않는다면, 그를 만들어낼 필요가 있다'고 했다. 이는 전제도 틀렸지만 '인간의(?) 형상'대로 하나님을 만들겠다는 볼테르 식(式) 허풍이기에 그저 헛웃음만 나올 뿐이다.

둘째, 창조주 하나님은 태초(רֵאשִׁית, 레쉬트, in the beginning)에 피조세계인 천지만물을 보시기에 좋게(טוֹב, 토브) 말씀(אָמַר, 아마르)으로, 동시에 삼위일체 하나님께서 공동으로 창조(בָּרָא, 바라, 롬 1:20, 시 8편)하셨다. 그런 천지만물은 오롯이 하나님의 것이다. 역사의 주관자 하나님은 당신의 섭리하 경륜으로 당신의 뜻을 따라 우리를 통해(창 1:28) 지금까지 한 치의 오차없이 질서정연함과 안정 상태를 유지해 오셨다(시 104편). 최후의 그날까지는 현재형 하나님나라에서 그렇게 이끌어 가실 것이다. 그리고 그날 이후에는 완벽한 미래형 하나님나라에서 우리는 부활체(고전 15:42-44, 신령한 몸, 강한 몸, 썩지 아니할 몸, 영광스러운 몸)로 변화하여 영원히 살아갈 것이다.

참고로 한때(18세기) '태엽시계 같은 우주(clockwork universe)'라는 개념이 인기를 끌었던 적이 있었다. 소위 허황된 이신론(理神論, Deism)이다. 이신론이란 '천지만물은 창조하셨지만 역사하시지는 않는다'는 것이다. 창조주 하나님은 믿겠으나 역사의 주관자 하나님은 아니라는 것이다. 결국 삼위일체 하나님을 부정하는 것이다.

인간은 하나님의 형상(성품, 쩨렘)과 모양(신체적 모양, 데무트)대로 지음을 받은 피조물이다. 이 말인즉 하나님과 인간 사이에는 일종의 유사성이 있다는 것이며 그런 인간은 오롯이 하나님의 것(소속, 소유)이라는 말이다. 인간은 하나님나라의 관리자이며 하나님 집의 사환으로서 충성만이 요구(히 3:5)될 뿐이다. 결국 하나님의 일꾼 된 인간에게는 "맡은 자에게 구할 것은 충성(고전 4:1-2)"뿐임을 기억해야 한다.

한 가지 주의할 것이 있다면 천지만물에 대한 가치(Value)이다. 혹자들은 천지만물이 '물질로 이루어졌다'고 하여 그 가치를 평가절하(平價切下, devaluation)하거나 심지어는 악(惡)하다고 우긴다. 그러다 보니 신앙적인 측면에서 물질의 가치를 억지로 떨어뜨리려 하거나 거부하는 무리들이 마치 진정한 기독교인이기라도 되듯이 호들갑을 떨기도 한다.

마치 그런 저들은 물질세계를 초월하기라도 한 것처럼…….

이런 생각과 태도를 가진 자는 오히려 '진정한 영성'을 가장한 가짜일 가능성이 훨씬 높다. 오히려 모든 인간은 창조주 하나님께서 보기에 좋게(טוֹב, 토브) 만드신 피조세계를 인간들에게 마음껏 누리라고 주신 것에 대해 지극한 감사를 올릴 수 있어야 한다. 더 나아가 그것들을 가치있게 여기며 소중하게 잘 관리하면서 즐겨야 한다.

셋째, 창조주 하나님에 대한 인간들의 바른 태도는 '피조물'이라는 명확한 인식이다. 피조물인 인간은 삼위일체 하나님의 형상(צֶלֶם, 체렘, nm, an image, 지정의적 성품)과 모양(דְּמוּת, 데무트, nf, likeness, 신체적 특성)으로 지음받았음에 대한 자존감, 올바른 자의식이 필요할 뿐이다. 더 나아가 창조주 하나님의 인간을 만드신 목적(사 43:21, 42:8, 시 22:3)을 잘 이해하고 그에 순응하며 살아감이 마땅하다. 그렇기에 모든 인간은 하나님을 찬양하고 마땅히 그분께만 영광(Soli Deo Gloria)을 돌려야만 할 것이다.

"이 백성은 내가 나를 위하여 지었나니 나의 찬송(סָפַר, 싸파르, declaration, proclamation, 대상 25:1-3, נָבִיא, 나비, 예언자, 선지자, 하나님의 말씀을 전하다, 하나님의 의중을 드러내다)을 부르게 하려 함이니라"_사 43:21

'천지를 만드신 하나님아버지'에 대해 이제 창세기 1장 1-2절을 히브리어 원본을 토대로 하나씩 설명하고자 한다.

"베레쉬트(בְּרֵאשִׁית, in the beginning) 바라(בָּרָא, created) 엘로힘(אֱלֹהִים, God) 에트(אֵת, with) 하솨마임(הַשָּׁמַיִם, the heavens) 브에트(וְאֵת, and) 하아레츠(הָאָרֶץ:, the earth)"_창 1:1

"베레쉬트(בְּרֵאשִׁית, in the beginning) 바라(בָּרָא, created) 엘로힘(אֱלֹהִים, God) 에트(אֵת, with) 하솨마임(הַשָּׁמַיִם, the heavens) 브에트(וְאֵת, and) 하아레츠(הָאָרֶץ:, the earth)" _창 1:1	
'베레쉬트 (בְּרֵאשִׁית in the begining)'	베이트(ב, 비분리 전치사, ~로 말미암아)+레쉬트(רֵאשִׁית, nf, beginning, chief, first fruits)의 합성어
	레쉬트: '첫 열매(first fruits)' '잠자는 자들의 첫 열매(고전 15:20)' '부활의 첫 열매(고전 15:23)': '첫' 열매는 '진정(real, chief)'한 부활의 첫 열매=예수 그리스도를 상징 베이트: 명사 '집'이라는 의미 비분리 전치사: '~로 말미암아, ~에 의하여, ~로 인하여' 창세기(1:1): 후자-'부활의 첫 열매이신 예수님으로 말미암아'

'바라(בָּרָא, created)'	'창조하다' 태초(עוֹלָם, 올람, nm, קֶדֶם, 케뎀, 아르케, ἀρχή, nf)로부터 존재하신 삼위일체 하나님은 태초(רֵאשִׁית, 레쉬트, 게네시스, γένεσις)에 공동으로 하늘들(הַשָּׁמַיִם, the heavens, 하샤마임)과 땅(אֵת, and, 하아레츠)을 창조하시되 말씀으로(אָמַר, 아마르, 가라사대) 창조하심 "하샤마임(הַשָּׁמַיִם, the heavens): '하늘들'(복수)-유대인들은 하늘을 삼층천(三層天)으로 생각-대기권 하늘(sky), 우주(universe), 천국(heaven)
'엘로힘 (אֱלֹהִים, God)'	'창조주 하나님, 전능주 하나님'
'야훼(יְהוָה) 엘로힘 (אֱלֹהִים, God)'	디테일을 주관하시는 '역사의 주관자 하나님' 둘 다 하나님의 이름이 아닌 하나님의 속성-하나님은 이름이 필요가 없는(출 3:14, 스스로 있는 자) 분이심
'에트 (אֵת, with)'	'함께, 더불어' 예수님과 더불어 하나님께서 함께 천지를 공동으로 창조하심-삼위일체 하나님의 공동 창조사역을 드러냄

여기서 '베레쉬트(בְּרֵאשִׁית, in the beginning)'는 베이트(ב, 비분리 전치사, ~로 말미암아)와 레쉬트(רֵאשִׁית, nf, beginning, chief, first fruits)의 합성어로서 레쉬트는 '첫 열매(first fruits)'라는 의미이다. 곧 '잠자는 자들의 첫 열매(고전 15:20)', '부활의 첫 열매(고전 15:23)'에서의 '첫' 열매는 '진정(real, chief)'한 부활의 첫 열매라는 것으로 예수 그리스도를 상징하고 있다.

참고로 여기서 사용된 '처음'이란, first라는 의미보다는 chief, real이라는 의미로서 '진정한 부활의 첫 열매'이신 예수님을 말한다. 예수님 이

전과 이후에도 죽은 자의 부활[12]은 있었다. 그러나 진정한 부활은 오직 예수님뿐이시다.

베이트는 명사로 사용될 때에는 '집'이라는 의미이지만 비분리 전치사로 쓰일 경우에는 '~로 말미암아, ~에 의하여, ~로 인하여'라는 의미이다. 창세기 1장 1절에서는 후자로 사용되었다. 결국 베레쉬트란 '부활의 첫 열매이신 예수님으로 말미암아'라는 의미이다.

'바라(בָּרָא, created)'는 '창조하다'라는 의미로 태초[13](עוֹלָם, 올람, nm, קֶדֶם, 케뎀, 아르케, ἀρχή, nf)로부터 존재하신 삼위일체 하나님은 태초(רֵאשִׁית, 레쉬트, 게네시스, γένεσις)에 공동으로 하늘들(הַשָּׁמַיִם, the heavens, 하솨마임)과 땅(אֶרֶץ, land, earth, 하아레츠)을 창조하시되 말씀으로(אָמַר, 아마르, 가라사대) 창조하셨다. 참고로 "하솨마임(הַשָּׁמַיִם, the heavens)은 '하늘들'이라는 복수로 쓰였다. 왜냐하면 유대인들은 하늘을 삼층천(三層天)으로 생각했기 때문이다. 곧 대기권 하늘(sky)과 우주(universe), 그리고 천국(heaven)으로 생각했던 것이다.

'엘로힘(אֱלֹהִים, God)'은 '창조주 하나님, 전능주 하나님'을, '야훼(יְהֹוָה) 엘로힘(אֱלֹהִים, God)'은 디테일을 주관하시는 '역사의 주관자 하나님'을 가리킨다. 사족을 달자면 둘 다 하나님의 이름이 아니라 하나님의 속성이다. 하

---

12 죽은 자의 부활에는 엘리야 때 사르밧 과부의 아들 부활(왕상 17:17-24), 엘리사 때 수넴(술람미) 여인의 아들 부활(왕하 4:32-37), 나인성 과부 아들의 부활(눅 4:11-17), 욥바의 다비다(도르가)의 부활(행 9:36-42), 죽은 나사로의 부활(요 11:17-44) 등등이 있다. 그러나 이들은 살았다가 다시 죽었다. 진정한 부활의 첫 열매는 아니었던 것이다.

13 '태초'라는 히브리어는 두가지가 있다. 우리가 알지도 상상치도 못할 태초(עוֹלָם, 올람, nm, long duration, antiquity, futurity, קֶדֶם, 케뎀, aforetime, front, east, formerly미 5:2, 아르케, ἀρχή, nf, 요 1:1)가 있는 가하면 역사의 시작점인 태초(רֵאשִׁית, 레쉬트, nf, beginning, chief, 게네시스, γένεσις)가 있다.

나님은 이름이 필요가 없는(출 3:14, 스스로 있는 자) 분이시다.

'에트(אֵת, with)'는 '함께, 더불어'라는 의미로 예수님과 더불어 하나님께서 함께 천지를 공동으로 창조하셨음을 드러내고 있다. 곧 삼위일체 하나님의 공동 창조사역을 드러내고 있다.

"베하아레츠(וְהָאָרֶץ, the earth) 하예타흐(הָיְתָה, was) 토후(תֹהוּ, formless) 바보후(וָבֹהוּ, void) 베호세크(וְחֹשֶׁךְ, darkness) 알(עַל־, (was) over) 페네(פְּנֵי, the face) 테홈(תְהוֹם, of the deep) 베루아흐(וְרוּחַ, The Spirit) 엘로힘(אֱלֹהִים, of God) 메라헤페트(מְרַחֶפֶת, was hovering) 알(עַל־, (was) over) 페네(פְּנֵי, the face) 함마임(הַמָּיִם:, of the waters)"_창 1:2

"베하아레츠(וְהָאָרֶץ, the earth) 하예타흐(הָיְתָה, was) 토후(תֹהוּ, formless) 바보후(וָבֹהוּ, void)"에서는 토후(תֹהוּ, nm, formless, confusion)와 보후(בֹהוּ, nm, void, emptiness)라는 두 히브리어 단어를 깊이 묵상해야 한다. 전자(תֹהוּ, nm, formless, confusion)는 형태와 구조가 없어 '혼돈의 상태'였다는 것이며 후자(בֹהוּ, nm, void, emptiness)는 내용물이 없어 텅 빈 '공허의 상태'였음을 의미한다. 그런 상태에서 삼위일체 하나님은 첫째날부터 셋째날까지는 보시기에 좋은 구조물(structure, frame)을 만드셨다. 그런 후 넷째날부터 여섯째 날까지 보시기에 좋은 내용물들(contents)을 집어넣으셨던 것이다.

"베호세크(וְחֹשֶׁךְ, darkness) 알(עַל־, (was) over) 페네(פְּנֵי, the face) 테홈(תְהוֹם, of the deep)"이란 '흑암(וְחֹשֶׁךְ, darkness, 베호세크) 이 깊음(תְהוֹם, of the deep, 테홈) 위에 있고'라는 말이다.

여기서 '흑암(חֹשֶׁךְ, nm, darkness, obscurity, 호세크)'이란 단순히 빛의 반대 개념으로서의 어둠이 아닌 '암흑 상태'를 가리키는 것으로 '악함(חָשַׁךְ, v, 하솨크, to be or grow dark, 잠 2:13)', '죽음(חָשַׁךְ, nm, 시 88:12)'이라는 의미이다. 한편 '깊음'이란 '깊은 심연[14](αβυσσος, 아뷔쏘스, 70인역, LXX, 계 무저갱)' 혹은 '곤고함 (צַר, straits, distress, 욥 36:16)'이라는 의미이다. 더하여 '깊은 바다(נָהָר, nm, a stream, river, 시 42:7)' 혹은 '협곡(straits)'이라는 의미가 있는데 이는 '물결치다, 동요하다'[15]라는 의미 또한 함의되어 있다.

결국 창세기 1장 1절의 혼돈, 공허와 더불어 2절의 흑암, 깊음이란 구조와 내용물이 없는 상태 곧 원시 지구상태의 묘사적 표현이다.

14　깊은 심연(αβυσσος, 아뷔쏘스, 70인역, LXX)이란 계시록(20:3)의 무저갱을 말하며 boundless, bottomless, the abyss, unfathomable depth, an especially Jewish conception, the home of the dead and of evil spirits/βυθός, the deep sea, the bottom, the depth이다.

15　'동요하다'는 (사 59:19 like a contracted (and hence swift, powerful) river (simile of יְ: Klo נָהָר מָצוֹר, CheHpt נ' מָצֹר, both 'of Egypt')을 말한다.

"베하아레츠(וְהָאָרֶץ, the earth) 하예타흐(הָיְתָה, was) 토후(תֹהוּ, formless) 바보후(וָבֹהוּ, void)" "베호세크(וְחֹשֶׁךְ, darkness) 알(עַל-, (was) over) 페네(פְּנֵי, the face) 테홈(תְהוֹם, of the deep)"	
혼돈	토후(תֹהוּ, nm, formless, confusion)는 형태와 구조가 없어 '혼돈의 상태'
공허	보후(בֹהוּ, nm, void, emptiness)는 내용물이 없어 텅 빈 '공허의 상태'
흑암	'호세크(חֹשֶׁךְ, nm, darkness, obscurity, 호세크)'란 단순히 빛의 반대 개념으로서의 어둠이 아닌 '암흑 상태' '악함(חָשַׁךְ, v, 하솨크, to be or grow dark, 잠 2:13)' '죽음(חֹשֶׁךְ, nm, 시 88:12)'이라는 의미
깊음	'깊은 심연 (αβυσσος, 아뷔쏘스, 70인역, LXX, 계 무저갱)' '곤고함(רַץ, straits, distress, 욥 36:16)' '깊은 바다(נָהָר, nm, a stream, river, 시 42:7)' & '협곡(straits)': '물결치다, 동요하다 '라는 의미가 함의
결국 창세기 1장 1절의 혼돈, 공허와 더불어 2절의 흑암, 깊음이란 구조와 내용물이 없는 상태 곧 원시 지구 상태의 묘사적 표현	

"베루아흐(וְרוּחַ, The Spirit) 엘로힘(אֱלֹהִים, of God) 메라헤페트(מְרַחֶפֶת, was hovering) 알(עַל-, (was) over) 페네(פְּנֵי, the face) 함마임(הַמָּיִם:, of the waters)"이란 '하나님의 신은 수면 위에 운행하시니라'는 말이다.

'하나님의 신'에서의 '신(神)'이란 루아흐(רוּחַ, nf, breath, wind, spirit)로서 '호흡, 입김, 바람(행 2:1-4, πνοή, nf, (a) breath, (b) gust, breeze, wind)'이라는 의미이다. 곧 '수면 위에 큰 바람이 있었다'라는 것으로 '바람'이란 '모든 생명력의 근원'으로서 죽은 것에 생명력을 공급함(נָפַח, v, to breathe, blow, 겔 37:1-10,

생기, 창 2:7)과 절망, 죽음의 인생을 소망(현재형 하나님나라에의 누림과 장차 미래형 하나님나라에의 입성과 영생)으로 바꾸는(요 3-4장의 니고데모와 사마리아 여인) 것을 말한다. 동시에 세상 질서를 주관하시는 성령님(Πνεύματος Ἁγίου, holy Spirit)을 상징하고 있다.

'운행하다'의 히브리어는 라하프(רָחַף, v)인데 이는 창세기 2장 7절의 '불어넣으시니(נָפַח, 나파흐)'와 출애굽기 12장 13절의 '넘어 가리니(פָּסַח, 파사흐)', 그리고 신명기 32장 11절의 '너풀거리며(רָחַף, 라하프)'라는 말의 의미와 동일하다.

'수(מַיִם, nm, 마임, waters, water)면(פָּנִים, nm, 파님, face, faces)' 위에 '운행(רָחַף, v, to grow soft, relax, hover)하셨다'라는 것은 '신적 행동' 혹은 '신적 능력의 개입' 곧 수면 위에 운행하시는 하나님의 영으로 말미암아 천지가 창조되고 질서가 확립되었다라는 의미이다.

"베루아흐(וְר֫וּחַ, The Spirit) 엘로힘(אֱלֹהִים, of God) 메라헤페트(מְרַחֶ֫פֶת, was hovering) 알-(עַל־, (was) over) 페네(פְּנֵי, the face) 함마임(הַמָּ֫יִם:, of the waters)"_창 1:2	
'하나님의 신'에서의 '신(神)'이란	'루아흐(ר֫וּחַ, nf, breath, wind, spirit) '호흡, 입김, 바람(행 2:1-4, πνοή, nf, (a) breath, (b) gust, breeze, wind)'이라는 의미 '수면 위에 큰 바람'-'바람'이란 '모든 생명력의 근원'-죽은 것에 생명력을 공급함(נָפַח, v, to breathe, blow, 겔 37:1-10, 생기, 창 2:7)과 절망, 죽음의 인생을 소망(현재형 하나님나라에의 누림과 장차 미래형 하나님나라에의 입성과 영생)으로 바꾸는(요 3-4장의 니고데모와 사마리아 여인) 것 세상 질서를 주관하시는 성령님(Πνεύματος Ἁγίου, holy Spirit) 상징
'운행하다' 라하프(רָחַף, v)	창세기 2장 7절의 '불어넣으시니(נָפַח, 나파흐)' 출애굽기 12장 13절의 '넘어 가리니(פָּסַח, 파사흐)' 신명기 32장 11절의 '너풀거리며(רָחַף, 라하프)' 모두 다 동의어
'수(מַ֫יִם, nm, 마임, waters, water) 면(פָּנִים, nm, 파님, face, faces)' 위에 '운행(רָחַף, v, to grow soft, relax, hover) 하심	'신적 행동' 혹은 '신적 능력의 개입'-수면 위에 운행하시는 하나님의 영으로 말미암아 천지가 창조되고 질서가 확립되었다라는 의미

결국 첫째 문장(1)의 '전능하사 천지를 만드신 하나님 아버지를 내가 믿사오며'라는 고백은 '다른 하나님(기능론적 종속성, functional subordination), 한 분

하나님(존재론적 동질성, essential equality)'이신 삼위일체 하나님은 우리가 알지도 상상치도 못할 태초(עוֹלָם, 올람, nm, long duration, antiquity, futurity, קֶדֶם, 케뎀, aforetime, front, east, formerly미 5:2, 아르케, ἀρχή, nf, 요 1:1)부터 함께 계셨고 역사의 시작점 태초(רֵאשִׁית, 레쉬트, nf, beginning, chief, 게네시스, γένεσις)에 공동으로 천지를 창조하신 후 역사를 주관하시되 큰 흐름과 더불어(אֱלֹהִים, 엘로힘, 창조주 하나님, 전능주 하나님) 디테일을 주장하셨다(יְהֹוָה, 야웨, אֱלֹהִים, 엘로힘, 역사의 주관자 하나님)라는 의미이다.

우리 그리스도인들은 상기의 사도신경의 첫 부분과 더불어 대속주, 구속주이신 예수님의 초림과 함께 심판주, 승리주, 만왕의 왕, 만주의 주이신 재림의 예수님을 믿는 것이다. 결국 우리는 다음의 '믿음(피스티스, πίστις, nf)'에 대한 4가지 핵심 콘텐츠에 목숨을 거는 것이다.

나는 무엇을 믿는가(믿음의 핵심 콘텐츠)	
1	태초(עוֹלָם, 올람, nm, קֶדֶם, 케뎀, 아르케, ἀρχή, nf, 우리가 알지도 상상치도 못하는 태초)부터 함께 존재하셨던 삼위일체 하나님
2	태초(רֵאשִׁית, 레쉬트, 게네시스, γένεσις, 역사의 시작점 태초)에 공동으로 천지를 창조하신 삼위일체 하나님
3	구속주(대속제물, 화복제물로 오신)이신 예수님의 초림 예수 그리스도 새 언약의 성취
4	그날에 재림주, 승리주, 심판주, 만왕의 왕, 만주의 주로 오실 예수님의 재림 예수 그리스도 새 언약의 완성

모든 인간 내면의 깊숙한 곳에는 믿음에 역행하려는 못된 씨앗이 하나 숨어 있는데 바로 '의심'이라는 요물(妖物, weird or eerie thing)이다. 일반적으로 어떤 팩트에 대해 의심이 시작되는 것은 자신의 실력에 대한 지나친 교만인 경우가 많다. 이런 유의 사람들은 곧잘 먼지 만한 크기의 얄팍한 논리와 일천한 지식으로 언감생심(焉敢生心, inimaginable) 무한하신 하나님을 재단하듯이 덤비곤 한다.

빅토리아 시대의 계관시인(桂冠詩人, a poet laureate)인 앨프리드 테니슨 (Alfred Tennyson, 1st Baron Tennyson, 1809-1892, 영국 시인, 목사의 아들) 경은 자신의 시 〈고대의 현인, The Ancient Sage〉에서 '입증할 가치가 있는 모든 것은 입증되지도 방증되지도 않는다'고 했다. 이런 의견에 나와 공저자는 적극 동의하는 바이다. 결국 믿음의 눈으로 바라보면 모든 것이 보이게 되고 알게 된다(히 11:1).

나와 공저자는 사도신경의 첫 문장을 아래의 창세기 1장 1-2절로 묶어 요약했다.

베레쉬트(בְּרֵאשִׁית, in the beginning) 바라(בָּרָא, created) 엘로힘(אֱלֹהִים, God) 에트(אֵת, with) 하쇠마임(הַשָּׁמַיִם, the heavens) 브에트(וְאֵת, and) 하아레츠(הָאָרֶץ:, the earth) _창 1:1

"태초에 하나님이 천지를 창조하시니라" _창 1:1

베하아레츠(וְהָאָרֶץ, the earth) 하예타흐(הָיְתָה, was) 토후(תֹהוּ, formless) 바보후(וָבֹהוּ, void) 베호세크(וְחֹשֶׁךְ, darkness) 알(עַל-, (was) over) 페네(פְּנֵי, the face) 테홈(תְהוֹם, of the deep) 베루아흐(וְרוּחַ, The Spirit) 엘로힘(אֱלֹהִים, of God) 메라헤페트(מְרַחֶפֶת, was hovering) 알(עַל-, (was) over) 페네(פְּנֵי, the face) 함마임(הַמָּיִם:,

of the waters)_창 1:2

"땅이 혼돈하고 공허하며 흑암이 깊은 위에 있고 하나님의 신은 수면에 운행하시니라"_창 1:2

만세 전에(태초에) 삼위일체 하나님은 당신의 무한하신 은혜로 우리들을 택정하셨다. 때가 되매 택정된 자에게 복음이 들려지게 함으로 믿음(πίστις, nf)을 주셔서 우리로 믿게(πιστεύω, v) 하셨다. 그러므로 우리가 믿음(πιστός, a)으로 구원을 얻은 것은 '전적인' 하나님의 은혜로서 그분의 '신실하심(faithfulness)과 미쁘심(trustworthiness)' 덕분이다(롬 1:17).

우리가 믿는 하나님은 자연종교(일반종교)에서 말하는 인간들에 의한 물질(금속물, 형상물)로 만들어진 것이나 상상 속에서 만들어진(metal or mental) 신(神)이 아니시다. 특별종교로서 기독교에서의 우리 하나님은 '스스로 있는 자(אֶהְיֶה, 예흐에흐, אֲשֶׁר, 아쉐르, אֶהְיֶה, 예흐에흐, I am who I am, I will be what I will be, 출 3:14)'이신 전능하신 하나님(אֱלֹהִים, 엘로힘, the LORD(KJV))으로서 이름이 필요가 없으시며 말씀(계시종교, 말씀종교, 은혜종교)을 통해 자신을 선명하게 드러내시는 참 신(神)이시다.

간혹 성경에서 언급되고 있는, 이름인 듯 보이는 모든 명칭들은 하나님의 속성[16](하나님의 본성과 하시는 일)을 드러내는 말이다. 예를 들면 엘로힘은 전능하신 하나님, 창조주 하나님을, 야훼(יְהֹוָה) 엘로힘(אֱלֹהִים)은 디테일을 주관하시는 역사의 주관자 하나님을 가리킨다. 또한 사도 요한이 요한일서 1장 5절에서 "하나님은 빛이시라"고 했고 4장 8절에서는 "하나님은 사랑

---

16 하나님의 본성과 하시는 일을 드러내는 것이다(출 20:56, 민 14:18, 대하 30:9, 느 1:5, 9:17, 32, 시 86:5, 15, 103:8-18, 111:4-9, 112:4, 116:5, 145:8, 17, 20, 욜 2:13, 욘 4:2, 롬 2:2-6).

이심이라”고 했는데 이는 요한복음 1장 1-5절에 의하면 세상의 빛, 생명의 빛(생명, 영생)이신 예수님은 어두움(죽음, 사망)을 몰아내시고 그 어두움을 이기시는 하나님으로서 우리에게 무한한 사랑을 베푸시는 하나님이라는 의미이다. 참고로 ‘공의와 사랑의 하나님’이라는 것은 사랑이 결여된 채 냉정하게 공의를 행하시는 분이 아니며 동시에 사랑을 베푸시느라고 공의를 무시하시는 분이 아니라는 의미이다. 곧 하나님은 자비와 긍휼이 내재된 공의를 베푸시며 그 사랑 속에는 공의(올바름과 올곧음)가 전제되어 있다.

한편 예수님의 지상대명령(至上大明令, the Great Commission)이라 불리우는 마태복음 28장 18-20절 중 19절에는 “아버지와 아들과 성령의 이름으로 세례를 주고”라는 말씀이 있다. 여기서 복수 ‘이름들’이 아닌 단수인 ‘이름(τὸ ὄνομα, N-ANS, 한 분 하나님, 존재론적 동질성)’이라고 기록된 것에 주목해야 한다. 곧 삼위일체 하나님의 개념에 대한 이해가 있어야 한다는 것이다. 그렇기에 나는 지난 모든 저술들에서 일관되게 그 개념(기능론적 종속성, 존재론적 동질성)을 명료하게 밝혔다.

분명한 것은 ‘삼위일체 하나님’은 우리의 지식과 상식을 훨씬 초월한다는 것이다. 그렇기에 그 어떤 것으로도 간단하게 요약될 수는 없다. 그렇다고 하여 뜬구름 잡듯이 애매모호한 것은 더 곤란하다. 이런 사실을 전제한 후 나는 지난날부터 이런 부분들에 대해, 특히 삼위일체 하나님에 대해 비교적 선명한 개념 정립을 했다. 처음에는 개념 정립이 안 되어 답답했다. 고민을 거듭하며 기도하며 연구하던 중 한 문장 곧 “다른 하나님, 한 분 하나님’으로 개념을 정립했다. 기능론적 종속성(Functional Subordination)과 존재론적 동질성(Essential Equality)을 전제하고서…….

성부하나님(말 2:10, 행 17:28)은 우리의 구속을 '계획'하셨다. 성자하나님은 성육신하셔서 아버지 하나님의 구속계획을 십자가 보혈로 '성취'하셨다. 성령하나님은 우리의 구속을 '보증'하셨다. 그렇게 삼위일체 하나님은 '다른 하나님이시자 한 분 하나님'이시다. 나는 삼위일체 하나님을 '하나 안의 셋'이라는 모호함 대신에 '다른 하나님, 한 분 하나님'이라고 명명했다.

참고로 일부 학자들이 얘기하는 보편구원론(普遍救援論, 보편적 대속, Universalism 혹은 만인 구원론)에 대해 나와 공저자는 완전 부정적(고전 1:18, 롬 2:5)이다. 우리는 '택정과 유기교리'를 붙들며 그렇기에 '제한적 속죄(Limited Atonement)'를 지지한다. 캘빈의 'TULIP'를 참조하라. 더 나아가 보편구원론과 우주적 구속(Cosmic Redemption, 모든 사람과 모든 사물에도 구속적 효과)의 개념을 합한 만물회복론(Apocatastasis, 만물갱신론(萬物更新論), by Origen, Clement)에는 약간 조심스럽다. 왜냐하면 아버지 하나님의 사랑의 완전성에는 긍정하나 하나님의 진노의 개념이 약화된 것에는 부담스럽기 때문이다.

사족을 달자면 요한계시록 21장 1절을 통해 루터교는 전지구적 소멸설(새창조설, 재창조설)을, 개혁주의는 갱신설(회복설, 눅 15:24, 다시 얻다. εὑρίσκω) 주장한다. 나와 공저자는 예수님께서 다시 오셔서(재림) 회복(갱신)을 시키시든 새(재) 창조를 하시든 그다지 상관이 없다고 생각한다. 그렇기에 삼위일체 하나님과 더불어 완벽한(어떤 의미에서든지 상관없으나 나는 개혁주의자로서 '에덴'의 회복이라고 생각된다) 미래형 하나님나라에서 부활체로 영생을 누리게 될 그날을 기다리며 살아갈 뿐이다. 그리고 지금은 비록 already~not yet이지만 성령님을 주인으로 모시고 허락하신 현재형 하나님나라를 누리며 그 분의 통치 하에서 살아가는 것이 가슴 벅찰 뿐이다.

2) 그 외아들 우리 주 예수 그리스도를 믿사오니

둘째 문장(2)은 '그 외아들 우리 주 예수 그리스도를 믿사오니'이다. 이를 개역한글판, 개역개정판, 헬라어 사도신경(Σύμβολον τῆς Πίστεως), 라틴어 사도신경(The Apostles' Creed)의 순으로 한꺼번에 나열함으로 서로 서로 대조하여 비교한 후에 설명을 덧붙이려 한다.

개역한글판	(2)그 외아들 우리 주 예수 그리스도를 믿사오니 and in Jesus Christ His only Son our Lord
개역개정판	나는 그의 유일하신 아들, 우리 주 예수 그리스도를 믿습니다
헬라어 사도신경 (Σύμβολον τῆς Πίστεως)	Και (εις) `Ιησουν Χριστον, (카이 에이스 이에순 크리스톤) 과/향하여/예수/그리스도 υίον αυτου τον μονογενη, (휘온 아우투 톤 모노게네) 아들/그 분/그/외아들 τον κύριον ήμων, (톤 퀴리온 헤몬) 그/주/우리
라틴어 사도신경	Et in Jesum Christum, Filium eius unicum, (엣 인 예숨 크리스툼, 필리움 에이우스 우니쿰) 나는 그의 유일하신 아들, Dominum nostrum, qui conceptus est de Spiritu 도미눔 노스트룸, 퀴 콘 투스 에스트 데 스피리투 우리 주 예수 그리스도를 믿습니다.

'그 외아들'이란 'His only Son'이라는 말로서 '외아들'이란 헬라어로 υίον αυτου τον μονογενη(휘온 아우투 톤 모노게네, 아들/그분/그/외아들)인데 이는 '유일하신 아들(마 11:27, the Son, not a son)'이라는 말인 바 '독생자(unique, 마 3:17,

17:5)'이신 '맏아들(눅 2:7, πρωτότοκος, adj, first-born, eldest) 곧 '독특하신 맏아들'이라는 의미이다. 왜냐하면 동정녀 마리아는 성령으로 잉태된 예수님 이후에도 계속해서 그 남편 요셉으로 인하여 예수의 동생들(마 13:55)을 낳았기 때문이다. 개중에 야고보서의 기록자 야고보 장로와 유다서의 기록자 유다가 있다.

'우리 주 예수 그리스도'라는 말은 성부 하나님의 유일한 기름부음 받은 자(מָשִׁיחַ, 마쉬아흐, 크리스토스, Χριστός, the Anointed One, 요 1:41, 4:25, 마 1:16)로서 구원자(이에수스, Ἰησοῦς)이신 예수님만이 우리의 온전한 주권자(Lord, Master, 퀴리오스, κύριος, 구약의 히브리어 신명사문자(Tetragrammaton), YHWH, יְהוָה)이시다라는 말이다. 동시에 이 말은 그런 온전한 주인 되신 예수의 영, 진리의 영이신 성령님의 통치와 질서, 지배하에서 살아가며 그분에게만 온전한 주권을 드리고 '성령충만'으로 살아가겠다는 우리의 결단이요 신앙고백이다.

그런 의미에서 '예수 그리스도'는 사도신경의 중심(빌 2:10)이다.

예수님은 삼위일체 하나님이시며 구속주(구원주, Savior), 대속주(대속제물되신 하나님, 엡 1:7, 롬 3:24, 계 5:9, 막 10:45), 화목주(화목제물되신 하나님, 롬 3:25, 5:9-11, 요일 2:2, 4:10, 히 2:17)이시고 부활(롬 14:9)과 영생을 허락하신 신실하신 하나님이시다. 그 예수님은 '말씀(로고스, Λόγος)으로 세상을 창조(בְּרֵאשִׁית, 베레쉬트, 요 1:3, 창 1:1) 하신 창조주이시고 말씀이 육신(incarnation, 성육신)이 되셔서(요 1:14) 우리 가운데 거하신 신인양성의 하나님이시다. 기독교의 가장 중요한 2대 교리를 들라면 첫째는 삼위일체 교리이고 둘째는 예수님의 신인양성 교리를 꼽을 수 있다.

예수님은 삼위일체 하나님	
1	구속주(구원주, Savior) 시 19:14, 사 41:14, 43:1, 14, 44:22-24, 48:17, 49:7, 26, 54:5, 8, 60:16, 63:16
2	대속주(대속제물 되신 하나님) 엡 1:7, 롬 3:24, 계 5:9, 막 10:45)
3	화목주(화목제물 되신 하나님) 롬 3:25, 5:9-11, 요일 2:2, 4:10, 히 2:17)
4	부활(롬 14:9)과 미래형 하나님나라에서 영생을 허락하신 하나님
5	'말씀(로고스, Λόγος)으로 세상을 창조(בְּרֵאשִׁית, 베레쉬트, 요 1:3, 창 1:1) 하신 창조주
6	말씀이 육신(incarnation, 성육신)이 되셔서(요 1:14) 우리 가운데 거하신 신인양성의 하나님

참고로 크리스토스(크리스토스, Χριστός)는 헬라어이고 메시야는 마쉬아흐
(מָשִׁיחַ, 마쉬아흐)라는 히브리어인데 둘 다 '성부하나님의 유일한 기름부음 받
은 자(the Anointed One, 요 1:41, 4:25, 마 1:16)'라는 의미이다.

구약시대에 기름부음을 받았던 세 부류가 있다. 선지자, 왕, 제사장이
다.[17] 예수님은 상기의 삼중직을 모두 가지셨고 행하셨다.

---

17 선지자는 하나님의 대언자, 예언자로서 하나님의 마음과 뜻을 정확하게 파악하여 전하는 사람이
며, 왕은 하나님의 통치 하에서 백성들의 안전과 보호를 책임진다. 제사장은 제사를 통해 하나님과 우
리의 중재자 역할을 하며 이로 인해 하나님과의 화목을 유지시키는 역할을 한다.

'믿사오니'[18]라는 것은 만세 전에 무조건적인, 이루 헤아릴 수 없이 크신 하나님의 은혜로 믿음(πίστις, nf)을 선물로 주신 하나님 앞에, 때가 되매 하나님의 은혜의 복음(τὸ εὐαγγέλιον τῆς χάριτος τοῦ Θεοῦ, the Gospel of the grace of God)을 듣게 하셔서 믿음(πιστεύω, v)을 고백케 하신 것은 전적인 하나님의 신실하심, 미쁘심(πιστός)때문입니다라는 각 개인의 결단적 고백이다.

기독교에서의 '믿음'이란 바라는 것들의 실상이요 보지 못하는 것들의 증거(히 11:1)이다. 이를 도식화(圖式化)하면 '바라는 것+믿음=실상(實狀, fact, 실제의 상황, 상태, 내용)'이 된다.

'바라는 것+믿음=실상(實狀, fact)'

'보지 못하는 것+믿음=실상(實像, real image, 실제의 상)'

'바라는 것+보지 못하는 것+믿음=실상(實相 혹은 실재, reality, 사물의 실상. 실제 모양이나 상태, 모든 존재의 참된 본성(불))'이 된다.

결국 '바라는 것'+ '보지 못하는 것'+ '믿음'= '실상(實狀, fact) & 실상(實像, real image) & 실상(實相, reality)'이 된다는 것이다.

그러므로 말씀(로고스)이신 예수님만이 그리스도 메시야이심을 믿음으로 받아들이면 지금도 앞으로도 영원히 예수님의 '사랑'을 듬뿍 누리게 됨을 가리키고 있다.

동시에 믿음으로 허락하신 소망(엘피스, 미래형 하나님나라에의 입성과 영생)을 소유한 후 그 소망을 붙들고 인내하면 악한 영적 세력들의 일시적 권세 하

---

18 기독교는 예수님의 역사적 실존과 십자가 죽음과 부활을 전제한다. 그러나 가장 중요한 것은 하나님의 아들이라는 사실이다.

에서 살아가게 될 종말시대(혹은 교회시대, 예수님의 초림 후~재림 전까지의 기간)를 거뜬히 통과하게 되며 누구에게나 닥치게 되는 일곱재앙[19](인, 나팔, 대접재앙, 모두 다 동일한 재앙으로 반복적으로 일어나며 전 지구적으로 일어나되 각 지역적으로는 그 크기, 세기, 강도, 범위만 다를 뿐이다)도 이겨 나갈 수 있게 된다.

'믿음'이란 예수님을 사랑(말씀을 가지고 지키는 것)하되 말씀(로고스, Λόγος)이신 예수님을 삶의 주인으로 모시고 말씀보다 앞서 나가지 않으며 '그 말씀'을 기준과 원칙으로 인격적인 순종과 충성을 다하며 살아가는 것을 말한다. 참고로 '믿음'이라는 헬라어 피스티스(πίστις, nf)는 영단어로 번역 시 Belief 보다는 Faith(믿고 의지하며 헌신하다)가 훨씬 더 그 본래 의미에 가깝다고 생각된다. 이 '믿음'의 반의어가 바로 앞서 잠깐 언급했던 '의심(διακρίνω, v, διάκρισις, nf)'[20]이다. '의심'의 헬라어 디아크리노는 디아(διά, prep)와 크리노(κρίνω, v)의 합성어이다. '판단이 둘로 나뉘어진 것' 곧 마음이 둘로 나뉘어진, 분리된 상태로서 두 마음[21](δίψυχος, adj)을 품는 것(약 1:6-8)을 '의심'이라고 한다.

---

19 예수 그리스도 복음의 계시라, 이선일 • 이성진, 산지, 2022

20 의심(διακρίνω, v)이란 from 1223 /diá, "thoroughly back-and-forth," which intensifies 2919 /krínō, "to judge"), διάκρισις, nf이다. 이는 디아(διά, prep, (a) gen: through, throughout, by the instrumentality of, (b) acc: through, on account of, by reason of, for the sake of, because of)와 크리노(κρίνω, v, (a) I judge, whether in a law-court or privately: sometimes with cognate nouns emphasizing the notion of the verb, (b) I decide, I think (it) good)의 합성어이다.

21 두 마음(δίψυχος, adj, of two minds, (lit: of two souls, of two selves), double-minded, wavering/(an adjective, derived from 1364 /dís, "two" and 5590 /psyxê, "soul") - properly, "two souled": (figuratively) "double-minded," i.e. a person "split in half," vacillating like a "spiritual schizophrenic." This term may have been coined in the NT (R. Lenski, P. Davids)을 품는 것(약 1:6-8)을 말한다.

예외없이 누구나 다 사람은 양이나 질적인 면에서 어느 정도의 의심을 품고 있다. 동시에 잠깐잠깐의 의심은 더욱 그렇다. 문제는 그것이 너무 자주 반복되거나 지속되는 경우이다. 혹시라도 의심이 생기면 빨리 떨쳐 버리든지 아니면 진상(眞相, truth, reality, actuality)을 정확하게 파악하는 것이 좋다. 그것을 미루거나 사실 파악에 미적거리게 되면 결국에는 큰 파장을 맞게 될 수가 있다. 일반적으로 '의심'이라는 고약한 녀석은 곧장 근심과 걱정, 염려로 연결되어 순식간에 불신(不信)으로 나아가게 한다. 그러므로 '의심'은 정확하게 '믿음'의 반대 개념임을 알아야 한다.

3) 이는 성령으로 잉태하사 동정녀 마리아에게 나시고

셋째 문장(3)은 '이는 성령으로 잉태하사 동정녀 마리아에게 나시고'이다. 이를 개역한글판, 개역개정판, 헬라어 사도신경(Σύμβολον τῆς Πίστεως), 라틴어 사도신경(The Apostles' Creed)의 순으로 한꺼번에 표를 만들어 나열함으로 서로 서로 대조하여 비교한 후에 설명을 덧붙이려 한다.

개역한글판	(3)이는 성령으로 잉태하사 동정녀 마리아에게 나시고 who was conceived by the Holy Spirit born of the Virgin Mary
개역개정판	그는 성령으로 잉태되어 동정녀 마리아에게 나시고
헬라어 사도신경 (Σύμβολον τῆς Πίστεως)	τον συλληφθέντα εκ πνεύματοσ άγίου, (톤 쉴레프덴타 에크 프뉴마투 하기우) 그/잉태하사/으로/령/성 γεννηθέντα εκ Μαρίασ της παρθένου, (겐네덴타 에크 마리아스 테스 파르데누) 나시고/에게/마리아/그/동정녀
라틴어 사도신경	Sancto, natus ex Maria Virgine, Passus sub Pontio Pilato, (상토, 나투스 엑스 마리아 버르지네, 파수스 숩 폰티오 필라토) 그는 성령으로 잉태되어 동정녀 마리아에게서 나시고,

'이는 성령으로 잉태하사(who was conceived by the Holy Spirit, τον συλληφθέντα εκ πνεύματοσ άγίου, 톤 쉴레프덴타 에크 프뉴마투 하기우)'라는 말씀에서는 예수님만이 남성의 힘으로가 아닌 동정녀 마리아에게서 나신 '역사

상 유일하신 의인'이라는 의미이다. 곧 완전한 인간이시자 동시에 완전한 신이라는, '신인양성(theanthropism)의 하나님'이라는 말로서 '처음부터' 그 지위와 정체성을 소유하고 계셨음을 말한다. 사족을 달자면, 예수님은 아기로 오셨을 때에도(눅 2:10-12, 21), 어린 시절에도(눅 2:40-52), 그리고 30세에 공생애를 하셨을 때에도 동일한 신인양성의 하나님이셨다. 일부에서 주장하듯 '공생애 이후부터 비로소 하나님이셨다'는 거짓 선동에 넘어가서는 안 된다.

'동정녀 마리아에게 나시고'라는 말은 예수의 어머니를 찬양하거나 그 것에 방점을 두라는 것이 아니다. 역사상(歷史上, histirically) 유일한 의인이신 예수의 성육신[22](Incarnation)을 드러내기 위함이다. 결국 RCC(Roman Catholic Church)의 마리아 무오설이나 마리아 숭배, 구원의 협조자로 보는 마리아론(論)은 받아들이기가 힘들다. 그러나 마리아가 죽은 후 곧 바로 부활의 영광에 들어갔다는 말에는 여러가지 조건을 전제[23]한다면 일정 부분 받아들일 수 있다. 아무튼 마리아는 신앙인들에게 솔선수범의 모델(눅 1:47)이기는 하나 우리와 동일한, 의롭다 칭함을 받은 죄인일 뿐이다.

22　성육신(Incarnation)은 칼케돈 공의회에서 확립한 것으로 '한 위격 안의 두 본성, 완전한 하나님인 동시에 완전한 사람'을 가리킨다. 칼 바르트는 '인간을 위한 하나님인 동시에 하나님을 위한 인간'이라고 표현했다.

23　나와 공저자는 모든 사람이 죽으면(육신적 죽음, 아날뤼시스) 시공이 하나가 되고 곧장 부활체(고전 15:42-44)가 된다고 생각한다. 왜냐하면 '개인적 종말은 역사적 종말과 하나'라고 확신하기 때문이다. 그렇기에 예수님의 재림이 우리 각각의 죽음과 상당한 시차(100년 혹은 1,000년 뒤라고 하더라도)가 있다고 하더라도 아무런 문제가 되지 않는다. 일각에서 주장하는 죽은 후 '어디에서' '어느 상태'로 있다라고 하며 온갖 설을 주장하는 것에는 관심이 없다. 그러므로 연옥이나 낙원 등등에서 대기한다 라는 말에는 아예 관심조차 없다.

성경을 통한 '예수님의 동정녀 탄생'에 대한 믿음은 '구약의 예언의 성취(사 7:14, 마 1:22-23, 2:5-6, 14-15, 17-18)'이기에 아주 중요한 명제이다. 더나아가 남성의 피가 아닌 성령의 잉태로 성육신하신(incarnated) 예수님은 신인양성의 하나님으로서 결코 입양된 것(양자론)도 아니요 가현설은 더더욱 아니다. 참고로 예수님의 정체성과 지위에 관한 두 이단이 있는데 바로 양자론(Adoptionism)과 가현설(Docetism)이다.

'양자론(인간 예수, 역동적 단일신론, dynamic monarchianism or adoptionist monarchianism)'이란 예수님은 하나님의 아들로 '입양된 인간'이며 그렇기에 요단강에서 세례를 받으시기 이전(막 1:11)까지는 평범한 사람이었다는 것이다. 이런 발칙한 생각은 놀라운 망상(妄想, delusion)에 불과한 것으로 예수님을 하나님으로 인정 않으려는 교만함의 발로이다. 결국 '불신의 다른 얼굴'일 뿐이다.

삼위일체 하나님이신 예수님은 태초(만세 전)부터 계셨고 태초(역사의 시작점)에 천지만물을 공동으로 창조하신 삼위일체 하나님이시다(골 1:15-23, 히 1:2-3). 또한 성육신하셔서 인간으로서의 모든 것을 배우셨고 순종하셨던 (수동적 입장을 취하신, Messianic Secret, 히 5:8-9) 완전하신 하나님이시다. 그렇기에 앞서 언급했지만 아기 예수님도 유소년기의 예수님도 공생애 때의 예수님도 완전하신 삼위일체 하나님이시다.

이와 비슷하나 다른 것이 양태론(樣態論, Modalism, Sabellius, Jurgen Moltmann)이다. 이는 다른 하나님이 아니라 '같은 하나님'이라는 말로서 단지 현현(顯現, manifestation, Incarnation)에 있어 상호 다른 세 양식(양태, forms)에 불과

하다는 것이다. 이들은 종종 태양을 빛(성자), 열(성령), 태양 자체(성부)로, 물 (H2O)을 액체, 고체, 기체라고 하며 예를 많이 들곤 한다. 주변에서 간혹 설교시간에 목회자를 두고 집에서는 아빠, 학교에서는 교수, 교회에서는 목사라고 하면서 삼위일체 교리를 설명하는데 이는 양태론에 불과하다.

'가현설(假現說, Doketismus)'이란 예수 그리스도가 세상에 살 때 가졌던 육체는 단순히 '유대인 남자였던 예수라는 사람의 몸'을 잠시 빌린 것이고 십자가에서 죽으실 때 진정한 예수님은 빠져나갔기에 예수님의 죽음은 그리스도의 죽음이 아니라 인간 예수의 죽음이었다는 것이다. 이는 성경 말씀과 완전히 어긋나는 것으로 재론(再論)의 여지조차 없다(마 4:2, 눅 22:44, 요 11:33-35, 19:28, 34).

한편 '낳다(begotten)'라는 단어에 집중하면서 마태복음 1장 1-16절까지의 족보를 살펴보면 모든 사람들은 남자를 통해(죄성을 가지고) 자녀를 낳았다고 기록되어 있지만 예수님은 남자가 아닌 "동정녀 마리아에게서 그리스도라 칭하는 예수가 나시니라"고 되어 있다. 여기서 '동정녀에게서 나셨다'는 것은 '원죄(Original Sin)라는 죄성과는 전혀 상관없다'는 것이고 인성(人性)으로서도 오염되지 않았음을 함의하고 있다(요 8:46, 롬 5:18-19, 고후 5:21, 히 4:15, 7:26, 벧전 2:22-24). 곧 역사상 유일한 의인이시자 신인양성의 하나님이셨다는 말이다.

참고로 로마서 1장 3절에는 "육신으로는 다윗의 혈통에서 나셨고"라고 되어 있다. 여기서 '나셨고'의 헬라어는 게노메누(γενομένου, having come, V-APM-GMS)인데 이는 기노마이(γίνομαι, to come into being, to happen, to become)의 부정과거 중간태 분사로 '새로운 상태'로 들어가게 되는 '상황의 변화'를 암시하고 있다(μονογενοῦς, Adj-GMS, only begotten, 요 1:14, Wuest). 즉 그리스도는 본질적으로 하나님이시나 다윗의 혈통을 취하여 인간이 되신 '하나님의 인간 됨'이란 새로운 상태를 말한다.[24] 한편 성경에 '나셨다'라는 표현이 있다고 하여 과거에 일어났던 '한 시점에서의 순서'를 말하는 것은 아니다. 그렇다고 하여 그 단어의 의미가 '열등'이라는 표현은 더더욱 아니다.

예수님은 '시공을 초월'하시며 '영원한 현재' 안에 계시는 하나님이시다. 그러므로 사도행전 13장 33절과 히브리서의 게겐네카(γεγέννηκά, have begotten, V-RIA-1S, 1:5, 5:5)와 시편 2편 7절에의 윌리데티카(낳았도다, יְלִדְתִּיךָ, have begotten, V-Qal-Perf-1CS/2ms)"라는 말은 시제가 아닌 '은유적 표현'이다.

더 나아가 성경은 십자가에서 완전히 죽으시고 3일 만에 부활하시고 이 땅에 40일간 계시다가 승천하셨음을 선포하고 있다. 그만큼 예수님은 하나님의 아들로서 초자연적으로 이 땅에 오셨고 초자연적으로 이 땅을 떠나가셨다. 이는 구약의 예언이 온전히 성취된 것(사 7:14, 동정녀 탄생, 사 53:10-12, 부활과 승천)으로 나는 이런 초림의 구속주를 가리켜 '예수 그리스도 새언약의 성취(초림)'라고 부른다. 이후 재림의 승리주, 심판주 예수님이 다시 오시면(재림) '예수 그리스도 새 언약의 완성'이 주어질 것이다.

참고로 '예수의 세계[25](계보)족보, γένεσις, nf, origin, birth, lineage, descent)'를

---

24 그랜드 종합주석 14, p666-668

25 Genealogy of Jesus Christ, <The New Bible Dictionary>, F.F 브루스, [사도신경], 제임스 패커/김진웅 옮김, 아바서원, 2021, p69 재인용

이야기할 때 공관복음에는 두 가지로 분류하고 있다. 마태복음(마 1:1-17)은 '요셉'의 계보를, 누가복음(눅 3:23-38)은 '마리아'의 계보를 따르고 있는 것이다.

'유대인의 왕으로 오신 예수님'을 강조하는 마태복음(1:1-17)의 경우 예수님은 요셉의 족보(1:16, 야곱(요셉의 아비)은 마리아의 남편 요셉을 낳았으니 마리아에게서 그리스도라 칭하는 예수가 나시니라)로 오셨고 법적으로는 면면이 왕족의 족보(왕족의 후손, 왕통(王統)로 오셨음을 드러냄으로 '왕으로 오신 예수님'에 방점을 두고 있다.

반면에 '인성'을 강조한 누가복음의 경우 예수님은 왕족이 아닌 육적(법통(法統))으로 '사람의 아들로 오신 예수님'이라는 것에 방점이 있다. 그러다 보니 누가복음 3장 23절(예수께서 가르치심을 시작할 때에 삼십세쯤 되니라 사람들의 아는 대로는 요셉의 아들이니 요셉의 이상은 헬리요~)부터 마리아(헬리는 실상 마리아의 아비)의 족보를 따르고 있다. 그러나 당시는 남자의 혈통을 따르는 것이 관습이었다. 그렇기에 헬리는 마리아의 아버지임에도 불구하고 '요셉의 이상은 헬리요'라고 기록하고 있을 뿐이다. 결국 이는 요셉의 생물학적 혈통(법통(法統))으로 시작한 것처럼 족보를 기록한 것이다.

예수의 세계(계보>족보, $\gamma\acute{\epsilon}\nu\epsilon\sigma\iota\varsigma$, nf, origin, birth, lineage, descent)	
마태복음 1:1-17	누가복음 3:23-38
요셉의 계보	마리아의 계보
왕으로 오신 예수님 법적으로 왕족의 후손: 왕통(王統)이라는 것에 방점	사람의 아들로 오신 예수님 육적으로 다윗의 후손(혈통은 부계 혈통을 의미): 법통(法統))이라는 것에 방점
아브라함과 다윗의 자손 예수 그리스도의 세계라(마 1:1)	그 이상은 하나님이시니라(눅 3:38)
아브라함-이삭-야곱-유다+다말= 베레스(와 세라)-헤스론-람(대상 2:9)- 아미나답-나손-살몬(+라합)-보아스 (+룻)-오벳-이새-다윗(+우리야의 아내) -솔로몬-르호보암-아비야-아사- 여호사밧-요람-웃시야-요담-아하스- 히스기야-므낫세-아몬-요시야- 여호아하스-엘리야김(여호야김)- 여호야긴-시드기야 -(바벨론 포로)-스알디엘-스룹바벨- 아비훗-엘리아김-아소르-사독-아킴- 엘리웃-엘르아살-맛단-야곱(마 1:16)- 마리아의 남편 요셉-(마리아+성령님) 예수 그리스도 14-14-14(Ab~D~바벨론~JC)	아담…에녹…노아-셈…아브라함… 헤스론…여라므엘(대상 2:9)… 나단…헬리…마리아 (요셉의 이상은 헬리요, 눅 3:23-당시 남자의 혈통을 따르는 것이 관습, 원래 '헬리'는 마리아의 아버지임)

4) 본디오 빌라도에게 고난을 받으사 십자가에 못 박혀 죽으시고

네번째 문장(4)은 '본디오 빌라도에게 고난을 받으사 십자가에 못 박혀 죽으시고'이다. 이를 개역한글판, 개역개정판, 헬라어 사도신경(Σύμβολον τῆς Πίστεως), 라틴어 사도신경(The Apostles' Creed)의 순으로 한꺼번에 표를 만들어 나열함으로 서로 대조하여 비교한 후에 설명을 덧붙이려 한다.

개역한글판	(4)본디오 빌라도에게 고난을 받으사 십자가에 못 박혀 죽으시고 suffered under Pontius Pilate was crucified, dead, and buried:
개역개정판	본디오 빌라도에게 고난을 받아 십자가에 못 박혀 죽으시고
헬라어 사도신경 (Σύμβολον τῆς Πίστεως)	παθόντα επι Ποντίου Πιλάτου, (파돈타 에피 폰티우 필라투) 고난을 받으사/에게/본디오빌라도 σταυρωθέντα, (스타우로덴타) 십자가에 못 박혀 θανόντα, (다논타) 죽으시고
라틴어 사도신경	crucifixus, mortuus, et sepultus, (끄루치픽수스, 모르투스, 엣 세풀투스) 본디오 빌라도에게 고난을 받아 십자가에 못 박혀 죽으시고,

"본디오 빌라도(Pontius Pilate, 눅 3:1, 행 4:27, 딤전 6:13)'는 로마의 2대 황제 티베리우스(Tiberius)가 파견한 유대 주재 로마의 5대 총독(눅 3:1, AD 26-36)으로 고대 로마의 역사가인 타키투스(Publius Cornelius Tacitus, AD 56-120)는 그를 가리켜 '예수 그리스도를 처형한 자'라고 했고 고대 알렉산드리아의 유대인 철학자인 필로(Philo Judaeus, Philo of Alexandria, BC 20-AD 50)는 그를 가

리켜 '뇌물을 좋아하고 신을 모독하며 불공평한 재판을 통해 근거도 없는 중형을 내렸던 자'로 묘사하고 있다.

'본디오 빌라도에게 고난을 받으사'에서의 '고난'이란 온갖 종류의 수치와 조롱 등등(희롱, 침 뱉음, 갈대로 머리를 침, 비웃음, 비방, 손바닥으로 때림, 마 27:29-30, 막 15:19-20, 눅 23:35-36, 39, 요 19:3)을 말한다. 그렇게 예수님은 우리를 대신하여(ὑπὲρ, 휘페르, 고후 5:14, 15, 21, 딛 2:14) 우리 죄의 대가를 몽땅 지불하셨다(행 2:23, 사 53:6). 사실 예수님은 하나님이시기에 피조물인 인간의 판단을 받으실 필요가 없으셨다. 더 나아가 역사상 유일한 의인으로서 아예 죄도 없으셨으나 우리를 위해 '고난'을 당하셨다.

인류의 역사 가운데 면면이 이어져왔던, 하나님께서 허락하셨던, '고난'에 대한 알리스터 맥그래스(Alister E. McGrath)의 통찰력[26]을 나와 공저자의 개념으로 바꾸어 보기로 하겠다.

첫째, 그는 '고난'에 대해 비록 가시적이지는 않으나 실제로 존재할 뿐만 아니라 평생동안 사라지지도 않는다고 했다. 아이러니하게도 인간에게는 '육신의 끝'이라고 생각되는 최고의 고난인 '죽음'을 통과하게 되면 오히려 '고난'은 그치고 평화가 깃든다고 했다.

둘째, 우리 모두는 한 번 인생에서 실제로 존재하는 '고난'을 초월해야 한다고 했다. 왜냐하면 유한된 직선 인생길의 전체를 돌아보면 실상 그때 그때의 '고난' 자체는 대단한 것도 아니고 그다지 중요하지도 않기 때문이라고 했다.

---

26 사도신경, 알리스터 맥그래스/손동민옮김, 죠이북스, 2020, p114-116

셋째, 상기의 생각과는 반대로 우리 인생길에서 '고난'이란 실존하는 것이라기보다는 어쩌면 우리가 상상해낸 결과물일 수도 있다고 했다. 즉 일종의 환상이라는 것이다. 그렇기에 고난이 오면 현실이 아님을 인식하고 '이 또한 지나가리라'며 넘어갈 수가 있다는 것이다.

넷째, 예수님은 성육신하셔서 우리를 대신하여 친히 고난을 받으셨으니 우리가 겪는 모든 고난을 너무나 잘 아신다. 그러므로 원하든 원치 않든 간에 우리가 살아가는 동안 겪게 되는 다양한 '고난(실존하든 아니든 간에)'은 하나님께서도 친히 앞서서 겪으신 것이다. 그러므로 그분은 우리가 겪는 모든 고난에 함께하실 뿐만 아니라 우리로 하여금 고난을 감내할 힘도 허락하신다고 했다. Wounded Healer(상처입은 치유자)라는 말이 연상된다.

고난(A. McGrath modified by Author & Co-Author)	
1	고난: 최고의 고난인 '육신적 죽음'과 함께 사라짐
2	고난: 누구나 다 겪음 - 모든 인간들의 일상이자 자연스러운 것
3	고난: 실존하지 않는 상상의 산물
4	고난 시: 피할 길 & 감당케 하심(고전 10:13)

한편 '십자가에 못 박혀 죽으시고'라는 것은 "나무에 달린 자는 하나님께 저주를 받았음이니라"는 신명기 율법(신 21:22-23)과 맞닿아 있다. 결국 십자가에 못 박혀 죽으신 예수님은 온갖 수치(마 27:27-44, 막 15:16-32, 눅 23:35-38, 요 19:1-3)와 함께 최고의 극형인 십자가 처형이라는 하나님의 저주를 우리를 대신하여(ὑπὲρ, 휘페르) 받으신 것이다.

AD 35년, 다메섹에서 회심(conversion)이 있었던 바울이 사도가 되기 전에 있었던 일화이다. 그는 일관된 예수님의 공생애 사역(Teaching ministry, Preaching ministry, Healing ministry) 중 메시야닉 사인(Messianic sign, 사 29:18, 35:5-6, 42:7, 61:1 Healing ministry)을 보며 혹시 '저 유대인 예수가 진짜 메시야는 아닐까……'라며 잠깐 헷갈리기도 했다. 그도 그럴 것이 예수님은 공생애 동안(AD 26-AD 30년 중반)에 일관되게 지속적으로 메시야닉 사인(Healing ministry)을 보이셨기 때문이다. 게다가 바울은 가말리엘 문하의 당대 최고의 구약학자, 율법학자였기에 메시야닉 사인에 대하여는 누구보다도 더 잘 알고 있었다.

그렇기에 지독한 열렬 바리새파(힐렐학파) 수장이었던 그는 예수님의 공생애 기간인 3년 반 동안(AD 26-AD 30년 중반)에는 아무런 액션(행동, action)도 취하지 않았다. 그러다가 공생애가 끝나던 AD 30년 중반에 예수가 십자가에서 처형을 당하자 신명기 율법(신 21:22-23)에 의거하여 '저 예수는 확실하게 하나님의 저주를 받은 자'라며 낙인을 찍고는 그때부터 악랄하게 그리스도인들을 핍박했던 것이다.

이후 AD 32년 스데반의 죽음에 증인으로서 주동이 되었고 그 신호탄을 쏨과 동시에 3년여 동안 예루살렘과 온 유대와 사마리아 심지어는 예루살렘에서 240km나 떨어져 있는 땅끝 다메섹에 이르기까지 기독교를 핍박하며 남녀노소(男女老少) 기독교인들을 자근자근 밟으며 잔멸(뤼마이노마이, λυμαίνομαι, v, to outrage, to corrupt, ravage, devastate)하며 나아갔던 것이다. 지금으로부터 2,000년 전에 말이다.

히브리 정경을 TNK(히브리어: ך"נת Tanakh, Hebrew Bible, 유대교 성경, 타나크)라고 한다. 유대인들은 케투빔(Ketubim, כְּתוּבִים, 성문서)보다는 네비임이, 네비임(선지서, Nebiim, נְבִיאִים)보다는 토라(תּוֹרָה 토라, Torah, 율법, 모세오경)에 권위를 둔다. 그러다 보니 그 내용에 있어 중복이 되거나 충돌이 생기면 TNK(타나크)의 순으로 해석하고 적용하며 권위를 부여했다. 당시 사울은 비록 예수가 공생애 동안에 메시야닉 사인(네비임)을 일관되게 보임으로 메시야임을 드러낸 것은 맞지만 십자가 처형이라는 보다 더 권위를 두는 신명기 율법(토라)에 걸리자 그는 '예수를 믿는 기독교'에 대해 더욱더 야멸차게 박해를 가했던 것이다.

5) 장사한 지 사흘 만에 죽은 자 가운데서 다시 살아나시며

　다섯 번째 문장(5)은 '장사한 지 사흘 만에 죽은 자 가운데서 다시 살아나시며'이다. 이를 개역한글판, 개역개정판, 헬라어 사도신경(Σύμβολον τῆς Πίστεως), 라틴어 사도신경(The Apostles' Creed)의 순으로 한꺼번에 표를 만들어 나열함으로 서로 대조하여 비교한 후에 설명을 덧붙이려 한다.

개역한글판	(5)장사한 지 사흘 만에 죽은 자 가운데서 다시 살아나시며 He descended into hell, the third day He rose again from the dead:
개역개정판	장사된 지 사흘 만에 죽은 자 가운데서 다시 살아나셨으며
헬라어 사도신경 (Σύμβολον τῆς Πίστεως)	και ταφέντα, (카이 타펜타) 장사한 지 κατελθόντα εις τα κατώτατα, (카텔돈타 에이스 타 카토타타) 죽음을/향하여/그/아래로 τη τρίτη ῾ημέρα ῾αναστάντα ῾απο των νεκρων, (테 트리테 헤메라 아나스탄타 아포 톤 네크론) 그/사흘 만에/다시 살아나시며/로부터/그/죽은 자
라틴어 사도신경	descendit ad inferos, tertia die resurrexit (데스첸딧 아드 인페로스, 테르치아 디에 레술렉시트 장사된 지 사흘 만에 죽은 자 가운데서 다시 살아나셨으며,

　'장사한 지 사흘 만에 죽은 자 가운데서'라는 것은 완전히 죽으시고 사흘 만에 완전히 다시 살아나셨음을 의미한다. '사흘'이라고 지정한 것은 역사적 사실을 드러내기 위함이다. 예수님은 AD 30년 중반에 본디오

빌라도에게 고난을 받아 십자가에 달려 금요일(수난일, Passion Day, 성 금요일, Good Friday(RCC), 9AM~12MD~3PM, 마 27:45-46, 막 15:33-34, 눅 23:44-46, 요 19:30)에 죽으셨다. 토요일에는 주검(Dead body, corpse) 상태로 무덤에 머물러 계셨다가 주일 아침에 부활하셨다. 이후 목격자들이 직접 가서 확인한 바 무덤은 텅 비어 있었다(마 28:6, 막 16:5-6, 눅 24:3, 요 20:6-7).

'예수님의 부활'에 대한 사실(Fact, 팩트)은, 믿고 인정하는 것이 부인하면서 믿지 않는 것보다 훨씬 쉽다. 지난 역사상 예수님의 부활을 부인하는 무리들은 예수님의 시신을 제시하지 못했다. 제자들은 부활하신 예수님을 세 번(요 21:14)이나 만났다.

이후 제자들은 하나같이 그 예수를 증거하기 위해 핍박과 박해는 물론 목숨까지도 불사(不辭, be ready to, be willing to)했다. 그들은 모두 다 기꺼이 순교의 제물이 되었고 사도 요한은 죽기까지 생육신[27](生六臣)으로 예수 그리스도를 증언하다가 하늘나라로 갔다. 그 이후로도 2,000여 년이 지나며 예수님의 부활의 증인으로 살다가 죽어간 많은 신앙선배들이 있었다. 그 중에 스데반과 바나바, 사도 바울도 있다. 이들의 공통점인 '하나님의 은혜의 복음 증거하는 일을 마치려 함에는 나의 생명조차 조금도 귀한 것으로 여기지 아니하노라'는 외침은 부활하신 예수님의 명백한 증거 가운데 하나이다.

죽음을 이기시고 부활하신 예수님은 하나님의 아들 되심(롬 1:4, 요 1:36)

---

27 생육신이란 조선 세조가 단종으로부터 왕위를 찬탈하자 벼슬을 버리고 절개를 지켰던 6명으로 김시습, 원호, 이맹전, 조려, 성담수, 남효온이다. 반면에 사육신(死六臣)이란 성삼문, 박팽년, 하위지, 이개, 유성원, 유응부 6명으로 단종 복위에 목숨을 바친 인물들이다.

이 입증되었고 의로우신 예수님으로 입증되심은 물론이요 예수를 믿는 자에 대한 죄사함과 더불어 그들을 의롭게 하심(요 16:10, 고전 15:17, 롬 4:25)도 입증되었다. 더 나아가 당신의 부활을 통해 예수를 믿는 모든 자의 사망까지도 넉넉히 이길 수 있음을 보여주셨다(행 2:24). 그런 예수님으로 말미암아 육신적 죽음과 동시에 모든 그리스도인들은 부활체로 부활하여 미래형 하나님나라에서 영생을 누리게 될 것이다(고전 15:18, 롬 6:4).

참고로 사도신경의 '죽은 자 가운데서 다시 살아나시며'에서의 '죽은 자'에 해당하는 영어번역인 'He descended into hell'에 대한 분분한 해석때문에 많이 시끄럽다.

이는 헬라어로 κατελθόντα εις τα κατώτατα(카텔돈타 에이스 타 카토타타, 죽음을/향하여/그/아래로)라는 말로서 이 문장의 의미는 문자 그대로 '지옥에 내려간 것(지옥강하설(地獄降下設), RCC주장)'이 아니라 상징적 의미로 '지옥을 경험한 것(진실로 죽음을 체험하심)'을 가리킨다. 의견이 분분하다 보니 AD 4C까지는 이 어구(음부(hell)에 내려가셨다. He descended into hell)가 사도신경에 포함되지 않았으며 한국교회도 마찬가지로 포함하지 않았다.

원래 hell(음부)은 헬라어로는 하데스("Αιδης, nm, the abode of departed spirits, 행 2:27-31)라 하고 히브리어로는 스올(שׁאוֹל, nf, underworld, 시 16:10)이라 하는데 이는 '죽은 이들의 거처, 죽음의 영역'이라는 의미였다. 그러다가 17C이후 하나님을 믿지 않는 자들이 처하게 되는, 최후의 심판 후 가게 될 '미래형 지옥(장소 개념)'으로 의미가 바뀌며 게헨나(γέεννα, 마 5:22) 혹은 아뷔쏘스(ἄβυσσος, boundless, bottomless, 무저갱, 계 20:3)라는 의미로 사용되었다.

제임스 패커[28]는 '음부에 내려가셨다(He descended into hell)'는 것에서의 '음부'는 하데스(Άιδης)를 의미한다고 했다. 그렇다면 '죽은 자 가운데서 다시 살아나시며'라는 것은 '죽음의 영역인 지옥(하데스, 게헨나)에 갔다가 다시 살아나셨음'을 의미하는 것이 된다. 결국 예수님은 당신의 완전한 죽음을 드러내는 '죽음의 영역에 처해졌다(상징적 의미)'는 것과 실제로 '게엔나(지옥)에 내려가셨다(문자적 의미)'라는 둘 다의 의미가 된다.

문제는 베드로전서 3장 18-19절이다. "그리스도께서도 한 번(ἅπαξ, once for all, 히 9:11-12) 죄를 위하여 죽으사 의인으로서 불의한 자를 대신하셨으니(δίκαιος(단수, 그리스도) ὑπὲρ ἀδίκων(복수, 택정함을 입은 전 인류), the righteous for the unrighteous) 이는 우리를 하나님 앞으로 인도하려 하심(Peacemaker, Moderator)이라 육체(σάρξ, 인성(人性)인 신체적인 육신, 롬 9:5)로는 죽임을 당하시고 영(πνεῦμα)으로는 살리심을 받으셨으니 저가 또한 영으로 옥에 있는 영들에게 전파(κηρύσσω, RCC의 지옥강하설 근거구절)하시니라"고 말씀하셨다. 이 구절에서 '영으로 옥에 있는 영들에게 전파하셨다'라는 학자들의 해석이 상기의 해석에 더 혼란을 가중시키고 있다.

그 해석은 크게 둘로 나뉜다.[29] 첫째는 예수님의 성육신 이전 삼위일체 하나님이신 영의 모습으로 노아를 들어 쓰셔서 당대의 사람들에게 복음을 전파하셨다는 견해이다. 둘째는 3일 만에 부활하신 후 영의 모습으로

---

28 사도신경, 제임스 패커/김진웅 옮김, 아바서원, 2021, p79-84
29 그랜드 종합주석 16, p394-395

현재형 지옥에 있는 영들과 노아 시대에 노아의 전도를 거부했던 영들에게 복음을 전파하셨다는 견해이다. 둘 다 뭔가 흡족하게 다가오지는 않는다. 사족을 달자면 둘 다 RCC의 지옥강하설과는 전혀 무관한 것이라는 점이다.

나와 공저자는 이 부분의 해석에 고민이 많았다. 결국 사도신경의 이 부분에 대하여는 예수님께서 십자가에 달리신 후 3일 동안 '하데스에 갔냐 아니냐'의 문제보다는 죽음을 이기시고 부활하신 후 승귀(Ascension of Christ)하심으로 그리스도 새 언약의 성취(초림, 구속성취)를 만방에 선포(κηρύσσω)하신 것에 방점이 있다고 결론을 내렸다.

알리스터 맥그래스[30](Alister Edgar McGrath, 1953~, 북 아일랜드)는 '예수님이 진실로 죽음을 체험(out of those who are dead, 죽은 자들의 바깥으로, (상징적 의미))하셨다'고 했다. 그렇기에 죽음을 맞은 모든 이들의 운명과 함께 하기 위해 직접 하데스로 내려갔고(죽음을 맞은 이들의 무리에 합류하신 것) 이후 성부하나님은 그 예수님을 죽은 자들 가운데서 살리신 것이라고 했다.

결국 제임스 패커도 알리스터 맥그래스도 3일 동안 '예수님은 하데스로 내려갔다'고 해석한 것이라 생각된다. 그렇다면 제임스 패커와 알리스터 맥그래스는 예수님께서 '하데스(지옥)'에 가서 어떤 일이라도 하셨다는 말인가?

첫째, 예수님은 하데스에 내려가서 참회한 강도(눅 23:43)와 공생애 때 당신을 믿고 죽었던 사람들을 위해 하데스를 기쁨(הֶפְצִי בָּהּ, my delight is in her,

---

30 사도신경, 알리스터 맥그래스/송동민 옮김, 죠이 북스, 2020, p104-105

104 · 기독교의 3대 보물

사 62:4)이 있는 곳 곧 낙원($\pi\alpha\varrho\acute{\alpha}\delta\epsilon\iota\sigma\sigma\varsigma$)으로 만들기 위해 내려갔다고 했다. 이후 지금도 살아 계셔서 먼저 세상을 떠난 성도들을 위해 일하신다고도 했다(빌 1:21-23, 고후 5:6-8). 뭔가 거북하다.

둘째, 구약시대에 믿었던 자들의 영혼을 온전케 하고(히 12:23, 11:40) 그때 까지 그들이 있던 스올(שְׁאוֹל, underworld (place to which people descend at death), 욘 2:2)에서 건지심(시 88:3-6, 10-12)으로 낙원을 경험케 하기 위해 '하데스에 가셨다'고 했다. 이를 가리켜 중세문학에서는 진리의 핵심인 '음부의 정복 (예수께서 음부에 빠진 영혼을 구하시는 일)'이라고 칭한다. 이 또한 나와 공저자에게 는 흔쾌하게 다가오지 않는다. 왜냐하면 '낙원, 연옥, 천국' 등등의 단어를 구분하여 사용하는 것에 약간의 거북함이 있기 때문이다.

셋째, 베드로전서 3장 19절을 가리켜 어떤 이들은 이 구절을 노아 홍수 이전에 죄를 범했던, 그리하여 옥에 있게 된 '영들(창 6:1-4, 하나님의 아들들, 벧 후 2:4-5, 범죄한 천사들)'에게 선포하셨던 말씀이라 해석하고 있다. 그렇기에 그들은 예수님께서 하데스(음부, 지옥)에 내려간 후 예수님으로부터 복음을 듣고 구원을 얻게 되었다고 해석하고 있다. 이 부분만큼은 제임스 패커 또한 부정적으로 보는 듯하다. 나와 공저자는 이런 견해 또한 부정적으로 보고 있다.

그렇다면 상기의 3가지 해석들(모두 다 하데스에 내려갔다)과 함께 '죽은 자 가 운데서 다시 살아나시며'라는 것의 바른 해석이 필요해 보인다. 과연 예 수님께서 문자적으로 '죽음의 영역인 지옥(하데스, 게헨나)에 내려갔다가 다 시 살아나셨음'을 의미하는 것인지 상징적으로 당신의 완전한 죽음을 드러내는 '죽음의 영역에 처해졌다'는 것인지를 구분해야 할 듯하다. 이의 열쇠는 '하데스'의 바른 해석에 달려있다. 나와 공저자는 '하데스'가 문자적인 지옥(게헨나)을 의미하는 것이 아니라 상징적인 '죽음의 영역'이라고 해석하는 것에 줄을 섰다.

또한 나와 공저자는 성경에 나오는 하늘나라, 하나님나라, 천국, 낙원, 삼층천, 하늘 장막, 하늘 성소, 참 장막, 새 하늘과 새 땅, 천년왕국, 거룩한 성 새 예루살렘 등등 천국을 상징하는 모든 단어는 굳이 구분하지 않고 모두 다 장소 개념의 '천국(미래형 하나님나라)'을 통칭한다고 생각하고 있다. 동시에 지옥, 불과 유황못, 불못, 무저갱, 음부(스올, 하데스) 등등 지옥을 상징하는 모든 단어 또한 구분하지 않고 모두 다 장소 개념의 '지옥(미래형 지옥)'으로 통칭한다.

천국	지옥
현재형 하나님나라: 주권, 통치, 질서, 지배 개념 미래형 하나님나라: 장소 개념	현재형 지옥: 주권, 통치, 질서 지배 개념 미래형 지옥: 장소 개념
하늘나라, 하나님나라, 천국, 낙원, 삼층천, 하늘 장막, 하늘 성소, 참 장막, 새 하늘과 새 땅, 천년왕국, 거룩한 성 새 예루살렘	지옥, 불과 유황못, 불못, 무저갱, 음부 (스올, 하데스)

결국 나와 공저자(웨스트민스터 대요리문답 50, 하이델베르크 교리문답 44)[31]는 '하데스(지옥)로 내려갔다(He descended into hell)'라기보다는 '진정한 죽음의 상태' 혹은 '음부(하데스, Ἅιδης, the abode of departed spirits)적인 처절한 고통의 경험'이라는 상징적인 해석이 타당하다고 생각한다. 더 나아가 분명한 것은 우리는 '살아있는 동안'에 예수를 믿어야 구원을 얻게 된다. 여기에 더하여 만세 전에 하나님의 은혜로 '택정함을 입어야 한다'는 전제가 있어야 한다.

개개인의 죽음 곧 개인적 종말(육신적 죽음)에는 역사적 종말(마지막 그날)이 함께 하며 동시에 일어남을 알아야 한다. 그리고 죽음 후에는 시공이 하나가 됨을 알아야 한다. 아무튼 살아 생전에 예수를 믿지 않아 음부에 가 있던 자가 그곳에서 예수를 믿어 구원을 얻는다는 것은 도무지 받아들이기가 어렵다. 물론 예수님 오시기 전 구약시대에는 택정과 유기교리를 따라야 할 것이다. 또한 구원의 주권영역에 대한 신비는 논리나 왈가왈부의 대상은 아니기도 하다.

'다시 살아나시며'라는 것은 '부활의 첫 열매' 곧 '잠자는 자들의 첫 열매(고전 15:20, ἀπαρχή, nf, the beginning of a sacrifice, the first fruit)'가 되셨음을 의미한다. 부활장인 고린도전서 15장을 찬찬히 읽으며 깊이 묵상하게 되면

---

31 50문 그리스도께서 죽으신 후에 자신을 낮추신 일은 무엇인가? 그리스도께서 죽으신 후에 자신을 낮추신 일은 장사되셔서 사흘만에 부활하시기까지 계속 죽은 자의 상태를 계속하시며 제 삼일까지 사망의 권세 아래 계신 것이다. 이 일을 가리켜 사도신경에서는 "지옥에 내려가시고"라고 표현해 왔다.
44문 왜 사도신경에는 "음부에 내려가셨다가"라는 귀절이 덧붙여져 있을까? 내가 깊은 두려움과 유혹의 위기에 처할 때에 그리스도께서 나의 구주가 되시어 온 삶을 통하여, 특별히 십자가에서 형언할 수 없는 영혼의 괴로움과 고통, 두려움을 당하시면서 나를 음부의 괴로움과 고통으로부터 구원하셨다는 것을 확신하게 하기 위해(이사야 53 장: 마태복음 26:36-46: 27:45-46: 누가복음 22:44: 히브리서 5:7-10)

상당한 도움이 될 것이다. 한편 앞에서도 언급했지만 '부활의 첫 열매'에서의 '첫'이라는 단어는 '처음(first)'이 아니라 '진정한(real, chief)'이라는 의미이다. 역사를 통틀어 예수님은 부활하신 후 영원히 죽지 않았던 유일한 분이셨고 진정한 부활을 이루셨기에 '부활의 첫 열매'이신 것이 맞다.

6) 하늘에 오르사 전능하신 하나님 우편에 앉아 계시다가

여섯 번째 문장(6)은 '하늘에 오르사 전능하신 하나님 우편에 앉아 계시다가'이다. 이를 개역한글판, 개역개정판, 헬라어 사도신경(Σύμβολον τῆς Πίστεως), 라틴어 사도신경(The Apostles' Creed)의 순으로 한꺼번에 표를 만들어 나열함으로 서로 대조하여 비교한 후에 설명을 덧붙이려 한다.

개역한글판	(6)하늘에 오르사 전능하신 하나님 우편에 앉아 계시다가 he ascended into heaven and sitteth on the right hand of God the Father Almighty:
개역개정판	하늘에 오르시어 전능하신 아버지 하나님 우편에 앉아 계시다가
헬라어 사도신경 (Σύμβολον τῆς Πίστεως)	ανελθόντα εις τοθσ ουρανούσ, (아넬돈타 에이스 토드스 우라누스) 오르사/향하여/그/하늘을 καθεζόμενον εν δεξια θεου πατροσ παντο δυνάμου, (카데조메논 엔 덱시아 데우 파트로스 판토 뒤나무) 앉아/계시다가/에/우편/하나님아버지 /한 분/권능으로
라틴어 사도신경	a mortuis, ascendit ad coelos, sedet ad dexteram (아 모르투이스, 에스첸딧 아드 첼로스, 세뎃 아드 덱스테람) 하늘에 오르시어 전능하신 아버지 하나님 우편에 앉아 계시다가

'하늘에 오르사'라는 것은 '그리스도의 승귀(Ascension of Christ)'를 말하는 것으로 예수님께서 부활(요 20:19, 26, 21:1, 행 1:3)하셔서 승천(행 1:9-11, 막 16:19)하셨음을 의미하며 특히 '존귀함과 능력이 최고'가 되셨음(승리주 하나

님이 되셨음)을 가리킨다. 여기서 '하늘'의 의미를 제임스 패커는 3가지로 해석[32]했는데 나와 공저자의 말로 다듬어 표현하고자 한다.

'하늘'의 의미는 첫째, '영원히, 스스로 살아가는 하나님의 삶'이라고 했다. 그런 의미에서 하나님은 태초부터 하늘에 계셨고 지금도 앞으로도 영원히 하늘에 거하신다.

둘째는 '하나님의 삶을 누리며 공유하는 천사나 사람들의 상태'라고 했다. 그런 의미에서 그리스도인의 상급, 보물, 유산은 하늘에 있으며 '하늘'이야말로 모든 그리스도인들의 소망을 함축한 말이다. 제임스 패커는 성경과 사도신경에서 예수께서 부활신 후 '하늘'로 승천하신 것에서의 '하늘'은 둘째 의미라고 했다.

셋째, 무지개가 하나님의 영원한 언약의 표상이듯이 하늘은 '하나님의 영원한 삶의 시공간(미래형 하나님나라)에 대한 표상'이라고 했다. 나와 공저자는 제임스 패커의 이 해석에 공감을 하지만 그럼에도 불구하고 여기서의 '하늘'을 장소 개념인 '미래형 하나님나라'라는 보다 적확한 표현으로 해석하고 싶다.

'하늘에 오르사'에서의 '하늘'의 의미		
제임스 패커 James Packer	첫째	영원히 스스로 살아가는 하나님의 삶
	둘째	하나님의 삶을 누리며 공유하는 천사나 사람들의 상태
	셋째	하나님의 영원한 삶의 시공간에 대한 표상

---

32 사도신경, 제임스 패커/김진웅 옮김, 아바서원, 2021, p91-92

한편 모든 그리스도인들은 예수님께서 '왜' 승천하셨으며 '어디로' 승천하셨는지, 이후 그날에 '왜 다시' 오시는지에 대한 진지한 답을 할 수 있어야 한다.

먼저 첫 번째 '왜'에 대한 답은, 그분은 우리의 처소[33](거룩한 성 새 예루살렘에서의 우리가 영원히 살아갈 곳)를 예비하러 승천하셨다(요 14:2-4). '처소'란 곧 '장소'를 의미하는 헬라어 오이키아(οἰκία, nf), 모네(μονή, nf), 토포스(τόπος, nm), 호푸(ὅπου, adv)로서 미래형 하나님나라를 말한다.

두 번째 '어디로'에 대한 답은, 성경[34]의 증언과 더불어 사도신경에는 명확하게 말씀하고 있다. 예수님은 승천하셔서 하나님 보좌 '우편'으로 가셨다. 이 말인즉 예수 그리스도는 승천하셔서 '승리주 하나님'으로 시공을 초월하시며 온 우주를 통치하신다(계 5:12)라는 의미이다.

마지막 세 번째 '왜 다시'에 대한 답은, 승리주, 심판주이신 재림의 예수님은 장차 다시 오셔서 우리를 그곳 '처소' 곧 미래형 하나님나라(현재형 하나님나라가 주권, 통치, 질서, 지배 개념이라면 미래형 하나님나라는 분명한 장소 개념)에 데려가시기 위함이다. 그곳 미래형 하나님나라에서는 교회인 성도가 백보좌 심판대에서 심판하는 권세를 가지게 된다.

"또 내가 보좌들을 보니 거기 앉은 자들이 있어 심판하는 권세를 가졌

---

33 처소란 오이키아(οἰκία, nf, a house, dwelling), 모네(μονή, nf, monē (from 3306 /ménō, "to remain, abide") - an abiding dwelling-place (i.e. not transitory). 3438 /monē ("an individual dwelling") is only used twice in the NT (both times by Christ)), 토포스(τόπος, nm, a place), 호푸(ὅπου, adv, where, whither, in what place, ὅς(relation pronoun, usually rel. who, which, that, also demonstrative this, that)+ πού(adv, somewhere))를 말한다.

34 성경의 증언은 다음과 같다(마 26:64, 막 14:62, 16:19, 눅 22:69, 행 7:55-56, 롬 8:34, 골 3:1, 히 1:3, 8:1, 10:12, 12:2, 벧전 3:22).

더라 또 내가 보니 예수의 증거와 하나님의 말씀을 인하여 목 베임을 받은 자들의 영혼들과 또 짐승과 그의 우상에게 경배하지도 아니하고 이마와 손에 그의 표를 받지도 아니한 자들이 살아서 그리스도로 더불어 천년 동안 왕노릇 하니”_계 20:4

'거기 앉은 자들'이란 '교회들'로서 부활(첫째 부활(Already~not yet), 둘째 부활(부활체))한 성도들을 가리킨다. 이는 골로새서(3:3-4, 2:12)와 로마서(6:3-4), 그리고 에베소서(2:4-6)를 보면 보다 더 선명해진다. 곧 왕이신 예수님과 더불어 우리는 백보좌 심판대에서 '심판하는 권세를 누리게 된다'는 것이다.

가만히 보면 already~not yet인 지금 현재형 하나님나라에서는 예수를 믿은 후 하나님의 권좌(보좌)에 앉아 '복음'으로 세상을 심판(복음을 받아들이면 구원이나 복음을 거절하면 심판)하는 권세를 누리고 있는 것이며 장차 미래형 하나님나라에서는 백보좌 심판대에서 역시 '복음'을 잣대로 세상과 불신자들을 심판하는 권세를 누리게 된다는 것이다

"긍휼에 풍성하신 하나님이 우리를 사랑하신 그 큰 사랑을 인하여 허물로 죽은 우리를 그리스도와 함께 살리셨고 (너희가 은혜로 구원을 얻은 것이라) 또 함께 일으키사 그리스도 예수 안에서 함께 하늘에 앉히시니”_엡 2:4-6

'전능하신 하나님 아버지 우편에 앉아 계시다가'에서의 '전능하신 하나님(엘로힘)'이란 전능주 하나님, 창조주 하나님을 말하며 '하나님 아버지'란 기능론적 종속성 상 성부하나님을 말한다. 한편 예수께서 승천하셔서 '하나님의 우편에 앉으셨다(마 26:64, 막 14:62, 16:19, 눅 22:69, 행 7:55-56, 롬 8:34, 골 3:1, 히 1:3, 8:1, 10:12, 12:2, 벧전 3:22)'고 했는데 이는 문자적으로 방향이나 위

치를 말하려는 것이 아니다. 이 말은 문화적,역사적 배경을 통해 올바르게 해석해야 한다.

　당시 로마의 황제는 영토를 확장하기 위해 장군들을 전장(戰場)으로 자주자주 파송하곤 했다. 그가 전쟁에서 승리하면 환궁하게 되는데 이때 사두마차(四頭馬車, a four-in-hand coach)를 타고 황궁으로 들어오면 대대적인 환영 행사를 해주곤 했다. 드디어 황제 앞에 이르게 되면 높은 곳에 있던 황제에게로 불리어 올라갔다. 로마 황제는 승전장군에게 왕권이나 통치권을 상징(commanders)하던 지휘봉(חָקַק, 하카크, v, to cut in, inscribe, decree, 홀, 창 49:10, 치리자의 지팡이, ruler's staff)을 주며 '너는 내 우편에 앉으라'고 했던 것이다. 이 말인즉 너는 '승리한 장군(승전 장군)이다'라는 의미였다. 곧 예수께서 '하나님보좌(위엄)의 우편에 앉았다'라는 것은 '승리주 하나님이 되셨다'는 의미이다.

7) 저리로서 산 자와 죽은 자를 심판하러 오시리라

일곱 번째 문장(7)은 '저리로서 산 자와 죽은 자를 심판하러 오시리라' 이다. 이를 개역한글판, 개역개정판, 헬라어 사도신경(Σὺμβολον τῆς Πίστεως), 라틴어 사도신경(The Apostles' Creed)의 순으로 한꺼번에 표를 만들어 나열함으로 서로 서로 대조하여 비교한 후에 설명을 덧붙이려 한다.

개역한글판	(7)저리로서 산 자와 죽은 자를 심판하러 오시리라. from thence he shall come to judge the quick and the dead
개역개정판	거기로부터 살아 있는 자와 죽은 자를 심판하러 오십니다.
헬라어 사도신경 (Σὺμβολον τῆς Πίστεως)	εκειθεν ερχόμενον κρῖναι ζωντας και νεκρούς. (에케이덴 에르코메논 크리나이 존타스 카이 네크루스) 거기서부터/오시리라/심판하러/산 자/와/죽은 자를
라틴어 사도신경	Dei Patris omnipotentis, inde venturus est iudicare vivos et mortuos. (데이 파트리스 옴니포텐티스, 인데 벤투루스 에스트 유디차레 비보스 엣 모르투스) 거기로부터 살아있는 자와 죽은 자를 심판하러 오십니다.

'저리로서(from thence)'란 '거기로부터, 거기에서'라는 의미로 미래형 하나님나라에서 승리주로 계신 만왕의 왕, 만주의 주이신 예수님께서 심판주로서 다시 오셔서 모든 것을 심판(백보좌 심판, θρόνον μέγαν λευκὸν, great white a throne, 계 20:11)하신다는 의미이다.

'산 자와 죽은 자(the quick & the dead)'란 예수를 믿은 후 영적으로 부활된 자(살아있는 자, the living, 첫째부활)와 예수를 믿지 않아 여전히 영적 죽음 상태에 있는 자를 가리킨다. 전자의 경우 성령님(נְשָׁמָה, 네솨마흐, nf, breath, 루아흐, 생기, רוּחַ)을 주인으로 모시고 현재형 하나님나라를 이룬 교회(אָדָם, 아담 네페쉬, נֶפֶשׁ)를 의미한다면 후자의 경우 성령님이 없는, 살았으나 실상은 죽은 자(אָדָם, 아담)를 의미한다. 한편 문자적으로 '산 자와 죽은 자'라고 언급된 베드로전서(4:5-6)의 말씀 중 2번 반복하여 나오는 '죽은 자'가 누구를 지칭하는지를 구분하지 않고 건성으로 읽게 되면 오해할 수가 있다.

"저희가 산 자와 죽은 자(ζῶντας καὶ νεκρούς, the living and the dead) 심판하기를 예비하신 자에게 직고하리라 이를 위하여 죽은 자들에게도 복음이 전파되었으니 이는 육체로는 사람처럼 심판을 받으나 영으로는 하나님처럼 살게 하려 함이니라"_벧전 4:5-6절

여기서 2회 반복하여 나오는 '죽은 자'가 누구냐라는 문제가 제법 뜨거운 감자이다. 나와 공저자는 5절의 '산 자와 죽은 자'에서의 '죽은 자'는 앞서 언급했던 '아담(אָדָם, 아담)'을 의미한다고 생각한다. 그러나 6절의 '죽은 자'에 대하여는 살아생전에 복음을 듣고 예수님의 재림 이전에 죽은 그리스도인(אָדָם, 아담 네페쉬, נֶפֶשׁ)을 의미한다는 Kelly, Moffatt, Dalton의 견해에 줄을 섰다.[35] 왜냐하면 6절의 후반부 말씀 때문이다.

사족을 달자면, '죽은 자'란 2종류가 있다. 유기된 자로서 '죽은 자(אָדָם, 아담, 카토이케오, κατοικοῦντες ἐπὶ τῆς γῆς, 계 13:8)'가 있는 가하면 택정된 자임에

---

35 그랜드 종합주석 16, p405

도 불구하고 아직 때가 되지 않아 복음을 듣지 못해 세상에 있는 '죽은 자 (아담 네페쉬, 카데마이, ἐπὶ τοὺς καθημένους ἐπὶ τῆς γῆς, 계 14:6)'가 있다.

한편 사도신경의 핵심 단어 중에는 '예수님의 동정녀 탄생'과 '성육신', '십자가 죽음과 부활', '승천', '재림'이 있다. 이 단어들을 연결하면 초림 주, 구속주이신 예수님은 성육신하셔서 공생애 후 십자가에서 물과 피를 흘리신 후 '다 이루시고' 부활하셔서 승천하셨으며 이후 그날에 승리주, 심판주, 만왕의 왕, 만주의 주로서 반드시 재림[36]하셔서 산 자와 죽은 자 를 심판하신다는 말이다.

사실 마지막 그날에 있게 될 예수님의 백보좌 심판대는 모든 그리스도 인들의 '최종적 소망'이기도 하다. '소망(엘피스)'이란 미래형 하나님나라 에로의 입성과 영생을 가리킨다. 교회는 예수님께서 재림하신 후 백보 좌 심판대를 거쳐 신원(Vindication)을 얻게 된다. 참고로 그날에 반드시 있 게 될 '최후의 심판(The Last Judgement)'은 이중적 의미를 가지는데 긍정적 의미의 신원(vindication, 영생)과 부정적 의미의 심판(criticism, 정죄와 형벌, 영벌, reprobation & punishment)이 있다.

---

36 재림에는 6대 재림이 있는데 전 우주적(가견적) 재림, 돌발적 재림, 신체적 재림, 인격적 재림, 완성적 재림, 승리적 재림이다. 성경적 재림관에는 다음의 세 가지가 있다. 첫째, 예수님은 반드시 재림하신다. 둘째, 언제 오실 지는 아무도 모른다. 셋째, 언제 오시더라도 상관없이 내일 오실 듯이 오늘을 살아간다.

8) 성령을 믿사오며

여덟 번째 문장(8)은 '성령을 믿사오며'이다. 이를 개역한글판, 개역 개정판, 헬라어 사도신경(Σύμβολον τῆς Πίστεως), 라틴어 사도신경(The Apostles' Creed)의 순으로 한꺼번에 표를 만들어 나열함으로 서로 서로 대조하여 비교한 후에 설명을 덧붙이려 한다.

개역한글판	(8)성령을 믿사오며 I believe in the holy Spirit
개역개정판	나는 성령을 믿으며
헬라어 사도신경 (Σύμβολον τῆς Πίστεως)	Πιστεύω εις το Πνυμα το ʿΑγιον, (피스튜오 에이스 토 프뉴마 토 하기온) 내가/믿사옵나이다/향하여/그/령을/그/성
라틴어 사도신경	Credo in Spiritum Sanctum, (끄레도 인 스피리툼 상툼) 나는 성령을 믿으며,

성령님은 예수님만이 그리스도 메시야임을 가르쳐 주시고 만세 전에 하나님의 은혜로 택정함을 입은 우리에게 믿음(피스티스)을 주셔서 우리로 믿게 하신(피스튜오) '구속의 보증'이 되신 하나님이시다.

기능론적 종속성상 성부하나님이 우리의 '구속을 계획'하셨다면 성자 하나님은 우리의 '구속을 성취'하셨다. 성령하나님은 우리의 '구속을 보증'하셨다. 결국 예수 그리스도 안에서 예수로 말미암아 새롭게 된 교회 (교회공동체)인 우리(현재형 하나님나라, 주권, 통치, 질서, 지배)는 하나님과의 바른 관계와 친밀한 교제 가운데 새로운 피조물(고후 5:17)로서 지금도(현재형 하나님나라)

영생을 누리고 있으며 육신적 죽음(ἀναλύω, 아날뤼오, 딤후 4:6, ἀνάλυσις, nf) 이후 앞으로도 영원히 삼위일체 하나님을 찬양하며 삼위일체 하나님과 더불어 미래형 하나님나라에서 영생을 누리게 될 것이다.

만세 전(前)에 택정함을 입어 때가 되매 복음이 들려져 예수 그리스도를 구세주(Savior)로 영접(람바노, λαμβάνω, 요 1:12)하게 된 우리는 성령님에 의해 하나님의 자녀(신분의 변화, 칭의, justification)로 인침을 받게 되었다. 이제 우리의 주인 되신 성령님은 유한된 한 번의 직선 인생을 살아가는 동안에 우리가 지은 죄(actual sins)를 회개하면 이미 '다 이루신(테텔레스타이, 요 19:30, Τετέλεσται, it has been finished)' 예수님의 십자가 보혈로 성결케 해주시고 거룩함으로 살아가게 해 주신다. 상태의 변화 곧 성화(santification)이다.

그런 우리는 장차 육신적 죽음(ἀνάλυσις, 아날뤼시스, 이동 혹은 옮김, 딤후 4:6)을 지나 부활체(고전 15:42-44)로 홀연히 변화(고전 15:51-54)되어 영원히 살아갈 미래형 하나님나라에로 들어가게 된다. 그렇게 인도하시고 보증하시는 분이 바로 성령님이시다. 우리는 사도신경을 통해 바로 '그' 활동적인 위격(位格)으로 행동하시는 '그 성령님'을 믿는다고 고백하는 것이다. 조금 더 자세히 표현한다면, '성령을 믿는다'고 했을 때 우리는 다음의 3가지를 믿는 것이다.

첫째, 보혜사(Παράκλητος, 파라클레토스, 요 14:26)이신 성령님은 예수님을 그리스도, 메시야라고 가르쳐주시고 우리에게 믿음을 주신, '다른 하나님, 한 분 하나님'이신 삼위일체 하나님이시다. 그분은 예수의 영이시며 진리의 영이시다. 그 성령님을 통해 말씀의 실체이신 예수님과의 인격적인 교제를 할 수 있음을 믿는 것이다.

둘째, 예수님으로 인해 예수의 영으로 오신(내주(內住) 성령) 성령님을 내 안에 온전한 주인(주권자)으로 모시며 그분의 통치, 질서, 지배하에서 살아가는 '성령충만'한 삶이 바른 신앙생활임을 믿는 것이다.

셋째, 성령님은 만세 전에 하나님의 무한하신 은혜로 택정함을 입은 우리에게 때가 되면 복음이 들려지게 하심으로 믿음(피스티스)을 주신다. 동시에 믿게 하심(피스튜오)으로 하나님의 자녀로 인(印)쳐 주셔서 구속의 보증이 되어 주신 성령님이 삼위일체 하나님이심을 믿는 것이다.

성령을 믿는다	
첫째	진리의 영이신 성령님을 통해 말씀의 실체이자 그리스도 메시야이신 예수님과의 인격적인 교제를 할 수 있음을 믿는다.
둘째	성령님을 내 안에 주인으로 모시며 그분의 통치, 질서, 지배하에서 살아가는 것이 바른 신앙생활임을 믿는다.
셋째	우리에게 믿음(피스티스)을 주셔서 믿게 하심으로 하나님의 자녀로 인쳐 주신 성령님이 하나님이심을 믿는다.

주의해야 할 것은 성령님의 '표적(Miraculous Sign)'에 대한 지나친 편견이다. '표적'을 단순히 신비한 황홀경이나 환상, 상상, 어떤 특이한 느낌, 초현실적인 치유사역, 방언, 예언 등등으로 생각하는 '은사주의적[37] 부흥운동(성령의 초자연적 은사들이 오늘날에도 있다고 주장, KCF(kansas City Fellowship, 마이크 비클,

---

37 특징은 1)성령세례와 방언 2)계시(오늘날에도 하나님의 특별계시가 있다)와 예언, 병고침, 기적들, 3)극단적이며 무절제한 감정적 경향 등이다. 은사주의 비평, 김효성 목사 참조

폴 케인밥 존스)의 늦은 비 운동, 예태해(뉴저지 엠마오 선교교회))' 혹은 '신 사도 운동[38] (new apostolic reformation or movement)'에는 상당히 주의할 필요가 있다. 더 나아가 이런 초현실적인 일들은 사탄도 할 수 있음을(살후 2:9-10, 골 2:18) 알아야 한다.

오히려 진정한 '성령의 표적(Miraculous Sign)'이란 진리의 영이신 성령님께서 가르쳐 주시고 생각나게 하시는(요 14:26, 휘포밈네스코, ὑπομιμνήσκω, 기억나게 하다, 깨닫게 하다, 분별하게 하다) 오늘의 '그 말씀'을 '레마'로 부여잡는 것이다. '로고스'이신 '그 말씀'을 기준과 원칙으로 살아가려고 몸부림치는 것이다. 그리하여 '예수 믿음과 하나님의 계명(계 14:12)'을 붙들고 인내하며 종말시대의 일곱재앙과 악한 영적 세력의 한시적(기간), 제한적인(범위) 핍박을 이겨 나가는 것이다. 그 말씀을 온전히 믿음으로 아직 이루어지지 않은 것, 보지 못하는 것들은 하나님의 때에 하나님의 방법으로 반드시 이루어 주실 것을 믿고(히 11:1) 나아가는 것이다.

우리는 만세 전에 하나님의 은혜로 택정함을 입은 자로서 때가 되어 복음이 들려진 후 예수 그리스도를 믿어 하나님의 자녀가 되었다. 이후 말씀만을 붙들고 그 말씀에 의거하여 성령의 풍성한 열매(갈 5:22-23)를 맺으며 거룩함(קָדַשׁ, v, 카다쉬, to be set apart or consecrated)으로 살아간다. 그러므로 나와 공저자는 예수를 믿은 후 성령의 능력으로 거룩함으로 살아가며(הָיָה,

---

38 정확하게 한마디로 표현하기는 쉽지 않으나 요점은 '사도(사도권의 계승)와 예언자의 직위를 회복한다'는 것이다. 그렇기에 예언 사역, 성령치유 등을 유독 강조하면 이 운동과의 관련 가능성이 있다. G12, 알파코스, 빈야드 운동(존 윔버) 등은 가능성이 있고 극단적인 신비주의, 기복신앙 등의 요소가 많다. 주요 이론가로는 피터 와그너(풀러 교회성장학 교수), 토마스 주남(천국은 확실하였다), 체안, 존 윔버, 마이크 비클(IHOP(international house of Prayer), 짐 베이커 등등이며 국내외 주요 활동가로는 손기철, 변승우, 스캇 브레너 등이 있다. 신사도 운동-리브레 위키(네이버) 참조

야훼 메키디쉬켐, :מְקַדִּשְׁכֶם, 레 20:8, Yahweh who sanctifies you) 하나님의 아들 예수 그리스도를 믿는 것과 아는 일에 하나가 되어 온전한(growth & maturity) 사람을 이루어 그리스도의 장성한 분량이 충만함(엡 4:13)에로 나아가 풍성한 성령의 열매(갈 5:22-23)를 맺는 것을 가리켜 선명한 '성령의 표적'이라고 생각하고 있다. 참고로 '성령(요 3:6-9, 창 1:2)'은 바람, 숨, 영으로 번역(wind, breath, spirit)되며 히브리어로는 루아흐(רוּחַ, nf)이며 헬라어로는 프뉴마(πνεῦμα, nn)이다.

성령하나님은 예수 그리스도를 통해 우리에게 생명을 허락하시고 구원의 보증이 되셔서 우리를 미래형 하나님나라에 들어가게 하신다. 우리가 현재형 하나님나라를 살아가며 원하는 바 선보다는 원치 아니하는 악(롬 7:19), 곧 마음은 원이로되 육신이 약하여(마 26:41, 막 14:38) 지은 죄를 철저히 회개(메타노에오, 호모로게오)하면 그 성령님은 이미 흘리신 예수님의 십자가 보혈로 우리를 정결케 하셔서 우리로 거룩함으로 살아가게(카다쉬의 삶, 상태의 변화, Sanctification) 하신다. 또한 그리스도인 된(신분의 변화, Justification) 우리가 사역을 행함에 있어 뒤에서 밀어주시고(할라크의 하나님) 방향을 바로 정해주셔서 때마다 시마다 위로와 능력을 허락하심으로 모든 사역을 감당케 하신다.

'성령(요 3:6-9, 창 1:2)': 바람, 숨, 영(wind, breath, spirit) 루아흐(רוּחַ, nf), 프뉴마(πνεῦμα, nn)	
1	하나님의 자녀로 인치시고(칭의, 신분의 변화) 구속의 보증되셔서 미래형 하나님나라에로 입성케 하심
2	거룩함으로 살아가게(카다쉬의 삶) 하심 성결(정결, 성화, 상태의 변화)의 주체이심
3	할라크(הָלַךְ, to go, come, walk, 창 12:4)의 하나님

9) 거룩한 공회와 성도가 서로 교통하는 것과

아홉 번째 문장(9)은 '거룩한 공회와 성도가 서로 교통하는 것과'이다. 이를 개역한글판, 개역개정판, 헬라어 사도신경(Σὺμβολον τῆς Πίστεως), 라틴어 사도신경(The Apostles' Creed)의 순으로 한꺼번에 표를 만들어 나열함으로 서로 서로 대조하여 비교한 후에 설명을 덧붙이려 한다.

개역한글판	(9)거룩한 공회와 성도가 서로 교통하는 것과 (I believe in) the holy universal church & the communion of saints
개역개정판	거룩한 공교회와 성도의 교제와
헬라어 사도신경 (Σὺμβολον τῆς Πίστεως)	αγίαν καθολικην εκκλησίαν, (하기안 카돌리켄 에클레시안) 거룩한/전체의/공회와 αγίων κοινωνίαν, (하기온 코이노니안) 성도가/서로/교통하는 것과
라틴어 사도신경	sanctam Ecclesiam catholicam, sanctorum communionnem, (상탐 에끌레시암 카돌리캄, 상토룸 꼬뮤니오넴) 거룩한 공교회와 성도의 교제와 #Sanctorum 성인, 순교 #sanctorum communio성도의 교제 #Sanctum sanctorum 지성소, the holy of holies, the sanctuary

'거룩한 공회와(the holy universal church, αγίαν καθολικην εκκλησίαν)'라는 말에서의 '공회(공교회)'는 교회 된 성도들의 모임인 교회공동체(하드웨어 & 소프트웨어)를 말한다.

니케아 신조에서는 공회(공교회)를 "하나이며 거룩한 보편적 사도교회"라고 했다. 여기서 '하나'란 '예수 그리스도 안에서 한 피 받아 한 몸 이룬 지체'라는 의미이며 '보편적'이란 유대인이든 헬라인이든 상관없이 '전(全) 세계 모든 그리스도인들을 포괄하고 있다'는 의미이다. '거룩하다'는 것은 예수님의 십자가 보혈로 성결(정결, 거룩, 상태의 변화, Sanctification)케 됨으로 우리는 세상과 구별되었다는 것이며 '사도교회'라는 것은 십자가 보혈 위에 사도들의 부르심과 보내심을 통해 이어져온 교회공동체로서 사도들의 신앙고백과 그들의 삶을 따르는 공동체라는 것이다.

공회(공교회) : 하나이며 거룩한 보편적 사도교회(니케아 신조)	
하나	예수 그리스도 안에서 한 피 받아 한 몸 이룬 지체
보편적	전 세계 모든 그리스도인들을 포괄하는 의미
거룩하다	예수님의 십자가 보혈로 성결케되어 세상과 구별되었다
사도교회	십자가 보혈의 기초 위에 사도들의 부르심과 보내심을 통해 이어져 온 교회공동체로서 사도들의 신앙고백과 그들의 삶을 따르는 공동체라는 것

참고로 요한복음 10장 16절을 들먹이며 '한 우리 안의 한 무리, 한 목자'를 잘못 해석하여 RCC는 '한 교회 한 교황'이라는 주장을 하고 있는데 이에는 동의하기가 어렵다. 여러 우리 안(각 교파의 다양함)에 있다고 하더라도 '예수 그리스도 안에 있으면 구원(예수님 안에 한 교회)'이 되는 것이다. 그렇다고 하여 종교다원주의(宗敎多元主義, Religious Pluralism, 기독교 외에도 구원이

있다. 그 가장 중심에 구원다원주의가 있음)를 포용하자는 것은 결단코 아니다.

한편 '성도가 서로 교통하는 것' 곧 '성도의 교제(the communion of saints)'
란 말씀과 기도, 예배, 성찬과 세례(성례전) 안에서의 지체들 간의 교제
(fellowship, 기쁨의 교제, 말씀의 교제)를 말한다. '성도의 교통'이라는 말을 두고
RCC가 말하는 성인들(Saints)과의 교제나 그들을 중보자로 정하여 하나님
께 우리의 기도 부탁을 드리라는 말은 아니다. 그렇기에 신부에게 고해성
사를 하거나 성인들에게 기도 부탁을 드리며 그들을 중보자라고 하는 것
에는 동의하기가 힘들다. 우리의 중보자는 오직 예수 그리스도뿐이시다.
그렇기에 '예수님의 이름으로 기도'하는 것이다.

또한 우리가 알아야 할 것은 성도들 간에는 적극적인 교제와 교통이 있
어야 한다는 것과 반드시 성경말씀이 동반된 교제여야 한다는 것이다. 그
렇기에 단순한 세상적 교제(enjoyment, 재미의 교제, 말초자극의 교제)와는 아예 차
원이 달라야 한다. 더 나아가 '성도의 교통'이란 지금 이 세상에서 전투중
인 교회(church militant, 현재형 하나님나라)가 이미 승리한 교회(church triumphant, 미
래형 하나님나라, 앞서간 지체)와 더불어 예수 그리스도 안에서 실제로 하나 되고
연합하는 것까지를 포함한다.

그러므로 다시 강조하지만 세상사람들의 교제와 다른 독특한 점은 그
리스도인들의 교제에는 반드시 '말씀이 앞서가야 한다'는 것이다. 다시
말하지만 그리스도인들의 참된 교제인 코이노니아[39](κοινωνία, 행 2:42, 고전

---

39 '코이노니아((lit: partnership) (a) contributory help, participation, (b) sharing in, communion,
(c) spiritual fellowship, a fellowship in the spirit)'라는 단어 속에는 친교, 사귐, 교제, 참여, 교통, 나눔,
연보(버릴 연, 도울 보) 등등의 광범위한 의미가 전제되어 있다.

1:9, 갈 2:9, 빌 1:5, 2:1, 몬 1:6)를 말하면서 말씀이 없는 단순한 교제만을 하는 것은 크리스천의 바른 교제가 아니다.

사족을 달자면 교회공동체를 가까이하는 것은 아주 중요한데 그렇다고 하여 교회공동체나 교단을 섬기려고 하든지 어떤 건물에의 맹목적인 헌신을 예수 사랑, 말씀 사랑보다 앞세우는 것은 곤란하다. 그런 의미에서 섹트(Sect, 분파, 교파, 종파)를 절대시하는 것은 곤란하다. 당연히 컬트[40](Cult)는 온전히 배제되어야 한다.

교회(교회 공동체)는 크게 소프트웨어(software)적 교회와 하드웨어(hardware)적 교회 두 가지로 분류한다. 전자를 성도(교회)라고 하며 후자를 교회공동체(예배당)라고 한다. 삼위일체 하나님이신 성부(구속계획)와 성자(구속성취)는 교회를 사랑하셔서 구속하셨고 성령님(구속보증)은 교회와 교회공동체를 세우시고 '거룩(קָדַשׁ, 코데쉬, ἅγιος)'하신 당신께서 먼저 본을 보여주심으로 우리로 하여금 거룩함(קָדַשׁ, 카다쉬, v.)으로 살아가게 하신다. 종국적으로는 그런 우리를 반드시 미래형 하나님나라에로 들이실 것이다. 그렇기에 모든 그리스도인들은 주인 되신 성령님의 뜻을 받들어 '거룩함(קָדַשׁ, 카다쉬, v, from קָדַשׁ, nm, 코데쉬, the holy, sacred, ἅγιος)'으로 살아가야 한다.

'거룩함(קָדַשׁ, 카다쉬, v)'이란 단어에는 6가지 의미가 있다. 이를 기억하면서 유한된 단 한 번 밖에 없는 직선 인생을 성도답게 몸부림치며 살아가야 할 것이다.

---

40 컬트(Cult)란 어떤 체계화된 예비의식, 특정한 인물이나 사물에 대한 예찬, 열광적인 숭배, 그런 열광자의 집단, 주교적인 종교단체를 일컫는 말이다. 종교학대사전, 지식백과

첫째, '거룩함'이란 '구별됨, 다름, 차이'라는 말이다. 영어로는 set apart(apartness, sacredness)라고 하며 헬라어로는 하기오스(ἅγιος), 히브리어로는 카다쉬(שׁדָק, 카다쉬, v)라고 한다. 결국 거룩하게 살아가는 성도란 세상 사람들과는 뭔가 다르게, 구별되게, 차이가 나게 살아가는 것이다. 그러므로 말하는 것이나 행동하는 것, 삶의 가치(Value)나 우선순위(Priority), 삶의 태도(Attitude)나 방식(Manner) 등등에 있어서 뭔가 세상과는 구별되어야만 한다. 매사 매 순간 단어 선택이나 언어의 선택에 있어 신중한 절제와 근신을 요한다. 더 나아가 취미나 시간 분배, 관심사에서조차도 남다름이 있다면 그는 거룩한 성도인 것이다.

둘째, '거룩함'이란 '하나님과 동시에 사람 앞에서도 순수(purity)하고 정직(honesty)한 것'을 말한다. 거룩한 삶을 살아가려 몸부림치는 성도는 언제나 '코람데오(Coram Deo)'를 잊지 말아야 한다. 소위 '면전 의식(面前意識)'을 소유하라는 것이다.

사람이 살아가는데 '의식(意識)'이란 아주 중요하고도 필요한 것이다. 그리스도인이라면 그리스도인답게 '의식(意識)'이 있어야 한다. 이른바 '그리스도인의 6대 의식'이다.

이것도 저것도 아닌 어정쩡함이나 흐리멍텅함은 곤란하다. 먼저는 '면전 의식'과 더불어 예수쟁이라면 '섭리 의식(攝理意識, providence)'이 있어야 한다. 섭리 의식이란 우리 인생에서 일어나는 크고 작은 모든 일들은 하나님의 섭리 하(下) 경륜 아래 일어나며 그 어떤 것도 하나님의 허용(분노적 허용 혹은 진노적 허용까지도 포함, 호 13:11) 없이는 일어나지 않는다는 의식이다.

셋째는 '청지기 의식(청직(廳直), stewardship)'이다. 기왕 한 번의 유한되고 제한된 직선의 일회 인생을 살아가는 동안 착하고 충성된 청지기로 살아야 한다는 것이다. 악하고 게으른 종이 되어 하나님의 책망을 들을 필요가 없다.

넷째는 '적신 의식(Come empty, Return empty, 나출나귀(裸出裸歸))'이다. 우리네 인생은 빈손으로 왔다가 빈손으로 돌아간다. 공수래공수거(空手來空手去)이다. 그러므로 한 번 인생 동안에 하나님께서 우리에게 허락하신 물질이나 건강, 달란트 등등 모든 것을 하나님의 영광을 위해 마음껏 사용함으로 하나님의 기쁨이 되는 착하고 충성된 청지기의 삶을 살아가는 것이 마땅하다.

다섯째는 '나그네(drifter, wanderer) 의식'이다. 죄 많은 이 세상은 내 집이 아니다. 비록 지금은 제한된 육신(already~not yet) 가운데 성령님을 주인으로 모시고 현재형 하나님나라를 누리며 살아가지만 육신적 죽음(개인적 종말, 예수 재림의 그날) 후에는 부활체(고전 15:42-44)로 홀연히 변화하여 곧장 미래형 하나님나라에 들어가 삼위일체 하나님과 더불어 영생을 누리게 된다. 이는 모든 그리스도인들의 진정한 소망이다. 그렇기에 지금 유한된 일회의 삶을 살아가는 동안 소망(엘피스, ἐλπίς, nf, hope, expectation, trust, confidence)이 흔들리지 않고 그 소망을 견고하게 붙들려면 분명한 나그네 의식이 있어야 한다. 이를 다른 말로 '미래 의식'이라고 한다.

마지막 여섯째는 '지체 의식(肢體, kindred spirit)'이다. 우리는 서로 서로 예수 그리스도 안에서 한 피 받아 한 몸 이룬 소중한 지체임을 잊어서는 안 된다. 교회공동체에서 지내다 보면 정말 감당키 어려운 유의 형제가 꼭 있다. '저 지체만큼은 없었으면 참 좋았을텐데'라는 탄식이 절로 나올 정도이다. 그때 우리가 가장 먼저 해야 할 일은 무릎을 꿇고 기도하는 일이다. 감당할 수 있는 힘을 주시든지 아니면 피할 길을 주시라고 말이다.

그리스도인의 6대 의식	
1)면전 의식	Coram Deo
2)섭리 의식	Providence
3)청지기 의식	Stewardship
4)적신 의식	Come empty, Return empty
5)나그네 의식 혹은 미래 의식	죄 많은 이 세상은 내 집 아니네 내 모든 소망은 저 하늘 (미래형 하나님나라)에 있네
6)지체 의식	Kindred spirit

다시 본론의 '거룩함'에 대한 셋째 의미로 돌아가면, 유한되고 제한된 일회의 직선 인생을 살아가는 동안 세월을 낭비하지 않고 아끼며(Fulfill, ἐξαγοραζόμενοι τὸν καιρόν) 자투리 시간까지도 알차게 쓰며 살아가는 것을 말한다. 왜냐하면 "한 번 죽는 것은 사람에게 정하신 것이요(히 9:27)"라고 말씀하셨기 때문이다. 더 나아가 우리의 수명은 길어야 70, 강건해도 80인 인생(시 90:10)이기에 하나님의 부르심(소명, Calling)과 보내심(사명, Mission)을 생각하며 '부르심을 받은 그 부르심 그대로'[41] 충성되게(고전 4:1-

---

41 '부르심을 받은 그 부르심 그대로'라는 말은 고린도전서 7:17, 20, 24에 3번 연속하여 나온다
(Ἕκαστος ἐν τῇ κλήσει ᾖ ἐκλήθη, ἐν ταύτῃ μενέτω, Each one should remain in the situation which he has in when God called him.)

2, faithful, πιστός) 살아가야 하기 때문이다. 다시 말하지만 우리는 한 번의 직선 인생을 '부르심을 받은(ἡ ἐκλήθη, in which he has been called)' '그 부르심(τῇ κλήσει, the Calling)' 그대로(ἐν ταύτῃ, in this) 삼위일체 하나님과 함께[42](나하흐의 하나님, 에트의 하나님, 할라크의 하나님) 살아가야 한다.

'삼위일체 하나님 안에 거하고(μενέτω, let him abide, 고전 7:20)'

'삼위일체 하나님과 함께 하며(οὕτως περιπατείτω, so let him walk, 고전 7:17)'

'삼위일체 하나님과 하나되어 더불어 지내며 살아가야(μενέτω παρὰ Θεῷ, let him abide with God, 고전 7:24)' 한다.

"사람이 마땅히 우리를 그리스도의 일군이요 하나님의 비밀을 맡은 자로 여길찌어다 그리고 맡은 자들에게 구할 것은 충성이니라"_고전 4:1-2

넷째, '거룩함'이란 언제 어디서나 빛(אוֹר, nf, 광채, sheen, φῶς, light, φωτὸς, a source of light)과 소금(מֶלַח, nm, 멜라흐, 소금언약(민 18:19) 곧 변치 않음, 방부, preservative, ἅλας, nn)의 역할을 감당하며 살아가는 것이다.

사실 '빛으로 살아간다'는 것은 만만치 않은 일이다. 왜냐하면 빛을 발하려면 먼저 뜨거운 열을 감수해야 하기 때문이다. 이는 밝게 빛나는 전등을 만져보면 쉽게 이해할 수가 있다. 어떤 경우에는 뜨거움을 넘어서서 지속적으로 밝음을 유지하다 보면 그 뜨거운 열로 인해 자신은 폭발함으로 산산조각이 날 수도 있는데 '거룩함'이란 이것까지도 감수해야 하는

---

42 삼위일체 하나님은 개념상(conceptualization) '다른 하나님, 한 분 하나님'을 일컫는다. 우리가 믿고 있는 삼위일체 하나님은 예수 그리스도의 십자가로 나타났다. 앞서가시는 나하흐의 성부하나님, 함께하시는 에트의 성자하나님, 뒤에서 밀어주시며 방향을 정하시는 할라크의 성령하나님을 묘사해 보면 예수 그리스도의 '십자가'가 자연스럽게 그려진다. 앞서 출간했던 Dr. Araw의 7권의 장편(掌篇) 주석들을 참고하라.

것이다.

한편 '소금으로 살아간다'는 것 또한 만만치 않다. 왜냐하면 소금의 경우 자신의 역할을 바르게 감당하려면 정작 자신은 녹아 없어져야 하기 때문이다. 결국 '방부(防腐)'의 역할에는 자신의 소멸이 전제되어 있다. 그러므로 유한된 한 번 인생 동안에 내게 주신 빛과 소금이라는 소명과 사명을 감당하며 충성되게 살아가노라면 나는 뜨거움을 참아야 하며 녹아져야 하고 종국적으로는 산산조각이 나거나 아예 없어지기까지 해야(그는 흥하여야 하겠고 나는 쇠하여야 하리라, 요 3:30) 한다.

다섯째, '거룩함'이란 고상함(loftiness, ὑπερέχω, v, to hold above, to rise above, to be superior)으로 살아가는 것이다. 한편 '고상함'이란 '까마귀 싸우는 골에 백로야 가지마라'는 유(類)의 독야청청(獨也靑靑)이나 혼자 고고(孤高, aloof, detached)한 척하는 것을 뜻하지 않는다.

'고상함'을 성경적으로 풀이하면 크게 3가지의 의미가 있다.

첫째는 예수님의 성품(마 11:29)을 말한다. 곧 온유(πραΰς, 프라우스, adj, meekness, gentleness)와 겸손(ταπεινός, 타페이노스, adj, low-lying, lowly, lowly in spirit, humility, humbleness)이다(벧전 3:4).

둘째는 경건한 삶을 말한다. '경건'이란 모양(형식)이 아니라 경건의 능력(안팎의 삶)을 가지고 살아가는 삶을 가리킨다. 더 나아가 '경건'의 헬라어 유세베이아(εὐσέβεια, nf, piety (towards God), godliness, devotion)는 유(εὐ, adv, well, well done, good, rightly: also used as an exclamation)와 세보마이(σέβομαι, v, to worship)의 합성어로서 '바른 예배를 드리는 것'을 의미한다. 곧 하나님이 기뻐하시는 거룩한 살아있는 예배, 삶으로 드리는 모든 예배가 열납(悅納,

acceptance, 향기로운 제물, 빌 4:18)의 제사가 되어야 거룩함으로 살아가는 것이다.

셋째, 선한 양심을 가지고 살아가는 것이다. 우리는 흔히 '양심대로(양심을 갖고) 살라'는 말을 종종 한다. 착하게 죄짓지 말고 살라는 의미일 것이다. 그러나 영적 죽음 상태로 태어난 죄인 된 인간은 죄를 짓지 않을 수 없다[43](Not able not to sin). 그러므로 양심대로 살면 저절로 죄를 짓게 되고 만다. 양심은 결코 가치 중립적이지 않기 때문이다. 결국 그리스도인이라면 '선한 양심[44](συνειδήσεως ἀγαθῆς 쉬네이데세오스 아가데스)으로 살아가야 한다. 다시 말하면 '주인 되신 성령님께 지배되어진 양심'을 가지고 살아가야 한다. 그렇게 살아가는 사람을 가리켜 '고상하다'라고 하는 것이다. 다음의 표를 다시 묵상해 보라.

---

43 어거스틴(아우구스티누스)는 인간을 4 단계로 나누었다. 곧 죄를 지을 수도 있는 인간(able to sin, 에덴동산의 아담과 하와, pre-fall man), 죄를 안 지을 수 없는 인간(Not able not to sin, 타락 후 인간, post-fall man), 죄를 안 지을 수도 있는 인간(able not to sin, 구원받은 인간, reborn man), 죄를 지을 수 없는 인간(Not able to sin, 미래형 하나님나라에서의 부활체로 살아가는 인간, glofied man)이다.

44 선한 양심(συνειδήσεως ἀγαθῆς)이란 agathós - inherently (intrinsically) good: as to the believer, 18 (agathós) describes what originates from God and is empowered by Him in their life, through faith/벧전 3:21, 16, 히 13:18, 딤전 1:5)을 말한다.

고상함
(loftiness, ὑπερέχω, v, to hold above, to rise above, to be superior)

1)예수님의 성품 (마 11:29)	온유(πραΰς, adj) : meekness, gentleness 겸손(ταπεινός, adj) : low-lying, lowly in spirit, humility, humbleness
2)경건한 삶	유세베이아(εὐσέβεια, nf) '바른 예배를 드리는 것' : piety (towards God), godliness, devotion) 유(εὖ, adv) +세보마이(σέβομαι, v)의 합성어 : well, well done, good, rightly + to worship
3)선한 양심	성령님께 지배되어진 양심(συνειδήσεως ἀγαθῆς) 벧전 3:21, 16, 히 13:18, 딤전 1:5

여섯째, '거룩함'이란 그들이 듣든지 아니 듣든지 때를 얻든지 못 얻든지 복음과 십자가의 증인으로 살아가고(증인의 삶) 복음과 십자가를 자랑하며(복음 선포의 삶) 살아가는 것을 말한다.

언젠가 나의 멘티(홍수영 박사)가 내게 이렇게 거룩함(聖)을 풀이했다. 거룩할 '성(聖)'이란 왕(王이신 예수님)의 목소리(말씀, 구(口))에 귀(이(耳))를 쫑긋할 뿐만 아니라 그 말씀을 잘 전하는 것 곧 '복음전파'를 말한다는 것이다. 나는 그의 말에 곧장 반응했던 기억이 있다.

참고로 '복음 전파'는 투 트랙(two track)으로 나누어 전개함이 바람직하다. 첫째는 하나님의 은혜의 복음과 십자가를 자랑하는 일에 올인하는 '선포의 삶(게뤼쏜 토 유앙겔리온 테스 카리토스 투 데우, κηρύσσων τὸ εὐαγγέλιον τῆς χάριτος τοῦ Θεοῦ)'으로 복음을 전파해야 한다. 다른 하나는 목숨을 불사하는, 있는 그 자리에서 예수 그리스도 복음의 증인(뒤아마르튀라스타이 토 유앙겔리온 테스 카리토스 투 데우, διαμαρτύρασθαι τὸ εὐαγγέλιον τῆς χάριτος τοῦ Θεοῦ)으로 살아가는 삶으로 복음을 전파해야 한다.

상기의 '거룩과 거룩함'에 대한 개념을 표로 정리하면 다음과 같다.

'거룩'(from קֹדֶשׁ, nm, 코데쉬, the holy, sacred, ἅγιος)'을 본받아 '거룩함' (קָדַשׁ, 카다쉬, v)으로 살아가야 함	
1)구별됨 다름 차이남	set apart (apartness, sacredness) 하기오스(ἅγιος) 카다쉬(קָדוֹשׁ, adj)
2)순수함(purity) 정직함(honesty)	코람데오(Coram Deo) 면전의식
3)알차게 세월을 아낌 자투리 시간 사용 Fulfill ἐξαγοραζόμενοι τὸν καιρόν	'부르심을 받은 그 부르심 그대로 (고전 7:17, 20, 24)' 충성되게 살아가는 것 (고전 4:1-2, faithful, πιστός)
4)빛 역할(אוֹר, nf, 광채, sheen) φῶς, light φωτός, a source of light) 소금 역할(מֶלַח, nm, 멜라흐) 소금언약(민 18:19) 변치 않음, 방부 preservative, ἅλας, nn	'빛'으로 살아감: 뜨거운 열 감당 '소금'으로 살아감: 용해-희생-소멸 각오 그는 흥하여야 하겠고 나는 쇠하여야 하리라(요 3:30)
5)고상함(ὑπερέχω, v) Loftiness to hold above to rise above to be superior	1.예수님의 성품(마 11:29): 온유(πραΰς, adj, meekness, gentleness)겸손(ταπεινός, adj, low-lying, lowly, lowly in spirit, humility, humbleness) 2.경건한 삶('바른 예배'를 드리는 것) 3.선한 양심(성령님께 지배되어진 양심)을 가지고 살아가는 것
6)Preaching	그들이 듣든지 아니 듣든지 때를 얻든지 못 얻든지 1.복음과 십자가의 증인으로 살아가고 2.복음과 십자가를 자랑하며 살아가는 것

명심할 것은 우리는 결단코 '거룩(코데쉬)'하지 않다는 것이다. 왜냐하면 '거룩(קֹדֶשׁ, nm, 코데쉬)'은 하나님만의 성품적 속성이기 때문이다. 우리는 '거룩'하신 하나님을 본받아 '거룩함'으로 살아가는(קָדַשׁ, 카다쉬, v) 것일 뿐이다. 당연히 우리의 힘 곧 자력과 노력만으로 거룩하게 살 수 없다. 오히려 그러면 그럴수록 더욱더 죄를 지을 수밖에 없다. 오직 성령님의 능력으로만 거룩하게 살아갈 수가 있는 것이다(יְהוָה, 야훼 메카디쉬켐, מְקַדִּשְׁכֶם:).

"나는 여호와 너희 하나님이라 내가 거룩하니 너희도 몸을 구별하여 거룩하게 하고 땅에 기는 바 기어다니는 것으로 인하여 스스로 더럽히지 말라 나는 너희의 하나님이 되려고 너희를 애굽 땅에서 인도하여 낸 여호와라 내가 거룩하니 너희도 거룩할찌어다"_레 11:44-45

"너희는 내 규례를 지켜 행하라 나는 너희를 거룩케하는 여호와니라"-레 20:8

나는 지난날부터 특별히 거룩한 삶을 살아가려고 노력하는 성도들에게 언어 사용에 신중할 것을 강조해왔다. 그리하여 'Dr. Araw의 언어(言語)의 4원칙'을 제시했다.

곧 3사(思) 1언, 2청(廳) 1언, 1정(正) 1언, 1적(適) 1언이다.

3번 생각하고 한 번 말하라, 적어도 두 번 듣고 한 번 말하라, 한 번 말하더라도 바른 말을 하라, 바른 말이라도 때가 적절하지 않으면 말하지 말라이다.

Dr. Araw의 언어(言語)의 4원칙	
3사(思) 1언	3번 생각하고 한 번 말하라
2청(廳) 1언	적어도 두 번 듣고 한 번 말하라
1정(正) 1언	한 번 말하더라도 바른 말을 하라
1적(適) 1언	바른 말이라도 때가 적절하지 않으면 말하지 말라

10) 죄를 사하여 주시는 것과

열 번째 문장(10)은 '죄를 사하여 주시는 것과'이다. 이를 개역한글판, 개역개정판, 헬라어 사도신경(Σύμβολον τῆς Πίστεως), 라틴어 사도신경(The Apostles' Creed)의 순으로 한꺼번에 표를 만들어 나열함으로 서로서로 대조하여 비교한 후에 설명을 덧붙이려 한다.

개역한글판	(10)죄를 사하여 주시는 것과 (I believe in) the forgiveness of sins
개역개정판	죄를 용서받는 것과
헬라어 사도신경 (Σύμβολον τῆς Πίστεως)	ἄφεσιν ἁμαρτιων, (아페신 하마르티온) 사하여 주시는 것과/죄를
라틴어 사도신경	remissionem peccatorum, (레미시오넴 페카도룸) 죄를 용서받는 것과

먼저 성경이 말하는 '죄(원죄(original Sin)와 자범죄(actual sins))'란 무엇일까? 웨스트민스터 소요리 문답은 '하나님의 법을 순종함에 부족한 것' 혹은 '하나님의 법을 어기는 것'이라고 했다. 요한일서 3장 4절은 "죄를 짓는 자마다 불법을 행하나니 죄는 불법이라"고 했다. 결국 불법이 곧 '죄'라는 것으로 불법이란 '불의' 곧 '불신'을 말한다. 그렇기에 불법의 결과로 주어지는 모든 것이 다 죄이다. 예를 들면 의로우신 하나님 앞의 모든 반역, 우리를 창조하신 하나님의 목적(사 43:21)을 벗어난 것, 하나님 앞에서

행한(행위, 욕망, 동기를 포함한) 범죄, 거룩하신 하나님 앞에서 깨끗치 못한 것, 매순간 드러나는 강퍅함, 불순종 등등이다.

결국 상기의 모든 죄는 하나님과 사람 앞에서의 오만방자(傲慢放恣, 오만불손)함, 불신(불법, 불의의 결과)으로 인한 불순종, 끝없는 강한 욕망(concupiscence, lust), 하나님과의 관계 훼손이라는 죄의 뿌리에서 근원한다. 이왕 언급하였으니 '죄(罪)'에 대해 좀 더 나열하자면 '죄(罪)'란 자기중심성(自己中心性) 곧 자기 속(마음, 心)으로 구부러진 모든 것을 말한다. 그렇기에 행위뿐만 아니라 동기, 욕망에서 나오는 모든 것들도 죄에 포함된다.

참고로 하지 말아야 함에도 불구하고 행위, 동기, 욕망 등으로부터 시작된 악행을 의식, 무의식적으로 행한 것을 commission이라 한다. 반면에 마땅히 해야함에도 의도적으로나 무의식적으로 하지 않은 것을 omission이라 한다. 곧 하나님을 마땅히 기쁘시게 해야함에도 그렇게 하지 못한 언(言), 행(行), 심(心)과 태만(게으름)을 가리키는데 이 또한 죄에 속한다.

구약에서는 계명을 어기는 것도 죄라고 했다. 타리야그 미쯔바(Taryag, 613 Commandments, Mitzvot)라는 613계명이 있다. 이는 아쎄 미쯔바(aseh Mitzvot, 적극적 명령 '하라(Do)' 계명 248개)와 로 타아쎄 미쯔바(lo taaseh Mitzvot, 적극적 금지 '하지 말라(Do not)' 계명 365개)로 구성되어 있다.

구약의 히브리어와 신약의 헬라어에서 '죄'를 의미하는 원어를 통해 죄에 대해 좀 더 자세히 알아보자. 다음의 표를 참고하면 도움이 될 것이다.

죄(罪)	
구약	신약
1)아웬(אָוֶן, nm) 허물(민 23:21) 불의(욥 15:35) 죄악(시 7:14) 재앙(잠 22:8) 공허(사 41:19) 사신(死神)우상 (삼상 15:23, 암 1:5, 호 4:15) 2)아말(עָמָל, n) 곤고(삿 10:16) 환난(욥 3:10) 불의(사10:1, trouble, labor, toil) 악(합 1:13) 3)가나브(גָּנַב, v), 카솰(כָּשַׁל, v) 진실을 왜곡하는 것 죄(출 20:15, גָּנַב, v, 가나브) to steal 불의(호 14:1, כָּשַׁל, v, 카솰) to stumble, stagger, totter) 4)라솨(רָשַׁע, adj) wicked, criminal) (רָשַׁע, v, 라솨, 출 23:1) to be wicked, act wickedly, 5)하타흐(ה)(חַטָּאָה, nf) sinful thing, sin) 하타트(חַטָּאת) 화살이 과녁을 벗어나다 길을 잘못 들어서다(레 4:14) 6)페솨(פֶּשַׁע, nm, transgession) 하나님의 통치(섭리하 경륜)에 대한 거역, 반역(암 13)	1)하마르타노(롬 2:12, ἁμαρτάνω, v) originally: I miss the mark, hence (a) I make a mistake, (b) I sin, commit a sin (against God): sometimes the idea of sinning against a fellow-creature is present) 과녁을 벗어나다, 실패하다 하나님의 명하신 삶의 원리에서 벗어나다 2)아디키아(롬 1:18, ἀδικία, nf) injustice, unrighteousness) 불의(도덕성에서 허물어진 상태) 3)파라(παρα)-바소스(βασος) 반대편-걷다 진리와 역행하는 모든 것 4)파라프토마(롬11:11, παράπτωμα, nn) a false step, a trespass, a falling away, lapse, slip, sin 옆으로-넘어지다 실수, 고의의 탈선 진리나 의로움에서 벗어나는 배교나 타락 (마 6:14, 약 5:16, 롬 5:15,20, 골 2:13, 엡 2:15, 롬 11:11) 5)아노모스(롬 2:12, ἀνόμως, adv) without law, lawlessly 6)파르(παρ)-아노미아(ἀνομία) 법을 무시 정당한 규정의 반대편 행동

모든 인간은 출생 시 죄인(original Sin)으로서 '영적 죽음' 상태로 태어난다. 죄의 전가[45](轉嫁, 죄와 죄사함, 의와 의로움(칭의)) 때문이다. 이후 자라면서 시시때때로 죄(자범죄, actual sins)를 짓는다.

우리는 지난날 율법을 통해 죄사함을 얻으려고 온갖 노력을 다했으나 실패했다. 거듭되는 노력에도 불구하고 죄인 된 우리는 온전한 죄사함을 누릴 수가 없었다. 이는 사실 율법을 주신 하나님의 은혜를 오해한 것이다. 죄를 지으면 율법(레위기)에 의거하여 짐승을 죽여 죄사함을 얻을 수는 있었으나 완벽하지는 못했다(불완전, 반복적, 일시적, 제한적). 결국 하나님의 은혜로 주셨던 율법은 인간의 죄인 됨을 깨달으라는 것과 인간의 죄를 완전하게 해결해주실 메시야를 대망하라(《은혜 위에 은혜러라》, 이선일, 이성진, 도서출판 산지)는 것이었다.

그리하여 죄(원죄(original Sin), 자범죄(actual sins))를 온전히 해결하실 메시야 그리스도가 오셨다. 그 예수를 믿음으로 우리는 죄사함을 얻게 되었고 의롭다 함(칭의, 신분의 변화)을 얻게 된 것(고후 5:21)이다. 이후 already~not yet인 상태에서 여전히 죄 가운데 있을지라도 그 죄(자범죄, actual sins)를 철저히 회개하면 이미 다 이루신(테텔레스타이) 예수 그리스도의 십자가 보혈에

---

45 전가(轉嫁, imputation)는 다른 이에게 허물이나 책임 따위를 양도, 전가(부여) 하는 것을 말한다. 역사상 유일한 의인이신 예수께서 우리의 죄를 위해 대신 죽으심으로 우리의 죄는 그분께 전가되었고 율법의 요구는 충족되었다. 예수와 함께(영접 및 연합) 십자가에 못 박혔다가 다시 예수의 살아나심으로 인해 살아나게(영적 부활) 된 우리는 죄의 전가(죄와 죄사함)와 더불어 의가 전가(칭의)된 것(이중 전가, 고후 5:21, 롬 5:18)이다. 곧 '전가되었다'는 것은 '죄사함과 예수님의 의를 받았다(믿었다)'라는 말이다. 이것을 그리스도 안에서 즐거운 교환, 위대한 교환(the great exchange), 이중전가(double imputation, 소요리문답 32문(효력있는 부르심), 33문(칭의)과 하이델베르크 요리문답 제16-19문답 참조)이라고 한다. 한편 칼빈(기독교 강요 3권)은 '이중은혜(이중칭의>이중의화(RCC))'를 주장했는데 "처음 은혜로 믿음으로 시작한 구원은 진행과 마침도 은혜요 믿음이다"라고 했다.

의지하여 성령님의 주도로 정결케(성화, Sanctification, 상태의 변화) 된다.

바울이나 종교개혁자들은 항상 '의롭다 함'이 '죄사함'보다 포괄적인 개념이었기에 더 강조하곤 했다.

의롭다 함! 〉 죄사함!

그들은 '죄사함'이란 과거의 원죄와 더불어 현재 내가 지은 자범죄를 용서받은 것이라고 했다. 반면에 '의롭다 함'이란 과거의 원죄와 더불어 현재, 그리고 미래의 자범죄를 포괄하여 용서해주시는 영원의 개념과 함께 소망(엘피스, 미래형 하나님나라에의 입성과 영생)을 갖게 하는 것이라고 했다. 결국 '의롭다 함'이라는 말은 그날에 있게 될 예수님의 백보좌 심판대에서 보다 더 큰 의미를 갖게 될 것이라는 말이다.

참고로 '죄를 회개하다'라는 헬라어 두 단어[46]의 의미를 살펴보면 묵상할수록 풍성한 은혜를 누릴 수가 있다. 곧 호모로게오(ὁμολογέω, v)와 메타노에오(μετανοέω, v)이다. 히브리서 13장 15절에서는 '하나님의 이름을 증거하는 입술의 열매'를 가리켜 '찬양의 제사'라고 했다. 여기서 사용된 헬라어가 호모로게오인데 이는 '찬양하다', '회개(고백)하다', '감사하다'라는 의미를 가지고 있다. 결국 우리가 죄를 지은 후 자복하고 회개하는 것은 하나님의 편에서는 그 회개를 입술의 열매 곧 찬양으로 받으신다는 것이다. 할렐루야!

하나님은 죄를 싫어하신다. 그러나 지은 죄를 회개치 않는 것은 더 싫

---

46 '회개하다'의 헬라어 두 단어는 호모로게오(ὁμολογέω, v, (a)I promise, agree, (b)I confess, (c)I publicly declare, (d)a Hebraism, I praise, celebrate (e)give thanks)와 메타노에오(μετανοέω, v, (from 3326 /metá, "changed after being with" and 3539 /noiéō, "think") - properly, "think differently after," "after a change of mind": to repent (literally, "think differently afterwards"))이다.

어하신다. 죄와 싸우다가 피 흘리기까지 싸웠지만 연약함으로 인해 어찌할 수 없이 지은 죄에 대해 진정으로 통회(痛悔, contrition) 자복(自服, confess)하면 하나님은 그 죄를 도말(塗抹, painting out)하시고 온전하게 용서해 주신다.

그 어떤 죄일지라도…….

심지어 우리의 그 회개를 하나님께서는 찬양으로 받아 주신다는 것이다.

"내가 확신하노니 사망이나 생명이나 천사들이나 권세자들이나 현재 일이나 장래 일이나 능력이나 높음이나 깊음이나 다른 아무 피조물이라도 우리를 우리 주 그리스도 예수 안에 있는 하나님의 사랑에서 끊을 수 없으리라" _롬 8:38-39

사족을 달자면 통회(痛悔, contrition)란 이미 저지른 죄는 눈물로 처절하게 회개하고 회개 이후에는 죄 된 모든 생활과 완전한 결별을 선포하고 결단하는 것(롬 12:1-2, 시 51:19, 사 66:2, 마 26:75(통곡), 눅 18:13(가슴을 침))을 말한다. 더 나아가 하나님이 기뻐하시는 열납의 예배를 드릴 것과 그를 결단하는 것(롬 12:1-2)까지도 포함한다.

한편 자복(自服, confess)이란 '하나님 앞(in front of God)'에서 자신의 죄의 악과 허물, 수치까지 드러내고 뉘우치며 솔직하게 고백하는 것(레 5:5, 시 32:5, 느 1:6, 9:2, 마 3:6, 행 19:18)을 말한다. 그런 자를 하나님께서는 긍휼히 여기셔서 죄로 인한 상처를 싸매시며 죄를 용서해주실 뿐만 아니라 죄로 인해 막혔던 당신과의 교제를 회복시켜 주신다.

결국 '온유와 겸손'이 함께 하듯 '통회와 자복'도 언제나 함께 가야 한다. 하나님은 그 중심에 통회하고 자복하는 자를 구원(시 34:18)하시고 멸시치 않으시며(시 51:17) 그 영과 마음을 소성케(사 57:15) 하신다.

할렐루야!

'지은 죄에 대한 그 회개를 찬양으로 받으심!'

그저 하나님의 은혜이다. 할렐루야!

우리를 지으신 하나님의 목적은 당신께서 찬양을 받기 위함(사 43:21)이다. 그러므로 우리는 삼위일체 하나님만을 찬양해야 한다. 적극적으로 찬양과 경배를 올림과 동시에 죄에 대항하여 피 흘리기까지 싸우다가 육신이 연약하여 어쩔 수 없이 죄를 짓게 되면 즉시로 처절하게 회개(통회자복)함으로 하나님께 찬양을 올려야 할 것이다. 그렇게 처절하게 '통회자복함'은 그 자체가 하나님이 기뻐 받으시는 찬양 곧 '열납의 제사'로서 하나님께 겸손히 순복(順服, submission, ὑπακοή, nf, 롬 5:19)하는 것이며 하나님의 은혜에 진정으로 감사하는 것이다.

11) 몸이 다시 사는 것과

열한 번째 문장(11)은 '몸이 다시 사는 것과'이다. 이를 개역한글판, 개역개정판, 헬라어 사도신경($\Sigma\acute{\upsilon}\mu\beta o\lambda o\nu$ $\tau\tilde{\eta}\varsigma$ $\Pi\acute{\iota}\sigma\tau\epsilon\omega\varsigma$), 라틴어 사도신경(The Apostles' Creed)의 순으로 한꺼번에 표를 만들어 나열함으로 서로 서로 대조하여 비교한 후에 설명을 덧붙이려 한다.

개역한글판	(11)몸이 다시 사는 것과 (I believe in) the resurrection of the body,
개역개정판	몸의 부활과
헬라어 사도신경 ($\Sigma\acute{\upsilon}\mu\beta o\lambda o\nu$ $\tau\tilde{\eta}\varsigma$ $\Pi\acute{\iota}\sigma\tau\epsilon\omega\varsigma$)	$\sigma\alpha\rho\kappa o\varsigma$ $\acute{\alpha}\nu\acute{\alpha}\sigma\tau\alpha\sigma\iota\nu$, (사르코스 아나스타신) 몸이/다시 사는 것과
라틴어 사도신경	carnis resurrectionnem, (까르니스 레술렉치오넴) 몸의 부활과

'부활[47](resurrection, $\acute{\alpha}\nu\acute{\alpha}\sigma\tau\alpha\sigma\iota\varsigma$, nf)'이란 생동적이며 역동적이고 창조적이었던 인체의 전(全) 존재가 죽었다가 다시 살아나는 것을 말한다.

모든 인간은 예외없이 영적 죽음 상태에서 출생한다. 예수를 믿은 후에는 곧장 살아나게(영적(첫째)부활) 된다. 이후 유한되고 제한된 일회 인생에서

---

[47] 부활(resurrection, $\acute{\alpha}\nu\acute{\alpha}\sigma\tau\alpha\sigma\iota\varsigma$, nf)이란 (from 303 /aná, "up, again" and 2476 /hístēmi, "to stand") - literally, "stand up" (or "stand again"), referring to physical resurrection (of the body)/ Christ's physical resurrection is the foundation of Christianity, which also guarantees the future resurrection of all believers (see Jn 6:39,40,44)이다.

하나님과 함께하며 비록 Already~not yet이지만 현재형 하나님나라에서 영생을 누리며 살아가게 된다. 그러다가 모든 인간이 한 번은 죽게 되는 육신적 죽음(아날뤼시스, 이동)을 통과하게 되면 미래형 하나님나라에서 영원히 하나님을 찬양하기 위해 죽지 않는 생명(부활체로 둘째 부활, 영생)으로 변화된다. 곧 첫째 부활(영적 부활)과 둘째 부활(부활체로의 부활)이다.

가만히 보면 '부활(復活)'이란 생명을 가진 인간의 소망이자 가장 근본적인 문제 중 하나이다. 이와 마찬가지로 '죽음' 또한 생명을 가진 모든 인간의 근원적인 문제이다. 만약 육신적 죽음으로 인생의 모든 것이 끝장이 나는 것이라면 유한된 한 번 인생은 엉망이 되고 말 것(고전 15:32)이다.

감사하게도 우리의 죄를 대신하여[48](כֹּפֶר, nm, 코페르) 이 땅에 오신(성육신, incarnation) 예수님으로 인해 우리는 하나님과 화목하게(שָׁלַם, nm) 되었다. 또한 그분의 죽으심과 함께한(갈 2:20) 우리는 십자가에서 우리의 옛 사람을 죽였다. 그분의 살아나심과 더불어 우리도 그분 안에서 다시 살아나게(새로운 피조물로, 고후 5:17) 되었다. 이후 우리는 그 예수님으로 인해 '소망(엘피스, ἐλπίς, 미래형 하나님나라에의 입성과 영생)'을 향유하게 되었다. 그런 예수님은 부활의 첫(chief, real, not first) 열매 곧 잠자는 자들의 첫 열매(고전 15:20, 계 1:5, 부활의

---

48 대신하여(כֹּפֶר, nm, 코페르)라는 것은 the price of a life, ransom, bribe, 욥 33:24, 대속제물, λύτρον, nn, lýtron (a neuter noun) - literally, the ransom-money (price) to free a slave. 3083 (lýtron) is used in the NT of the ultimate "liberty-price" - the blood of Christ which purchases (ransoms) believers, freeing them from all slavery (bondage) to sin. 3083 (lýtron) occurs twice in the NT (Mt 10:28: Mk 10:45), both times referring to this purchase (ransom-price) which Christ paid. See 3084 (lytroō), 마 20:28, 막 10:45)이다. 이 땅에 오신(성육신, incarnation) 예수님으로 인해 우리는 하나님과 화목하게(שָׁלַם, nm, a sacrifice for alliance or friendship, peace offering, from שָׁלַם, v, to be complete or sound, amends, 수 8:31, 민수기, 화목제물 되신 예수님, ἱλασμός, nm, a propitiation (of an angry god), atoning sacrifice, 롬 3:25, 요일 2:2, 4:10) 되었다.

절대 주권자)가 되셨다. 우리는 예수님의 재림 시 부활할 것(빌 3:20-21, 요일 3:2, 요 5:28-29)을 확실히 믿는다.

예수님의 재림 시 우리 모두가 부활할 것은 확실히 믿을 수 있는데 문제가 하나 있다. 그것은 다름이 아니라 예수님의 '재림의 시기'를 정확히 알 수 없다는 것이다. 그렇기에 만약 내가 죽는 그 시점과 예수님의 재림의 시기가 간격이 커질 경우(100년 혹은 1,000년 뒤라면) 나는 '어디에서' '어떤 상태'로 있게 될까라는 오지랖 넓은 고민이 생길 수밖에 없다. 사실 크리스천이라면 모두가 다 '자신의 죽는 날'과 예수님의 '재림의 시기'의 간격에 관한 이슈를 궁금해 한다. 그러므로 그 간격에 대한 궁금증을 대충 덮기에는 뭔가 찜찜한 것 또한 사실이다. 이에 대해 최선을 다한 나의 설명은 다음과 같다.

나는 '개인적 종말(개개인의 죽음)과 역사적 종말(우주적 종말, 예수님의 재림)은 하나다'라는 명제에 관심이 많다. 아니 확실히 그렇게 믿고 있다. 감사하게도 예수님은 우리 개개인의 종말에 역사의 종말을 맞추어 놓았다. 이는 우리 개개인의 종말인 육신적 죽음과 동시에 홀연히 변화된 몸 부활체로서 시공(時空)이 하나가 된다는 것이다. 그렇기에 베드로후서(3:8)는 "주께는 하루가 천년 같고 천년이 하루 같은 이 한 가지를 잊지 말라"고 하셨던 것이다. 여기서 '하루(μία ἡμέρα, one day)'는 '짧다(하나다, 계 18:8, 10, 17, 19)'라는 의미이고 '천년(χίλια ἔτη, a thousand years)'은 '길다(10x10x10, 만수, 완전수)'라는 상징적 의미로 하나님이 정하신 기간을 말한다. 결국 육신적 죽음 후에는 천년이 하루이고 하루가 천년이 되어 '시공은 하나가 된다'는 것을 말하고 있다.

다시 한번 더 상기의 언급을 반복하면서 결론을 도출함으로 '자신의 죽는 날'과 예수님의 '재림의 시기'의 간격에 대한 이슈를 정리하고자 한다. 흔히 많은 그리스도인들은 예수님의 재림 시기가 나의 죽음과 멀리 떨어져 있으면 '그 사이에 나는 어떡하지'라는 고민을 한다. 그렇기에 인간이라면 지금 죽게 되었을 때 예수님의 재림 시기와의 간격에 대한 고민이 없을 수는 없다.

만약 예수님의 재림이 100년 뒤에 있다면 나는 그동안 '어디에서' '어떤 상태'로 있게 될까? 이에 대한 너무나도 많은 가설들이 이단화 되어 나타났다.

다시 말하지만 이에 대하여는 전혀 걱정할 필요가 없다. 고민하는 그 자체가 넌센스(nonsence)일 뿐이며 고민할 필요도 고민할 이유도 없다. 이런 유의 고민들은 지금의 시점에서 육신적 연약함을 가지고 있는 상태(already~not yet)로 제한된 시공(時空)을 바라보고(오이다, 견(見), οἶδα, 육안, physical see) 이해하기 때문이다.

모든 그리스도인들은 육신적 죽음(아날뤼시스, 이동)과 동시에 '홀연히 변화된 몸(고전 15:51-54)'으로 부활한다. 곧 부활체(고전 15:42-44)이다. 부활체는 시공을 초월한다. 그러므로 예수님의 재림의 그 기간이 100년이든 1,000년이든 아무 상관없이 우리의 육신적 죽음과 동시에 그 기간은 하나로 붙어버린다.

그렇기에 요한복음 8장 56절에서 예수님은 유대인들에게 "너희 조상 아브라함은 나의 때 볼 것을 즐거워하다가 보고 기뻐하였느니라"고 말씀하셨던 것이다. 여기서 '보다'의 헬라어는 호라오(ὁράω, 영안 spiritual see, 관(觀))로서 변화된 몸 부활체로서의 시공을 초월하여 보았던 관(觀)을 가리키고 있다. 이를 요한복음 13장 7절의 "나의 하는 것을 네가 이제는 알지 못하나 이후에는 알리라(γινώσκω)"는 말씀과 연결지으면 이해가 쉽다. 즉 오이다(견(見), οἶδα, 육안, physical see)와 호라오(관(觀), ὁράω, 영안 spiritual see)를 구분하며 묵상하면 상기의 고민은 쉽게 해결될 수 있다.

한편 앞에서도 잠시 언급했지만 '부활'에는 영적 부활(구원, 첫째 부활)과 몸의 부활(부활체, 둘째 부활)이 있다. 전자는 영적 죽음 상태에서 출생하여 예수를 믿은 후 구원이 되어 영적 부활된 것을 가리킨다. 후자의 경우인 '몸의 부활'은 모든 사람이 반드시 한 번은 죽게 되는 육신적 죽음[49](히 9:27, 네크로스와 다나토스)인 이동(옮김, 아날뤼시스, ἀνάλυσις, nf, departure (from this life), from ἀναλύω, v, 딤후 4:6)과 동시에 부활체(고전 15:42-44)로 홀연히 변화(ἀλλάσσω, v, 고전 15:51, πάντες δὲ ἀλλαγησόμεθα, we will all be changed.)되는 상태를 말한다. 그리하여 우리는 그런 시공을 초월한 완벽한 몸 부활체로 장소 개념인 미래형 하나님나라에 들어가 영생을 누리게 되는 것이다.

---

49 죽음을 의미하는 헬라어에는 두 단어가 있다. 둘의 구분이 모호하기는 하나 나는 그리스도인의 죽음(이동)을 다나토스로, 불신자의 죽음을 네크로스(νεκρός, 고전 15:42)로 구분한다. 네크로스는 (an adjective, derived from nekys, "a corpse, a dead body") - dead: literally, "what lacks life": dead: (figuratively) not able to respond to impulses, or perform functions ("unable, ineffective, dead, powerless," L & N, 1, 74.28): unresponsive to life-giving influences (opportunities): inoperative to the things of God/**nekrós** ("corpse-like") is used as a noun in certain contexts ("the dead"), especially when accompanied by the Greek definite article. The phrase, ek nekron ("from the dead"), lacks the Greek article to give the sense "from what is of death."이다. 반면에 다나토스는(요 5:24, θάνατος, derived from 2348 /thn◎skō, "to die") - physical or spiritual death: (figuratively) separation from the life (salvation) of God forever by dying without first experiencing death to self to receive His gift of salvation)이다.

12) 영원히 사는 것을 믿사옵나이다. 아멘

열두 번째 문장(12)은 '영원히 사는 것을 믿사옵나이다. 아멘'이다. 이를 개역한글판, 개역개정판, 헬라어 사도신경(Σύμβολον τῆς Πίστεως), 라틴어 사도신경(The Apostles' Creed)의 순으로 한꺼번에 표를 만들어 나열함으로 서로 서로 대조하여 비교한 후에 설명을 덧붙이려 한다.

개역한글판	(12)영원히 사는 것을 믿사옵나이다. 아멘 and (I believe in) the life everlasting. Amen.
개역개정판	영생을 믿습니다. 아멘
헬라어 사도신경 (Σύμβολον τῆς Πίστεως)	ξωήν αἰώνιον. Ἀμήν (조엔 아이오니온. 아멘) 사는 것을/영원히
라틴어 사도신경	vitam aeternam. Amen. (비탐 에테르남 아멘) 영생을 믿습니다. 아멘.

'영생(永生, eternal life, ξωήν αἰώνιον)'

"예수께서 가라사대 나는 부활이요 생명이니 나를 믿는 자는 죽어도 살겠고 무릇 살아서 나를 믿는 자는 영원히 죽지 아니하리니 이것을 네가 믿느냐" _ 요 11:25-26

실로 아멘이다. 나와 공저자는 영적으로 부활(첫째 부활)된 상태에서 지금 성령충만의 삶을 누리고 있다. 성령님을 주인으로 모시고 그분의 통치와 질서, 지배 하의 현재형 하나님나라에서……

그리고 장차 육신적 죽음[50](다나토스, θάνατος)을 통해 이동 혹은 옮김 (ἀναλύω, v, 아날뤼오, 아날뤼시스, ἀνάλυσις, nf)을 하게 되면 분명한 장소 개념의 미래형 하나님나라에로의 입성과 그곳에서 영생(ζωή αἰώνιος)을 누리게 될 것이다. 그렇기에 나와 공저자는 예수를 믿어 지금 살아나서(영적 부활) 영생을 누리고 있으며 그 예수님과 더불어 앞으로도 영원히 영생을 누리게 될 것이다.

참고로 '생명'을 나타내는 헬라어 두 단어를 소개하고자 한다. 첫째는 비오스(βίος)인데 이는 '생물학적 수준의 생존'을 의미하고 둘째는 조에 (ζωή, nf)인데 이는 '모든 충만함 가운데 있는 생명(요 10:10)' 곧 '영생'을 의미한다. 그렇기에 우리가 흔히 알고 있는 '영생'에서의 '영원함'이란 단순히 끝없이 지속되는 시간만을 의미하지 않는다. '영생'이란 '하나님과 함께 누리는 생명'으로 우리가 시공간의 바깥에(초월하여) 존재하면서 부활체로 충만하게 살아가는 것을 말한다.

흔히 호사가(好事家, nosy parker)들은 미래형 하나님나라에서 영생을 누리게 된다고 하더라도 너무 길어서 지루할 것 같다라는 허무맹랑한 얘기들을 하곤 한다. 황당하기 그지없다. 그런 사람들의 대부분은 육신을 가진 지금의 삶이 너무 힘들거나 긴긴 고난의 여정이기 때문일 것이다. 아니면 물질적인 면에서만 너무 풍요로워 새롭게 재미를 느끼는 일이 적거나 말초를 '쎄게(?)' 자극할 만한 일이 없어서일 것이다.

---

50 그리스도인(아담 네페쉬)의 육신적 죽음을 다나토스(θάνατος)라고 한다면 불신자(아담)의 육신적 죽음은 네크로스(νεκρός, 계 20:5)라 한다. 동일한 육신적 죽음이나 다른 죽음으로 이후 그리스도인들은 생명의 부활로, 불신자들은 심판의 부활로 나오게 된다(요 5:29).

미래형 하나님나라에서의 영생은 길이나 조건의 문제가 아니다. '변화된 몸 부활체'로서 삼위일체 하나님과의 '영원한 동행'과 더불어 '바른 관계와 친밀한 교제'가 전제되어 있기에 지루할 틈이 없다. 더 나아가 영생의 삶은 매사 매 순간 하나님을 찬양하고 경배하는 것임에랴……

존 뉴턴[51](J. Newton, 1779)이 작사한 찬송가 '나 같은 죄인 살리신(Amazing Grace! How sweet the sound)'의 가사에는 '또 나를 장차 본향에 인도해주시리 거기서 우리 영원히 주님의 은혜로 해처럼 밝게 살면서 주 찬양하리라'고 되어있다. 이 가사('영원히', '해처럼 밝게 살면서', '주 찬양')처럼 영원히 찬양하면서 살아가기에 상상만으로도 신나고 즐겁고 기쁨이 충만해진다.

미래형 하나님나라에서는 우리가 삼위 하나님의 영광의 빛을 받아(계 21:11) 지극히 귀한 보석 같고 벽옥과 수정같이 맑게 되어 살아간다. 그러므로 지루할 틈은 아예 없다. 기쁨 가득한, 가슴 설레는 삶의 연속이 될 것이다.

더 나아가 수정같이 맑은 생명수의 강이 하나님과 및 어린 양의 보좌로부터 나서 천국 길 가운데 흘러 강 좌우의 생명나무에 공급된다(계 22:1-2). 그 나무에는 열두 가지 실과가 달마다 맺히고 그 나무 잎사귀들은 만국을 소성케 한다(계 22:2). 다시 저주가 없고 밤이 없으며 등불과 햇빛이 쓸 데 없다(계 22:3). 또한 눈물도 사망도 애통하는 것, 곡하는 것, 아픈 것, 저주도, 밤도 다시 있지 않을 것이다(계 21:4, 22:3, 5).

---

51 John Newton 신부는 영국 성공회 사제로서 원래는 리버풀에 본사를 둔 노예선 '아프리칸(African)'의 책임자(29세, 1754년)였다. 훗날 그는 조지 횟필드(George Whitefield, 1714-1770, 영국 설교가)의 영향으로 그의 여생을 복음전도자로 결단했다. 이후 안수를 받고 성지자로 활동했고 그의 친구 존 웨슬리(John Wseley, 1703-1791)의 글을 읽고 '노예제 폐지론자'로 활동하기도 했다.

그런 미래형 하나님나라에서 삼위 하나님과 함께 영생을 누리는데 무슨 지루함이랴…….

나하흐의 성부하나님, 에트의 성자하나님, 할라크의 성령하나님과 더불어 그 삼위일체 하나님을 찬양하고 경배하는 것은 상상만해도 신나고 즐거운 것이다. 영원히 주를 찬양하며 신(神)과 방불한 자(신령한 몸)로 살아가는 데 무슨 지루함이 있겠는가…….

하나님나라	
현재형 하나님나라 Already~not yet	미래형 하나님나라 변화된 몸 부활체 (Resurrection body)
장소개념이 아님	장소개념 거룩한 성 새(카이노스, καινός) 예루살렘
주권 통치 질서 지배 개념	1)삼위 하나님과의 '영원한 동행'과 더불어 '바른 관계와 친밀한 교제'가 전제 2)매사 매 순간 하나님을 찬양하고 경배 ('영원히', '해처럼 밝게 살면서', '주 찬양') 3)삼위 하나님의 영광의 빛을 받아(계 21:11) 지극히 귀한 보석 같고 벽옥과 수정같이 맑게 살아감 4)수정같이 맑은 생명수의 강이 하나님과 및 어린 양의 보좌로부터 나서 천국 길 가운데 흘러 강 좌우의 생명나무에 공급됨(계 22:1-2). 그 나무에는 열두 가지 실과가 달마다 맺히고 그 나무 잎사귀들은 만국을 소성케 함(계 22:2). 5)다시 저주가 없고 밤이 없으며 등불과 햇빛이 쓸 데 없음 (계 22:3). 6)눈물도 사망도 애통하는 것, 곡하는 것, 아픈 것, 저주도, 밤도 다시 있지 않음

마지막으로 존 번연[52]의 [천로역정(天路歷程), Pilgrim Progress]에서 '견고함' 씨의 한 대목과 욥의 고백으로 사도신경을 마무리하고자 한다.

'이전에 나는 들음과 믿음에 의지해 살았지만 이제는 보는 것에 의지해 사는 곳으로 간다. 그곳에서 나는 함께 있으면 기쁜 그 분과 함께 살 것이다'

"내가 주께 대하여 귀로 듣기만 하였삽더니 이제는 눈으로 뵈옵나이다"_욥 42:5

---

52 John Bunyan(1628-1688)은 영국 특수침례교 목회자이자 설교자, 복음전도자, 작가다. 그는 영국 베드포드의 엘스토우라는 마을의 가난한 놋쇠 세공사(떠돌이 땜장이)의 맏아들로 태어났다. 그러다 보니 학문의 끈이 짧았다. 그러나 다독(多讀)을 했으며 정직하게 살려고 몸부림쳤다. 20세에 결혼 후 네 아이를 두었는데 첫딸이 앞을 보지 못했다. 30세때 아내와 사별했고 훗날 복음적인 설교 때문에 12년간이나 옥중생활을 했다. 이때는 재혼한 상태였다. 감옥에서 풀려난 이후 60세에 소천하기까지 베드포드에 있는 교회의 목사로 사역했다. 이책 중 1부는 그의 소천 10년 전인 1678년에, 2부는 1684년에 출판되었다.

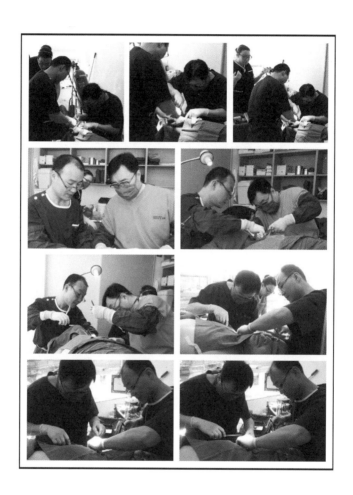

괴짜의사 Dr. Araw의 장편(掌篇) 강의

기독교의 3대 보물

레마 이야기 3

주기도문

(Lord's Prayer)

나와 공저자는 주기도문[53](마 6:9-13, 눅 11:2-4, Lord's Prayer, Oratorio

Dominica(Pater noster), 주님의 기도(RCC, 성공회), 주의 기도(Orthodox), 주기도문(Protestant),

퀴리아케 프로슈케(κυριακή προσευχή), 십계명(출 20:3-17, 신 5:7-21, 十誡命, The Ten

Commandments)과 더불어 사도신경을 '기독교의 3대 보물'이라고 명명했

다. 그리고 지금까지 그렇게 기독교의 알토란(土卵)같은 보물이라고 외쳐

왔다. 앞서 언급했지만 이런 보물들을 두고 기독교의 핵심단어 3가지인

믿음, 소망, 사랑으로 대치하기도 했다.

사도신경(기독교 신앙의 핵심)이 '믿음(내가 누구를 믿을 것인가)'에 해당한다면 주기

도문(하나님과의 바른 관계와 친밀한 교제, 그리스도인으로서의 올바른 삶과 결단의 기도)을 통하

여는 소망(엘피스, 미래형 하나님나라에의 입성과 영생)을 공급받고 소망을 견고히 붙

들게 되기에 '소망'이라고 했다. '사랑'에 해당하는 십계명(그리스도인들의 행동

규범과 순종)은 얼핏 의무처럼 보이나 사실은 험한 세상을 살아가며 명료한

기준(목자의 손에 잡힌 지팡이, 시 23:4)과 든든한 보호막(목자의 손에 잡힌 막대기, 시 23:4)

이 되기에 '사랑'이라고 했다. 기실 십계명은 기독교인의 특별한 권리로

---

53 주기도문은 저자와 공저자의 순전한 연구물(창작물)이 아니라 참고도서들을 읽고 느낀 것들이
며 이들을 개념화(conceptualization)하여 쉽게 저술한 것입니다. 특히 [주기도문], 제임스 패커/김진
웅 옮김, 아바서원, 2012 등등을 통하여 많은 통찰력을 얻었음을 밝힙니다.

서 사랑으로 행하고 사랑으로 살아가는 특권을 남다르게 누리라고 주신 것이다.

기독교의 3대 보물		
사도신경	주기도문	십계명
기독교의 핵심 3단어		
믿음	소망	사랑

다시 강조하지만 기독교의 핵심을 가장 정확하게 동시에 한 마디로 명료하게 전하려면 기독교의 3대 보물인 사도신경, 주기도문, 십계명을 잘 설명해주면 된다. 이 이상의 집약적이고도 핵심적인 요약은 찾아볼 수 없을 정도이다.

이 챕터에서 다루게 될 '주기도문'에 대해 독일의 종교개혁자이자 신학자였던 마틴 루터(Martin Luther, 1483-1546)는 '주님께서 가르쳐 주신 기도인 주기도문이야 말로 가장 모범적인 기도문이다'라고 했다. 그런 '주기도문'에 대해 기독교 교부이자 평신도 신학자로서 '삼위일체'라는 신학적 용어를 가장 먼저 사용했던 터툴리안(Quintus Septimius Florens Tertullianus, 155-240)은 '복음의 요약'이라 했고 케임브리지 대학(임마누엘 칼리지)에서 공부했던 청교도 목사인 토머스 왓슨(Thomas Watson, 1620-1686)은 '신학의 몸통'이라고 했다. 토머스 왓슨은 영국의 침례교 목사인 '설교의 황제' 찰스 스펄전(Charles Haddon Spurgeon, 1834-1892)의 스승이다.

주기도문(주님께서 가르쳐 주신 기도)	
마틴 루터 (Martin Luther, 1483-1546)	가장 모범적인 기도문
터툴리안(155-240) (Quintus Septimius Florens Tertullianus)	복음의 요약
토머스 왓슨 (Thomas Watson, 1620-1686)	신학의 몸통

기도는 하나님이 우리를 판단하시는 척도이자 하나님을 향한 우리의 찬양이다. 그렇기에 겸손한 사람은 정기적으로 지속적으로 기도하는 것이 습관화되어 있다. 거꾸로 기도를 게을리한다면 그것은 하나님 앞에 교만한 것일수도 있음에 주의해야 한다.

'눈물의 목회자'로 유명했던 스코틀랜드의 설교자(1843년 29세의 나이로 소천됨)인 맥체인(Robert Murray McCheyne)은 '홀로 하나님 앞에 무릎을 꿇는 것, 인간은 바로 그런 존재이다'라고 했다.

한편 기도는 배우는 것이 아니라 기도를 함으로써 가장 잘 배우게 된다는 사실을 기억해야 한다. 시편 150편은 우리가 기도하는데 도움을 주는 좋은 본보기 중 하나이다.

"할렐루야 그 성소에서 하나님을 찬양하며 그 권능의 궁창에서 그를 찬양할찌어다 그의 능하신 행동을 인하여 찬양하며 그의 지극히 광대하심을 좇아 찬양할찌어다 나팔소리로 찬양하며 비파와 수금으로 찬양할찌어다 소고 치며 춤 추어 찬양하며 현악과 퉁소로 찬양할찌어다 큰 소리 나는 제금으로 찬양하며 높은 소리 나는 제금으로 찬양할찌어다 호흡이 있

는 자마다 여호와를 찬양할찌어다 할렐루야" _시 150:1-6

호흡이 있는 자마다 여호와를 찬양할찌어다 할렐루야	
1	그 성소에서 하나님을 찬양하라
2	그 권능의 궁창에서 그를 찬양하라
3	그의 능하신 행동을 인하여 찬양하라
4	그의 지극히 광대하심을 좇아 찬양하라
5	나팔소리로 찬양하며 비파와 수금으로 찬양하라
6	소고 치며 춤 추며 찬양하라
7	현악과 통소로 찬양하라
8	큰 소리 나는 제금으로 찬양하며 높은 소리 나는 제금으로 찬양하라

제임스 패커는 7가지 색깔의 균형과 조화를 갖춘 기도를 강조했는데 나와 공저자의 표현으로 바꾸면 다음과 같다.

먼저 그는 하나님을 신뢰하고 그분을 앙모하며 그분께 가까이 다가가라고 했다. 두 번째는 역사의 주관자 하나님의 인도하심과 그분을 찬양하며 올려 드림이 필요하다고 했다. 세 번째는 자신의 죄를 철저히 자복하고 회개하며 하나님의 자비와 긍휼을 구함으로 죄 용서를 받고, 네 번째는 자신의 필요와 더불어 다른 이들의 필요를 구하는 중보기도가 중요하다고 했다. 다섯 번째로는 야곱의 경우처럼(창 32장) 복을 구하기 위해 하나님과 씨름하고 하나님을 설득함이 필요하며, 여섯 번째는 하나님이 원하시는 방향에서의 우리의 삶을 허락해달라고 기도하고, 마지막 일곱 번째는 상황과 환경에도 불구하고 신실하고 충성되게 하나님을 가까이하게 해달라고 기도하라고 했다. 이를 가장 잘 구현한 것이 바로 주님이 가르쳐 주신 기도 곧 '주기도문'이다.

다양한 색깔의 균형과 조화를 갖춘 7가지 기도의 스펙트럼 (제임스 패커 modified by Author & co-Author)	
1	하나님을 신뢰하고 그분을 앙모하며 그분께 먼저 가까이 다가가라
2	역사의 주관자 하나님의 인도하심을 따르며 다만 그분을 찬양하고 경배하라
3	자신의 죄를 철저히 자복하고 회개하며 하나님의 자비, 긍휼을 구함으로 죄 용서를 받으라
4	자신의 필요와 더불어 다른 이들의 필요를 구하는 중보기도를 하라
5	야곱의 경우처럼(창 32장) 복을 구하기 위해 하나님과 씨름하고 하나님을 설득하라
6	하나님이 원하시는 삶을 살 것을 결단하며 기도하라
7	상황과 환경에도 불구하고 신실하게 충성되게 하나님을 가까이하라

한편 그리스도인들의 '기도'에 대한 '핵심 콘텐츠'의 경우 영 단어 이니셜을 사용하여 'ACTS'로 표현하기도 한다. 이 단어는 '사도행전'이라는 의미도 있다. 사도행전은 '성령행전'으로서 성령님에 의해 인도되어지는 (사용되어진) 사도들의 발자취이다. 그러므로 'ACTS'라는 기도의 핵심콘텐츠를 가지고 먼저는 기도의 대상인 성부하나님께 올려드리며 그 일을 행하실 성령님의 도움을 바라며 기도하고 끝맺음은 예수님의 이름(능력, 권세

를 힘입어)으로 기도해야 한다.

'ACTS'라는 기도의 4가지 핵심 콘텐츠를 소개하며 기도의 순서, 방향, 골격에 대해 알아보면 다음과 같다.

A(Adoration)는 하나님께 기도를 올릴 때 '가장 먼저는 하나님을 찬양하라'는 것이다. 우리 그리스도인들은 하나님의 하나님 되심을 찬양하고 위대하신 하나님을 경배하며 그분만을 높여 드림이 마땅하다. 곧 하나님의 능력과 성품, 속성을 먼저 올려드리고 각자를 통해 위대하신 하나님을 드러내야 한다. 그렇기에 모든 기도는 '주님의 높고 위대하심을 내 영혼이 찬양하네'라는 것으로 시작해야 한다.

C(Confession)는 그런 하나님을 찬양한 후에 그동안 하나님의 자녀로서 마땅히 그렇게 살아야 할 것을 살아내지 못함과 하지 말아야 할 것을 너무도 쉽게 저질렀음을 고백하고 회개해야 한다는 것이다.

"하나님의 말씀(성령의 검)과 기도(믿음의 방패)로 거룩하여짐이라(딤전 4:5)"고 하셨음에도 불구하고 하나님 전(殿)의 두 기둥(대하 3:15-17, 왕상 7:21)인 말씀(יָכִין, 야긴, Rt, he will establish)에도 기도(בֹּעַז, 보아스, Lt, Quickness)에도 모두 게을리했음을 회개해야 한다. 성령님의 인도하심을 따라 '땅끝까지 이르러 내 증인이 되라(행 1:8)', '때를 얻든지 못 얻든지 그들이 듣든지 아니 듣든지 예수는 그리스도라 가르치기와 전도하기를 쉬지 말라(딤후 4:2, 행 5:42, 겔 2:5, 7, 3:11)'고 하신 말씀을 순종치 못했던 것을 회개해야 한다. 나를 향하신 하나님의 뜻(델레마 데우, 살전 4:3, 5:16-18, 마 28:18-20)대로 살지 못하였음을 회개해야 한다. 순간순간을 찬찬이 되돌아보며 하나님의 기쁨으로 살지 못했던 모든 것에 대해 진정으로 고백하고 회개해야 한다.

T(Thanksgiving)는 우리의 하나님 되시고 우리의 죄를 고백하면 모든 죄를 완전히 제하여 주심은 물론이요 기억조차 않으신다는 하나님께 감사해야 한다는 것이다. 죄사함을 받은 것이나 용서함을 받은 것은 그저 하나님의 은혜(Sola Gratia)이다. 우리의 절절한 기도에 일일이 응답해주시는 그분께 감사함이 마땅하다. 그 응답이 Yes이든 No이든 Waiting이든 상관없이 그저 감사하는 것만이 필요할 뿐이다. 놀랍게도 감사를 하면 감사의 조건이 점점 더 늘어가게 되지만 불평을 하면 불평의 조건이 점점 더 늘어가게 됨에 촉각을 곤두세워야 한다.

S(Supplication)는 유한되고 제한된 일 회의 직선 인생 곧 한 번의 인생을 살아가며 하나님께 간절히 구하라는 것이다. 간구할 것이 너무 많아 일일이 다 열거할 수는 없지만 주님께서 가르쳐 주신대로 먼저는 하나님에 대한 간구(대신(對神))를 하고 그 다음은 사람에 대한 간구(대인(對人))를 하는 것이 바람직하다. 나와 공저자는 우리가 육신을 가진 지금은 already~not yet의 상태이므로 영적인 것과 육적인 것을 나누어 공히 간구하는 것이 좋다고 생각하고 있다.

좀 더 구체적으로 표현하면 먼저는 하나님과의 바른 관계와 친밀한 교제를 위해 기도하고 그 가운데 그분 안에서의 안식과 견고함을 누릴 수 있기를 간구하라는 것이다. 더 나아가 물질과 기복을 위해서도 "자기들에게 이루어 주기를 내게 구하여야 할찌라(겔 36:37)"는 말씀을 따라 구해야 할 것이다.

결국 '기도'는 하나님을 찬양하는 것이며 하나님과의 친밀한 개인적 대화이기에 하나님의 자녀만이 가질 수 있는 온전한 특권이다. 곧 기도는 하나님과 우리의 '핫라인(hot line)'이다.

"나 주 여호와가 말하노라 그래도 이스라엘 족속이 이와 같이 자기들에게 이루어 주기를 내게 구하여야 할찌라 내가 그들의 인수로 양떼 같이 많아지게 하되 제사드릴 양떼 곧 예루살렘 정한 절기의 양떼 같이 황폐한 성읍에 사람의 떼로 채우리라 그리한 즉 그들이 나를 여호와인 줄 알리라 하셨느니라"_겔 36:37-38

우리는 기도할 때마다 하나님을 신뢰하기에 하나님의 때에 하나님의 방법으로 하나님께서 반드시 응답해 주실 것을 믿고 기도해야 한다. 믿음은 바라는 것들의 실상이요 보지 못하는 것들의 증거(히 11:1)이기 때문이다. 혹시라도 '과연 기도한 것들이 이루어질까'라고 반신반의(半信半疑, half in doubt, doubtfully)한다면 그때부터는 모든 상황이 모호해져 버림을 알아야 한다. 다시 말하지만 기도 응답의 결과는 하나님의 때에 하나님의 방법으로 하실 뿐만 아니라 모든 '감취어진 일은 우리 하나님께 속하였음(신 29:29)'을 알아야 한다.

"오묘한 일은 우리 하나님 여호와께 속하였거니와 나타난 일은 영구히 우리와 우리 자손에게 속하였나니 이는 우리로 이 율법의 모든 말씀을 행하게 하려 하심이니라"_신 29:29

선명한 하나님의 음성 듣기를 원하는가? 그렇다면 먼저 당신의 기도를 이렇게 바꾸어 보라.

'제가 처한 지금의 상황에서 어떻게 당신을 더 바르게 더 잘 섬길 수 있

습니까'

'저를 향한 당신의 뜻이 무엇입니까'

'제가 어떻게 보다 더 당신 만을 영화롭게 할 수 있습니까'

'하나님의 뜻대로 하옵소서. 그러나 저의 소원도 살펴 주옵소서'

그때 하나님은 명쾌하게 답하실 것이다.

누가복음과 마태복음의 주기도문

　기독교의 3대 보물 중 두 번째 챕터에서는 사도신경을 언급했으니 이번 챕터에서는 '주기도문'에 대해 집중적으로 논하고자 한다.

　'주기도문'이 피조물인 나와 창조주인 하나님과의 바른 관계와 친밀한 교제 가운데 '삼위일체 하나님과 어떻게 대화할 것인가'라는 것에 대한 답을 제시한 것이라면 '십계명'은 길어야 70, 건강해도 80인 한 번의 유한된 직선 인생을 '어떻게 살다가 죽을 것인가, 무엇을 하다가 죽을 것인가'라는 명제에 대한 최고의 답을 준다. 앞서 언급했지만 '사도신경'은 '누구를 믿을 것인가'에 대해 '삼위일체 하나님을 믿으라'는 것과 '다른 하나님 한 분 하나님'이신 삼위일체 하나님에 관한 선명한 개념 정립에 시원한 답을 제시한다.

기독교의 3대 보물	
사도신경	누구를 믿을 것인가 '믿음'
주기도문	삼위일체 하나님과 어떻게 대화할 것인가 '소망'
십계명	어떻게 살다가 죽을 것인가 무엇을 하다가 죽을 것인가 '사랑'

　기독교의 3대 보물을 해석함에 있어 가장 먼저는 문자적으로 접근하되 동시에 그 문자가 의미하는 상징(symbolical)이나 예표(typological)하는 바를

함께 묵상함이 바람직하다. 또한 전후 맥락을 이어서 해석하고 역사적 배경(Historical background), 문화적인 배경(Cultural background)을 고려함이 마땅하다. 마지막으로 우리 안에 내주하셔서 우리의 주인 되신 성령님께 무릎을 꿇고 기독교의 3대 보물을 허락하신 당신의 뜻을 구하는 '조용한 독대의 시간'이 필요하다. 이런 과정 속에서 주님께서 가르쳐 주신 기도(Lord's Prayer) 곧 '주기도문'을 통해 성부하나님께 성령님의 도움을 바라며 예수님의 이름으로 기도하는 '기도의 최고 모범'을 한껏 누리게 되길 바란다. 참고로 주님께서 가르쳐 주신 '주기도문(마 6:9-13, 눅 11:2-4)'은 요한복음 17장의 '주님의 기도'와는 완전 다르다.

한편 '주기도문'은 마태복음(6:9-13)과 누가복음(11:2-4)에 공히 기록되어 있다. 비슷하나 약간 다른 부분을 살피면서 찬찬히 묵상하면 보다 더 풍성함을 누릴 수가 있게 된다.

"그러므로 너희는 이렇게 기도하라 하늘에 계신 우리 아버지여 이름이 거룩히 여김을 받으시오며 나라이 임하옵시며 뜻이 하늘에서 이룬 것 같이 땅에서도 이루어지이다 오늘날 우리에게 일용할 양식을 주옵시고 우리가 우리에게 죄 지은 자를 사하여 준 것 같이 우리 죄를 사하여 주옵시고 우리를 시험에 들게하지 마옵시고 다만 악에서 구하옵소서 (나라와 권세와 영광이 아버지께 영원히 있사옵나이다 아멘)" _마 6:9-13

"예수께서 이르시되 너희는 기도할 때에 이렇게 하라 아버지여 이름이 거룩히 여김을 받으시오며 나라이 임하옵시며 우리에게 날마다 일용할 양식을 주옵시고 우리가 우리에게 죄 지은 모든 사람을 용서하오니 우리 죄도 사하여 주옵시고 우리를 시험에 들게 하지 마옵소서 하라" _눅 11:2-4

'누가복음'에서의 '주기도문'은 예수께서 제자들에게 기도의 '중요성'을 가르쳐 주신 것이다. 그렇기에 우리는 성부하나님께 성령님의 도움을 바라며 예수님의 이름으로 지속적으로 간절하게 기도해야 한다. 'ASK' 곧 구하라(Ask), 찾으라(Seek), 두드리라(Knock)고 하셨다. 기도가 중요하기에 그렇게 기도(ASK: Ask, Seek, Knock)하면 예수님께서는 주실 것이요 찾을 것이요 열릴 것이라고 말씀하셨던 것이다. 더 나아가 "너희가 악한 자라도 좋은 것으로 자식에게 줄줄 알거든 하물며 너희 천부께서 구하는 자에게 성령을 주시지 않겠느냐(눅 11:13)"고 하셨다.

주기도문	
누가복음	마태복음
기도의 '중요성'을 가르쳐 주심	기도의 '방법'을 가르쳐 주심
그럼에도 불구하고, 그리아니하실지라도 구하여야 할 지니라	너희는 이렇게 기도하라
'ASK' Ask 구하라 Seek 찾으라 Knock 두드리라	기도의 순서나 질서, 핵심에 대해 가르쳐 주심 외식으로 기도하지 말라 중언부언하지 말라 깊은 묵상가운데 조용한 독대의 시간을 가지라

　반면에 '마태복음'에서의 '주기도문'은 산상수훈 후에 주님이 가르쳐 주신 기도로 현재형 하나님나라 된 우리 그리스도인들이 어떻게 기도할

것인지(기도의 방법)를 가르쳐 주셨다. 다시 말하면 매너리즘에 빠져 형식적으로 반복하여 기도하는 것이 아니라 '주기도문의 정신'을 깨닫고 그 정신에 근거한 바른 기도를 통해 믿음으로 구하고 그리스도인 답게 살아갈 것을 가르쳐 주신 것이다. 그리하여 기도의 순서나 질서, 핵심에 대해 가르쳐 주시며 외식으로 하지 말고 경건의 의로움(경건의 모양)을 과시하지 말며 '중언부언'하지 말 것을 강조하셨다. 또한 너무 요란 떨지 말고 골방에 들어가 말씀을 곱씹으며 깊은 묵상 가운데 조용히 하나님과 독대하는 시간을 가지라고 말씀하셨다.

참고로 '중언부언(重言復言, 2번 중, 다시 부, say sth repeatedly)', '방언(glossolalia, speaking in different kinds of tongues)', '축사(逐邪) 혹은 귀신축사(鬼神逐邪)' 등등에는 동일한 같은 말, 헛된 말을 반복(vain repetition)하여 사용하는 것을 자주 볼 수가 있게 되는데 이는 일종의 Mantra기법에 해당한다. 1967년, 샌프란시스코에서 열렸던 Mantra-Rock Dance를 떠올려보라. 심지어는 마치 붐처럼 일어나고 있는, 우후죽순(雨後竹筍, spring up everywhere)격인 한국교회의 찬양집회에서도 동일한 양상들이 제법 흔하게 보이기도 한다. 그런 맥락에서 최근에 이슈 몰이를 했던 애즈베리 부흥(Asbury Revival) 운동에서의 여러가지 일들은 나와 공저자에게는 약간 조심스럽다.

'기도'에 대해 사족을 조금 더 달자면 당시 유대인의 기도로는 카디쉬(קדיש, Kaddish, 애도자의 기도)와 테필라(18번 축복기도, the 18th Benedictions, 하루에 3회, 시 55:17, 단 6:10, תפילה)가 있었다. 후자를 세모네 에스레(Shemone Esre)라고 한다. 전자의 경우 유대 회당에서 설교 끝에 함께 낭송했으며 짧막한 형태의 기도문이다. 당시 유대인들이 추구했던 최고의 경건 행위는 '금식', '기도', '자선행위'였는데 마태복음 6장에서 예수님은 이런 이슈(올바른 구제(마 6:1-4), 금식(마 6:16-18))에 대한 바른 태도에 대해 직접 말씀하시기도 했다.

예수님은 상기의 둘을 엮어 당신께서 직접 모범적인 기도의 방법을 가르쳐 주셨다(마 6:5-15). 그러므로 '주기도문'이야말로 산상수훈(마 5-7장)의 핵심이요 중요한 부분이다. 다시 강조하지만 '주기도문'은 순서나 내용면에서 가장 완벽한 구성을 지닌 최고의 모범적인 기도이다. 단순하면서도 간결하며 중요한 핵심은 놓치지 않았다.

그리하여 주기도문의 처음 시작은, '하늘에 계신 우리 아버지여'라고 기도의 대상인 성부하나님(아버지 하나님)께 부르짖을 것을 가르쳐 주셨다. 기능론적 종속성 상 기도의 대상은 성부하나님이심을 잊지말아야 한다. 마지막 문장은 '대개 나라와 권세와 영광이 아버지께 영원히 있사옵나이다 아멘'이라는 송영으로 맺는다.

나와 공저자는 주기도문을 각 버전(개역한글판, 개역개정판, 헬라어 주기도문, 라틴어 주기도문)으로 소개한 후 각각을 8문장으로 나누어 설명하고자 한다(앞서 사도신경은 12문장으로 나누었다). 각 버전의 전문 내용은 개역한글판, 개역개정판, 헬라어 주기도문, 라틴어 주기도문의 순으로 한꺼번에 나열할 것이다. 서로 서로를 대조하여 살펴보며 앞서 언급한 사도신경에서의 설레는 가슴을 이곳 주기도문에서도 동일하게 느끼게 되길 바란다.

주기도문의 첫 번째 3가지 간구

'주기도문'은 먼저 하나님을 향한(대신, 對神) 3가지 간구로 시작한다.

주기도문의 처음 3가지 간구: 하나님을 향한 것(대신, 對神)	
이름이 거룩히 여김을 받으시오며	Q의 말씀을 가지고 지키는 것(요 14:21) 가지다(ἔχω, 에코): 믿음-말씀 지키다(τηρέω, 테레오): 순종, 행함-새계명 하나님만을 찬양하고 경배하는 것 하나님께만 순복하는 것
나라이 임하옵시며	예수 그리스도를 통해 하나님나라가 도래(성취와 완성)되기를 구하는 것
뜻이 하늘에서 이루어진 것같이 땅에서도 이루어지이다	하나님에 대한 감사, 신앙고백 성부하나님의 뜻(인간을 향한 구속계획)이 이미 당신의 은혜로 만세 전에 이루어졌듯이(택정과 유기) 예수 그리스도의 십자가 보혈로 인해 온전한 '구속성취'가 된 것을 감사하며 믿음으로 화답하는 것

'이름이 거룩히 여김을 받으시오며'라는 것은 믿음으로 '오직 말씀(Sola Scriptura)'을 붙잡음과 동시에 마태복음(22:37-38)의 "네 마음을 다하고 목숨을 다하고 뜻을 다하여 주 너의 하나님을 사랑하라"는 의미이다. 이는 모든 그리스도인들이 흔쾌히 지켜야 할 "크고 첫째 되는 계명(αὕτη ἐστὶν ἡ μεγάλη καὶ πρώτη ἐντολή, 誡命, ἐντολή, nf)" 곧 요한복음 13장 34-35절의 '새 계명(서로 사랑, 먼저 사랑)'을 말한다. 그리하여 하나님의 말씀(오직말씀, Sola

Scriptura)을 가지고 지키는 것(요 14:21), 하나님만을 찬양하고 경배하는 것, 하나님께만 순복하라는 것이다. 그렇게 하는 것을 가리켜 '하나님의 이름(인격, 능력)을 거룩히 여기는(거룩한 분으로 인정) 것'이라 한다.

'나라이 임하옵시며'라는 것은 예수 그리스도를 통해 하나님나라가 도래(성취와 완성)되기를 구하는 것이다. '하나님나라'의 도래에 있어 '성취'라는 것은 예수님의 초림으로 인한 현재형 하나님나라의 도래를 말한다. '현재형 하나님나라'란 장소 개념이 아닌 주권, 통치, 질서, 지배 개념의 하나님나라이다.

반면에 '하나님나라'의 도래에 있어 '완성'이라는 것은 예수님의 재림으로 인한 미래형 하나님나라의 도래를 말한다. '미래형 하나님나라'란 지금의 already~not yet의 제한된 육신이 아닌 시공을 초월하는 변화된 몸(고전 15:51-52) 부활체(고전 15:42-44)로 영원히 살아갈 확실한 장소 개념의 하나님나라이다.

하나님나라의 도래(성취와 완성)	
예수 그리스도 새 언약의 성취	예수 그리스도 새 언약의 완성
예수님 초림 칭의(Justification)-신분의 변화 성화(Sanctification)-상태의 변화 Already~not yet	예수님의 재림 영화(Glorification) 부활체(고전 15:432-44)
현재형 하나님나라 하나님과의 바른 관계-주권 Q과의 친밀한 교제-통치, 질서, 지배 눅 17	미래형 하나님나라 장소개념(거룩한 성 새 예루살렘) 요 14

'뜻이 하늘에서 이루어진 것같이 땅에서도 이루어지이다'라는 말씀의 경우에는 약간 오해하여 해석하는 경향이 잦다. 마치 '지금' 우리 인생의 것들을 구하면 하늘의 하나님이 들으시고 '지금' 땅에서 그대로 이루어진 다고 해석하는 경우이다.

　그러나 이 말은 '구하면 이루어진다'라는 의미이기보다는 '이미 이 땅에서 이루어진 모든 것은 하나님께서 당신의 뜻을 따라 이루신 것입니다'라는 신앙고백이자 그런 하나님께 대한 감사이다. 더 나아가 이미 만세전에 당신의 무한하신 은혜로 당신의 뜻(택정과 유기)이 이루어졌듯이 때가되매 성부하나님의 뜻(인간을 향한 구속계획)이 예수 그리스도의 십자가 보혈로 온전한 '구속성취'가 되게 하신 것을 감사하며 믿음으로 화답해야 할 것을 말한다.

주기도문의 두 번째 3가지 간구

주기도문에서의 두 번째 3가지 간구는 사람을 향한 것(대인, 對人)이다.

곧 자신의 뜻이나 탐욕에서 나온 것들은 구하지 말 것을 가르쳐 주셨다. 일용할 양식의 공급과 더불어 죄의 용서, 시험과 시험하는 악한 자(악한 영적 세력 곧 사마귀)로부터의 보호를 요청함과 동시에 지속적으로 그에 대한 간구함이 필요하다는 것이다. 이를 다시 표현하면 물질적인 필요와 더불어 영적인 회복에의 갈망, 그리고 성부하나님의 앞서가심(나하흐의 하나님), 성자하나님의 함께하심(에트의 하나님), 성령하나님의 뒤에서 밀어주시고 방향을 정해주심을(할라크의 하나님) 믿고 '십자가'에서 하나 되신 삼위일체 하나님을 꼭 붙들게 해주시라고 간구하는 것을 말한다.

주기도문의 두 번째 3가지 간구: 하나님을 향한 것(대인, 對人)	
오늘날 우리에게 일용할 양식을 주옵시고	가시적, 물질적인 필요 필요한, 일용할 양식의 공급
우리가 우리에게 죄 지은 자를 사하여 준 것과 같이 우리 죄를 사하여 주옵시고	진정한 회개를 통한 죄의 용서 '조건'이 아님 영적인 회복에의 절실함
우리를 시험에 들게 하지 마옵시고(탈출하게) 다만 악에서 (대가지불로)구하옵소서	온갖 종류의 시험과 시험하는 악한 자(악한 영적 세력 곧 사마귀)로부터의 보호를 요청하고 간구

주님께서 우리에게 직접 가르쳐 주신 모범적인 기도인 '주기도문'에는 놀랍게도 다음의 4가지 전제가 들어 있다. 이를 확실히 인식한 후에 '주기도문'을 통해 기도와 간구로 구해야 한다.

첫째, '하늘에 계신 우리 아버지여'라고 기도할 때에 먼저는 하나님과의 바른 관계(온전한 주권)와 친밀한 교제(통치, 질서, 지배 하에 살겠다는)가 전제된 후 간구해야 한다는 점이다.

둘째, 하나님께 기도를 드릴 때 단순히 우리의 요구를 구하는 것이 아니라는 점이다. 진정으로 우리가 기도해야 하는 것은 아버지의 이름을 거룩히 여기며 살아가도록 구하여야 하며 현재형 하나님나라를 감사함으로 누리며 미래형 하나님나라를 갈망하며 살아가게 해달라고 기도해야 한다. 더 나아가 하나님의 뜻만이 이 땅에 이루어지기를 갈망하며 기도해야 한다.

셋째, 하나님께 구하는 것들에 대한 진정한 이유 곧 하나님께서 허락하실 물질적 공급에 대한 간구의 목적을 정립한 후에 기도해야 한다는 점이다. 더 나아가 나를 힘들게 한 상대에 대해 최선을 다한 용서, 나의 죄를 용서하시는 하나님께의 지극한 갈망, 하나님의 인도와 보호에 대한 순종 등등이 전제되어야 한다.

넷째, 우리가 하나님께 당당하게 기도를 드릴 수 있는 이유를 먼저 알고 이후에 담대함으로 간구해야 한다. 곧 그분은 우리의 아버지이시며 위대한 하나님이시라는 점이다. 그런 하나님 한 분만으로 만족해야 하며 그런 하나님은 우리의 영원한 찬양이시고 영원히 경배를 받으실 분이시다.

주기도문을 드릴 때 기억해야 할 4가지 전제	
1	먼저 하나님과의 바른 관계와 친밀한 교제가 전제된 후 간구해야 한다
2	하나님께 기도를 드릴 때 단순한 우리의 요구를 기도하는 것이 아님을 알아야 한다
3	우리가 하나님께 구하는 것들의 진정한 목적이 무엇인지를 정립한 후에 간구해야 한다
4	우리가 하나님께 당당하게 기도를 드릴 수 있는 이유를 정확하게 알고 동시에 담대함으로 간구해야 한다

"그러므로 너희는 이렇게 기도하라 하늘에 계신 우리 아버지여 이름이 거룩히 여김을 받으시오며 나라이 임하옵시며 뜻이 하늘에서 이룬 것 같이 땅에서도 이루어지이다 오늘날 우리에게 일용할 양식을 주옵시고 우리가 우리에게 죄 지은 자를 사하여 준 것 같이 우리 죄를 사하여 주옵시고 우리를 시험에 들게 하지 마옵시고 다만 악에서 구하옵소서 (나라와 권세와 영광이 아버지께 영원히 있사옵나이다 아멘)"_마 6:9-13

"예수께서 이르시되 너희는 기도할 때에 이렇게 하라 아버지여 이름이 거룩히 여김을 받으시오며 나라이 임하옵시며 우리에게 날마다 일용할 양식을 주옵시고 우리가 우리에게 죄 지은 모든 사람을 용서하오니 우리 죄도 사하여 주옵시고 우리를 시험에 들게 하지 마옵소서 하라"_눅 11:2-4

참고로 기도하다(비옵나니, 요 17:9, 묻다. 간구하다)의 헬라어 두 단어를 통해 기도의 바른 자세를 살펴보자.

기도하다(비옵나니, 요 17:9, 묻다. 간구하다) Προσεύχομαι(v, to pray) πρός(towards, exchange)+ εὔχομαι(to wish, pray)	
ἐρωτάω(에로타오)	αἰτέω(아이테오)
make an earnest request, especially by someone on "special footing(특수한 지위)," i.e. in "preferred position." is to request a person to do (rarely to give) something; referring more directly to the person, it is naturally used in exhortation, etc.	signifies to ask for something to be given not done giving prominence to the thing asked for rather than the person and hence is rarely used in exhortation.
동등한 위치에서 요구 ⇒ 존재론적 동질성의 위치에서 기능론적 종속성의 자세로	종속관계에 있는 자가 간청 ⇒ 피조물이 창조주에게 Yes, No, Wait
예수님의 대제사장적 기도 요 17장	주기도문 마 6장, 눅 11장

개역한글판 주기도문 (마 6:9-13/눅 11:1-4, in order)			
하늘에 계신 우리 아버지여/아버지여 Our father which art in heaven,			
1	대신 (對神)		이름이 거룩히 여김을 받으시오며 이름이 거룩히 여김을 받으시오며 Hallowed be thy name.
2			나라이 임하옵시며 나라이 임하옵시며 Thy kingdom come.
3			뜻이 하늘에서 이루어진 것같이 땅에서도 이루어지이다 Thy will be done in earth, as it is in heaven.
4	대인 (對人)		오늘날 우리에게 일용할 양식을 주옵시고 우리에게 날마다 일용할 양식을 주옵시고 Give us this day our daily bread.
5			우리가 우리에게 죄 지은 자를 사하여 준 것 같이 우리 죄를 사하 여 주옵시고 우리가 우리에게 죄 지은 모든 사람을 용서하오니 우리 죄도 사 하여 주옵시고 And forgive us our debts. as we forgive our debtors
6			우리를 시험에 들게 하지 마옵시고 다만 악에서 구하옵소서 우리를 시험에 들게 하지 마옵소서 And lead us not into temptation, but deliver us from evil:
대개 나라와 권세와 영광이 아버지께 영원히 있사옵나이다 아멘 For thine is the kingdom, and the power, and the glory, forever. Amen.			

개역개정판 주기도문 (마 6:9-13/눅 11:1-4, in order)			
하늘에 계신 우리 아버지여 아버지여 Our Father in heaven,			
1	대신 (對神)	아버지의 이름을 거룩하게 하시며 이름이 거룩히 여김을 받으시오며 hallowed be your name,	
2		아버지의 나라가 오게 하시며 나라이 임하옵시며 Your kingdom come,	
3		아버지의 뜻이 하늘에서와 같이 땅에서도 이루어지게 하소서 Your will be done on earth as it is in heaven.	
4	대인 (對人)	오늘 우리에게 일용할 양식을 주시고 우리에게 날마다 일용할 양식을 주옵시고 Give us today our daily bread.	
5		우리가 우리에게 잘못한 사람을 용서하여 준 것같이 우리 죄를 용서하여 주시고 우리가 우리에게 죄 지은 모든 사람을 용서하오니 우리 죄도 사 하여 주옵시고 Forgive us our debts, as we also have forgiven our debtors, and lead us not into temptation,	
6		우리를 시험에 빠지지 않게 하시고 악에서 구하소서 우리를 시험에 들게 하지 마옵소서 but deliver us from the evil one.	
나라와 권세와 영광이 영원히 아버지의 것입니다 아멘 For yours is the kingdom, and the power, and the glory, forever, Amen.			

주기도문 헬라어
하늘에 계신 우리 아버지 Πάτερ ἡμῶν ὁ ἐν τοῖς οὐρανοῖς, 파테르 헤몬 호 엔 토이스 우라노이스, 하늘 곧 여호와로 둘러싸여 있으며 내 안에 여호와의 신 자체로 계신 아버지여 (하늘 곧 여호와이시며 내 안에 아버지의 이름으로 계신 아버지여)

1	대신 (對神)	아버지의 이름을 거룩하게 하시며 ἁγιασθήτω τὸ ὄνομά σου, 하기아스데토 토 오노마 수, 개체로 이루어진 존재 속에서 두 이름으로(양면적인) 구별되어 주시어(우리의 삶 속에 선과 악의 역사를 주관하시며)
2		아버지의 나라가 오게 하시며 ἐλθέτω ἡ βασιλεία σου, 엘데토 헤 바실레이아 수, 한 개체에서 먼저 듣는 나라의 상태로 임하게 하시고 (후에 전하여 이루어지게 하시고)(우리에게 창세 전에 말씀하셨 던 삶의 목적을)
3		아버지의 뜻이 하늘에서와 같이 땅에서도 이루어지게 하소서 χενηθήτω τὸ θέλημά σου, 게네데토 토 델레마 수, 완전히 내 안에서 원하고자 하는 상태로 이루어지게 하시며(지금 우리의 삶 속에서 알게 하시고) ὡς ἐν οὐρανῷ καὶ ἐπὶ χῆς. 호스 엔 우라노 카이 에피 게스. 하늘이 신 여호와 아버지의 뜻하는 바가 개체 속에서 같이 하나 되게 하소 서(아버지의 뜻이 지금 세상 속의 우리에게 이루어지니이다)
4	대인 (對人)	오늘 우리에게 일용할 양식을 주시고 τὸν ἄρτον ἡμῶν τὸν επιούσιον δὸς ἡμῖν σήμερον 톤 아르톤 헤몬 톤 에피우시온 도스 헤민 세메론 내 안에서 중매자이시며 양식의 떡으로 오신 여호와로 하여금 하 나되는 오늘을 이루게 하시며 (세상 속의 모든 일을 양식이신 아버지께서 인도하시어 아버지 하나님과 하나되게 만드시며)

5		우리가 우리에게 잘못한 사람을 용서하여 준 것같이 우리 죄를 용서하여 주시고 καὶ ἄφες ἡμῖν τὰ ὀφειλήματα ἡμῶν, 카이 아페스 헤민 타 오페일레마타 헤몬, ὡς καὶ ἡμεῖς ἀφήκαμεν τοῖς ὀφειλέταις ἡμῶν 호스 카이 헤메이스 아페카멘 토이스 오페일레타이스 헤몬 창조자이신 그 분과 함께 선택하여 나온 우리의 여러 상태의 모습을 순서대로 이루게 하여 주시며(아버지 하나님과 약속한 삶의 체험들을 날날이 이루며)
6		우리를 시험에 빠지지 않게 하시고 악에서 구하소서 καὶ μὴ εἰσενέγκῃς ἡμᾶς εἰς πειρασμόν, 카이 메 에이세넹케스 헤마스 에이스 페이라스몬, 사탄으로부터 오는 상태의 시험과 그리스도로부터 오는 모든 시험을 끝까지 이루어지게 하시며(아버지 하나님과 하나되기 위한 선과 악의 모든 시험을 온전히 감당하게 하시며) ἀλλὰ ῥῦσαι ἡμᾶς ἀπὸ τοῦ πονηροῦ. 알라 흐뤼사이 헤마스 아포 투 포네루. 모든 상황의 극과 극에서 우리를 충분히 훈련하게 하소서(그 시험 속에서 선과 악의 체험을 충분하게 하시며)

나라와 권세와 영광이 영원히 아버지의 것입니다 아멘
대개 나라와 권세와 영광이 아버지께
[ὅτι σοῦ ἐστιν ἡ βασιλεία καὶ ἡ δύναμις καὶ ἡ δόξα
호티 수 에스틴 헤 바실레이아 카이 헤 두나미스 카이 헤 독사
그리하여 아이온이라는 연결된 열방의 모든 세계 안에서 나라, 권세, 그리고 영광이
상태를 나의 체험의 삶 속에서 온전히 이루게 하소서 아멘이신 존재여
(약속한 모든 생들에서 체험하는 삶의 목적(나라, 권세, 영광)을 완전히 이루게 하소서
아멘이신 아버지여)
영원히 있사옵나이다 아멘
εἰς τοὺς αἰῶνας ἀμήν]
에이스 투스 아이오니오스 아멘

주기도문 라틴어(Paster Noster)		
하늘에 계신 우리 아버지 Pater noster, qui es in caelis 파테르 노스테르, 퀴 에스 인 카엘리스		
1	대신 (對神)	아버지의 이름을 거룩하게 하시며 sanctificetur nomen tuum 상티피체투르 노멘 투움
2		아버지의 나라가 오게 하시며 adveniat regnum tuum 아드베니앗 레그늄 투움,
3		아버지의 뜻이 하늘에서와 같이 땅에서도 이루어지게 하소서 fiat voluntas tua 피앗 볼룬타스 투아
4	대인 (對人)	오늘 우리에게 일용할 양식을 주시고 Panem nostrum quotidianum 파넴 노스트룸 쿼티디아눔 da nobis hodie 다 노비스 오디에
5		우리가 우리에게 잘못한 사람을 용서하여 준 것같이 우리 죄를 용서하여 주시고 et dimitte nobis debita nostra 엣 디밋테 노비스 데비타 노스트라 sicut et nos dimittimus debitoribus nostris 시쿳 엣 노스 디밋티무스 데비토리부스 노스트리스
6		우리를 시험에 빠지지 않게 하시고 악에서 구하소서 et ne nos inducas in tentationem 엣 네 노스 인두카스 인 텐타치오넴 sed libera nos a malo 세드 리베라 노스 아 말로
나라와 권세와 영광이 영원히 아버지의 것입니다 아멘 Quia tuum est regnum et potestas et gloria in saecula 퀴아 투움 에스트 레늄 엣 포테스타스 엣 글로리아 인 새큘라 in nomine patris, et filli, et spiritus santi 인 노미네 파트리스, 엣 필리, 엣 스피리투스 상티 성부와 성자와 성령의 이름으로 아멘		

1) 하늘에 계신 우리 아버지여

이제는 주기도문을 8문장으로 나눈 후 한 문장씩 각 버전을 비교하면서 설명하려고 한다.

주기도문 각 버전(마 6:9-13)　(기도의 대상)	
개역한글판	하늘에 계신 우리 아버지여 Our father which art in heaven,
개역개정판	하늘에 계신 우리 아버지 Our Father in heaven,
헬라어	하늘에 계신 우리 아버지 Πάτερ ἡμῶν ὁ ἐν τοῖς οὐρανοῖς, 파테르 헤몬 호 엔 토이스 우라노이스, 하늘 곧 여호와로 둘러싸여 있으며 내 안에 여호와의 신 자체로 계신 아버지여(하늘 곧 여호와이시며 내 안에 아버지의 이름으로 계신 아버지여)
라틴어	하늘에 계신 우리 아버지 Pater noster, qui es in caelis 파테르 노스테르, 퀴 에스 인 카엘리스

항간(巷間)에는 '위대한 기도'라는 말이 빈번하게 회자(膾炙, be on everyone's lips)되고 있다. 그러다 보니 그런 제목의 책들을 서점에서 흔하게 볼 수 있다. 개중에는 '가장 위대한 기도'라는 책도 있다. 도대체 그들은 어떤 기도를 가리켜 '위대하다'라고 하는 것일까?

존 도미닉 크로산(John Dominic Crossan, 1934~, 아일랜드, Jesus Siminar공동대표, 자유주의 신학자)의 〈가장 위대한 기도〉에서는 '주기도문'을 탑(Top)으로 꼽았다. 적극 동의하는 바이다. 한편 〈Great Prayers of the Bible〉의 저자 Carol Plueddemann은 특정 기도문보다는 기도할 때 '위대한 하나님에 대한 위대한 인식'을 강조했다. 그러면서 그는 '하나님이 너무 익숙해져서 하나님을 경시하거나 그 이름을 망령되이 일컫게 되면 기도에 대한 감각이 무디어지게 되고 더 나아가 기도의 생명력은 상실되고 만다'고 했다. 고개가 끄덕여진다. 그러나 그 다음의 말에는 약간 걸리기도 한다. '매너리즘에 빠진 기도는 오히려 하지 말라'는 것이다. 나와 공저자는 이런 거친 표현이 약간 오해의 소지를 불러 일으킬까 염려된다.

기도는 모든 그리스도인들의 특권이다. 그렇기에 '기도답지(?) 않게 하려면 아예 하지 말라'는 것에는 적극 동의하기가 어렵다. 물론 그 속뜻은 충분히 이해되지만……. 게다가 문제는 그리스도인들의 신앙 수준이 천차만별(千差萬別, So many men, so many minds)인 것이다. 그러다 보니 각각의 기도는 다양(?)할 수밖에 없다. 결국 어설픈 기도는 '안 하느니만 못 하다'라고 하는 것보다는 어눌하더라도 바르게 가르쳐서 적극적으로 해야 하는 것이다.

우리는 기도할 때 '하늘에 계신'이라는 고백 속에 창조주 하나님, 역사의 주관자 하나님, 심판주 하나님을 분명히 하고 그의 영원하심, 전능하심, 전지하심, 무소부재하심, 인격적이심을 찬양하며 경배해야 함을 잊지 말아야 한다.

참고로 유대인들은 '하늘'을 삼층으로 여겨 첫째, 대기권(sky, the air, 창공), 둘째는 우주(space, the universe, the cosmos), 셋째는 천국 곧 삼층천(三層天, third heaven, 인간의 영역을 초월한 신적인 영역, 대하 6:18, 딤전 6:16, 전 5:2)으로 생각했다. 그러나 하나님이 계신 곳(하나님나라)이 '하늘'이라고 하여 어느 특정한 장소만을 고집하는 것은 곤란하다. 결국 '하늘에 계신'이라는 말은 단순하게 위치나 장소를 말하려는 것이 아니라 '하나님의 초월적인 속성', '하나님의 거룩성', 그리고 '창조주 하나님', '역사의 주관자 하나님', '심판주 하나님'을 드러내려는 것이다. 그렇기에 '하늘에 계신'에서는 '초월적 위대함'을, '우리 아버지여'에서는 '크신 아버지의 사랑'이라는 두 속성이 동시에 내재되어 있다.

하늘에 계신 우리 아버지여)	
하늘에 계신	초월적 위대함을 함의 '하나님의 초월적인 속성' '하나님의 거룩성' '창조주 하나님' '역사의 주관자 하나님' '심판주 하나님'을 드러내려는 것
우리 아버지여	크신 아버지의 사랑이 내재됨

참고로 삼위일체 하나님은 나하흐의 하나님(앞서가시며 인도하시는 성부하나님), 에트의 하나님(함께하시는 예수님), 할라크의 하나님(방향을 정하시고 뒤에서 밀어주시는 성령님)을 가리키며 이런 삼위일체 하나님의 공동사역은 예수 그리스도의 십자가에서 완벽하게 하나로 통일되게 드러나고 있다.

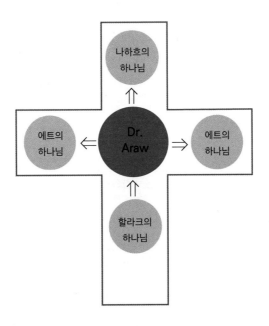

나와 공저자는 하나님나라를 현재형과 미래형으로 나누어 설명한다. 중요한 개념이기에 반복하고자 한다.

현재형 하나님나라는 장소 개념이 아니라 주권, 통치, 질서, 지배 개념이다. 그러므로 예수 그리스도를 구주로 영접한 모든 그리스도인들은 성령님의 내주하심(주권을 드림)으로 성령님의 통치와 질서, 지배 하에 있기에 개개인 자체가 하나님나라이다. 그러므로 성경은 "하나님의 나라는 볼 수 있게 임하는 것이 아니요 또 여기 있다 저기 있다고도 못하리니 하나님의 나라는 너희 안에 있느니라(눅 17:20-21)"고 하셨다. 결국 예수님께 주권을 드리고 그분의 통치와 질서, 지배 하에 살아가는 교회와 교회 공동체, 그리고 그렇게 살아가는 모든 곳은 현재형 하나님나라인 것이다. 곧 '주 예수와 동행하니 그 어디나 하늘나라'인 것이다.

반면에 미래형 하나님나라는 비가시적이어서 지금은 볼 수가 없지만 그러나 반드시 존재하는 장소 개념이다. 현재형 하나님나라는 already~not yet으로서 제한된 몸을 가지고 살아가는 반면에 장차 가게 될 미래형 하나님나라에서는 변화된(고전 15:51) 몸, 부활체(고전 15:42-44)로 시공을 초월하여 살아가게 된다. 그러므로 미래형 하나님나라가 장소 개념이라고 하여 지금의 제한된 육신을 가진 우리가 생각하는 '그 장소'와 동일하다고 생각해서는 안 된다. 그럴 수도 있고 아닐 수도 있기 때문이다. 그날이 오면 정확하게 알게 될 것이다.

'우리 아버지여'라고 고백할 때에는 우리의 완전하고도 완벽한 아버지가 되시는 하나님의 크고 넘치는 사랑, 값없이 주시는 풍성한 은혜, 우리를 향한 그분의 완벽한 관심과 보호에 대해 무한한 신뢰를 담고, 당신의 때에 당신의 방법으로 이루어 주실 것을 믿고 기도해야 한다. 종종 우리는 기도할 때 그 대상에 대해 혼용하는 경우도 많다. 물론 존재론적 동질성의 삼위일체 하나님이시기에 어떻게 불러도 상관없으나 기능론적 종속성 상 기도의 대상을 뚜렷하게 정하는 것이 바람직하다. 곧 기도는 '성부

하나님께' '성령님의 도움을 바라며' '예수님의 이름으로 기도'해야 한다. 그러므로 우리의 기도의 대상은 '성부하나님' 곧 '우리 아버지여'라고 해야 한다.

여기서 '우리'란 예수를 믿는 그리스도인들로서 예수 그리스도 안에서 한 피 받아 한 몸 이룬 지체된 형제 자매를 가리키며 '하나님의 아들 예수님(겟세마네 동산, 요 17장의 예수님의 대제사장적 기도)'이시기에 우리가 예수님과 연합하여 하나 된 이후로 우리 또한 하나님을 '아버지(아람어 아바(Abba)의 음역)'라고 부를 수 있게 된 것이다. 이런 사실을 예수님은 주기도를 통해 우리에게 가르쳐 주셨던 것이다. '아버지'란 '친분, 존경, 존중'을 나타내는 단어로 아빠(father), 아바(아람어, Abba, Ἀββᾶ, "Father," also used as the term of tender endearment by a beloved child - i.e. in an affectionate, dependent relationship with their father: "daddy," "papa.", 막 14:36, 롬 8:15, 갈 4:6, Hebrew אָב father, the Chaldee אַבָּא), 혹은 파테르(πατήρ)라고 불렸다.

이스라엘 백성들은 지난날부터 하나님을 아버지로 여겨왔기에 흔히 자신들의 이름에 '하나님아버지'라는 의미를 넣어 사용해왔다. 예를 들면 엘리압(אֱלִיאָב, 엘리-나의 하나님, 압-아버지, 삼상 16:6, God is father), 요압(יוֹאָב, 여-여호와, 압-아버지, 삼하 11:1, the LORD is father), 사울 왕의 할아버지였던 아비엘(אֲבִיאֵל, 아비(אָב)-아버지, 엘(אֵל)-하나님, 삼상 9:1, El is my father) 등등이다.

결국 예수께서 '아버지여'라고 우리에게 기도를 가르치신 것은 첫째, 성부하나님이 계심(기능론적 종속성, 다른 하나님)을 드러낸 것과 둘째, 당신의 성육신(成肉身)의 목적(요 1:12, 갈 4:4-5)을 드러내면서 동시에 당신만이 하나님과 우리의 중보자(화목제물, 화해자, Moderator, Peacemaker)로서 구속주(Savior, 대속제물)이시고 길이요 진리요 생명이심을 드러낸 것이다. 셋째, 그 예수를 믿어 구원된 하나님의 자녀들만이 '주기도문'을 통해 간구할 권리가 있음을 말씀하고 있는 것이다.

한편 '하나님이 우리의 아버지 되신다'라는 말 속에는 몇 가지 놀라운, 감격스러운 전제가 들어있음을 알아야 한다.

첫째, 하나님의 자녀이자 상속자 곧 후사(요 1:12, 롬 8:17, 28-30, 요일 3:2, 고전 3:21-23) 된 우리는 '하나님의 사랑하는 아들 예수님(마 3:17, 17:5)'만큼이나 하나님으로부터 사랑과 관심을 받는(롬 8:39, 마 7:11, 눅 11:13, 18:7) 존재가 되었음이 전제되어 있다. 그런 우리는 하나님의 사랑에서 끊어지지 아니하며(롬 8:39) 하나님은 우리에게 가장 좋은 것을 주시고(마 7:11) 예수를 믿음으로 우리 각자의 안에 내주(內住)하시는 성령님이 허락되었다(눅 11:13, 성령세례). 좋으신 아버지 하나님은 우리의 원한까지도 해결해 주신다(눅 18:7).

둘째, 하나님의 자녀 된 우리 안에는 이미 하나님의 영(성령님, 갈 4:6)이 내주하고 계심(성령세례를 통한 성령충만)을 전제하고 있다. 그런 우리는 "하나님께로부터 난 자들(요 1:13)"이요 "성령으로 난 사람들(요 3:8)"이다.

셋째, 하나님의 자녀 된 우리는 아버지 하나님의 관심사에 최고의 가치와 최우선 순위를 두고 한 번의 인생을 선명하게 살 수 있게 되었음을 전제하고 있다. 복잡다단한 세상을 살며 곁눈질하지 않고 하나님만 찬양하며 경배하며 오직 하나님께만 영광을 돌리며 살아가게 된 것이다.

넷째, 하나님 안에서 한 지체된 그리스도인들은 같은 아버지를 모시고 있음을 전제하고 있다. 그렇기에 서로를 위해 기도하며 배려하고 긍휼히

여기며 서로 사랑하되 '먼저' 사랑하고 살면서 보다 더 풍성한 인간관계
와 친밀한 교제 가운데 살아갈 수 있게 되었다.

하나님이 우리의 아버지 되신다	
1	하나님의 사랑과 관심을 받는(롬 8:39, 마 7:11, 눅 11:13, 18:7) 존재가 되었다
2	우리 안에 이미 하나님의 영(성령님, 갈 4:6)이 계신다
3	하나님의 자녀 된 우리는 아버지 하나님의 관심사에 최고의 가치와 최우선순위를 두고 한 번의 인생을 선명하게 살 수 있게 되었다
4	하나님 안에서 한 지체 된 그리스도인들은 같은 아버지를 모시고 있다

2) 이름이 거룩히 여김을 받으시오며

주기도문 각 버전(마 6:9-13) (1)	
개역한글판	이름이 거룩히 여김을 받으시오며 Hallowed be thy name,
개역개정판	아버지의 이름을 거룩하게 하시며 hallowed be your name,
헬라어	아버지의 이름을 거룩하게 하시며 ἁγιασθήτω τὸ ὄνομά σου, 하기아스데토 토 오노마 수, 개체로 이루어진 존재 속에서 두 이름으로(양면적인) 구별되어 주시어 (우리의 삶 속에 선과 악의 역사를 주관하시며)
라틴어	아버지의 이름을 거룩하게 하시며 sanctificetur nomen tuum 상티피체투르 노멘 투움

"지존무상하며 영원히 거하며 거룩하다 이름하는 자가 이같이 말씀하시되 내가 높고 거룩한 곳에 거하며 또한 통회하고 마음이 겸손한 자와 함께 거하나니 이는 겸손한 자의 영을 소성케하며 통회하는 자의 마음을 소성케하려 함이라" _사 57:15

히브리적 사고에서 '이름(□♡, 쉠, ὄνομά, 오노마)'이란 그 이름을 가진 존재의 됨됨이(그 존재의 인격 전체, 속성과 하나님 자신이 내포됨)를 가리키는 것으로 '하나님의 하나님 되심'이라는 '지위, 인격, 권위'라는 상징적 의미가 함의(삼상 18:30)되어 있다. 한편 '이름을 준다'는 것은 높은 자가 낮은 자에게 주는 것으로 너는 나의 소속, 소유라는 뜻이 내재되어 있다. 그렇기에 자신의 이름을 개명(改名)당하는 것은 아주 수치스럽고 모욕적인 것이다. 역사상 엘리야김(남 유다 18대 왕)은 바로 느고에 의해 여호야김으로 개명되었다. 우리나라는 일본 식민지 상태에서 창씨개명(創氏改名)이라는 수치를 겪었다. 예외가 있다면 얍복강에서의 야곱이 이스라엘로 개명된 것이나 아브람이 아브라함, 사래가 사라로 바뀐 것이다.

참고로 하나님의 이름에는 엘로힘(אֱלֹהִים, 창조주 하나님, 권능의 하나님), 엘(אֵל)샤다이(שַׁדַּי, nm, Almighty, 복의 근원, 위로, 안위의 하나님, 전능주 하나님), 엘(אֵל)올람(עוֹלָם, nm, long duration, antiquity, futurity, 영원하신 하나님, 미 5:2), 엘(אֵל)엘론(עֶלְיוֹן, adj, high, upper, 높으신 하나님)이 있다. 물론 상기의 모두는 이름이 아니라 하나님의 속성을 나타낸다. 우리 아버지 하나님은 스스로 계신 분(출 3:14)으로 이름이 전혀 필요가 없는 분이시다. 이런 속성을 드러내는 여호와(יְהוָה, 야훼)의 이름에는 여호와 라아흐(רָעָה, v, to pasture, tend, graze, רֹעֶה shepherd, רֹעָה shepherdess, see √ 1 d. above, 목자, 인도, 시 23:1), 여호와 이레(רָאָה, 라아흐, 창 22:14, 준비), 여호와 삼마(שָׁם, 겔 48:35, there, thither, 어디든지 계심, 임마누엘), 여호와 살롬(שָׁלוֹם, nm, completeness, soundness, welfare, peace, 삿 6:24, 안식, 견고함, 반영, 화평, from שָׁלַם, v, to be complete or sound), 여호와 라파(רָפָא, 소성, θεραπεία, nf, from θεραπεύω, v, 치료, 회복), 여호와 치드케누(צַדִּיק, adj, just, righteous, from the same as צֶדֶק, nm, rightness, righteousness, 여호와는 우리의 의가 되신다, 시 7:9), 여호와 닛시(נֵס, nm, a standard, ensign, signal, sign, from נָסַס, v, perhaps to be high or conspicuous, 출 17:15, 승리) 등등도 있다.

다시 강조하지만 상기에 소개된 모든 하나님의 이름은 속성을 나타낸다. 전능하신 하나님은 이름이 전혀 필요가 없으시다(אֶהְיֶה אֲשֶׁר אֶהְיֶה, 에흐

예흐 아세르 에흐예흐, I am who I am, 스스로 있는 자, 출 3:13-14).

하나님의 이름	하나님의 속성
엘로힘(אֱלֹהִים)	창조주 하나님, 전능주 하나님
야훼(יְהֹוָה) 엘로힘	역사의 주관자 하나님
엘(אֵל) 솨다이(שַׁדַּי, nm, Almighty)	복의 근원, 위로, 안위의 하나님, 전능주 하나님
엘(אֵל) 올람(עוֹלָם, nm, long duration, antiquity, futurity)	영원하신 하나님(미 5:2)
엘(אֵל) 엘론(עֶלְיוֹן, adj, high, upper)	높으신 하나님
여호와 라아흐(רָעָה, v, to pasture, tend, graze, רֹעֶה shepherd, רֹעָה shepherdess, see √ 1 d. above, 시 23:1)	목자(인도자) 되신 하나님
여호와 이레(רָאָה, 라아흐, 창 22:14)	준비하시는 하나님
여호와 삼마(שָׁם, 겔 48:35, there, thither)	어디에나 계시는 임마누엘의 하나님
여호와 살롬(שָׁלוֹם, nm, completeness, soundness, welfare, peace, 삿 6:24, from שָׁלֵם, v, to be complete or sound)	화평(안식, 견고함, 반영)의 하나님
여호와 라파(רָפָא, 소성, θεραπεία, nf, from θεραπεύω, v)	치료(회복)하시는 하나님
여호와 치드케누(צַדִּיק, adj, just, righteous, from the same as צֶדֶק, nm, rightness, righteousness)	우리의 의가 되시는(시 7:9) 하나님
여호와 닛시(נֵס, nm, a standard, ensign, signal, sign, from נָסַס, v, perhaps to be high or conspicuous, 출 17:15)	승리주 되신 하나님

'이름이 거룩히 여김을 받으시며'라는 것은 '하나님이 거룩히 여김을 받으시며', '하나님께만 영광이 있기를(시 115:1)'이라는 의미이다.

웨스트민스터 소요리 문답에는 '사람의 제일 되는 목적은 하나님을 영화롭게 하고 영원토록 그를 즐거워하는 것'이라고 했다. 이는 인간을 창조하신 하나님의 목적이기도 하다. 여기서 '목적'이 단수의 표현으로 쓰인 것은 '하나님을 영화롭게 하는 것(고전 10:31, 요 11:4, 계 4:11)'과 '영원토록 그분을 즐거워하는(시 73:25-26, 요 17:22-24)' 두 활동이 사실은 '하나'라는 것이고 '하나여야 한다'라는 것이다.

한편 '거룩히 여김을 받다(ἁγιασθήτω, V-AMP-3S, 하기아스데토, 수동형 명령법)'라는 것은 '기도하는 자가 하나님을 거룩히 여기며 경배하겠으니 받으소서'라는 것이기에 하나님을 드러내며 거룩하신 하나님을 경배하겠다는 기도자로서의 일종의 서약이다. 그러므로 성도라면 '하나님의 이름(하나님)'을 망령되이(경홀히, 만홀히) 여기는 언행심사는 결코 하지 말아야 한다(출 20:7, 시 7:17). 오히려 겸손히 하나님을 찬양하고 경배하며 하나님의 하나님 되심을 만방에 드러내는 그 일에 적극적으로 앞장서야 한다(겔 36:23).

하나님을 경외하는 사람들에게서 나타나는 공통된 특징 중 하나는 하나님의 말씀에 보다 더 집중하면서 동시에 그 말씀을 높게 여긴다는 것이다(시 138:2). 하나님 말씀에의 순복과 더불어 '그리 아니하실지라도 감사', '그럼에도 불구하고 감사'의 언행심사가 있고 하나님을 경외함이 매일 매순간의 삶에 내재되어 있다.

제임스 패커는 이런 '경외함'을 가리켜 '경건함', '선한 감각', '성숙한 인간성'이라고 했다. 나와 공저자는 여기에 더하여 '선한 양심(성령님께 지배

되어진 양심, 벧전 3:16, ἀγαθήν συνείδησιν /벧전 3:21, 딤전 1:5, συνειδήσεως ἀγαθῆς / 히 13:18 καλήν συνείδησιν)'을 소유한 사람을 가리켜 하나님을 경외하는 사람으로 여긴다.

'거룩히 여김을 받다(ἀγιασθήτω, V-AMP-3S, 하기아스데토, 수동형 명령법)'라는 것을 좀 더 세분하여 해석하면 첫째, 우리가 하나님의 거룩함(영광)을 드러내야 한다라는 것이다. 곧 우리를 통해 하나님의 능력, 성품, 속성이 이 땅에서 드러나야 한다는 말이다. 둘째, '하나님의 초월하심과 권능'에 대한 우리의 '온전한 신뢰와 의지, 경외심, 그에 따른 순종의 태도를 받으소서(마 7:12, 출 17:6, 민 20:12)'라는 의미이다. 곧 '하나님만 영광을 받으소서(요 12:28, 창 40:34)'라는 것으로 '하나님께만 찬양과 경배를 올립니다'라는 의미이다.

거룩히 여김을 받다 (ἀγιασθήτω, V-AMP-3S, 하기아스데토, 수동형 명령법)	
1	우리가 하나님의 거룩함(영광)을 드러내야 한다 곧 우리를 통해 하나님의 능력, 성품, 속성이 이 땅 위에 드러나야 한다
2	'하나님의 초월하심과 권능'에 대한 우리의 '온전한 신뢰와 의지, 경외심, 그로 인한 순종의 태도'를 받으소서 (마 7:12, 출 17:6, 민 20:12) 곧 '하나님만 영광을 받으소서(요 12:28, 창 40:34)'라는 것으로 '하나님께만 찬양과 경배를 올립니다'

그렇기에 맛사(הִמַּסָּה, 마싸흐, from נָסָה, 나싸흐, v, to test, try, 시험, 출 17:7), 혹은 므리바(מְרִיבָה, 메리바흐, nf, strife, contention, from רִיב, 리브, v, to strive, contend, 다툼, 싸움) 사건(시 95:8)을 가리켜 야훼께서는 민수기(20:12)를 통해 "너희가 나를 믿지 아니하고 이스라엘 자손의 목전에 나의 거룩함을 나타내지 아니한고로"라고 말씀하시며 '나를 대접하지 않았다(마 7:12, 만홀히, 망령되이 취급, 출 20:7, 시 7:17)', '나를 거룩히 여기지 않았다'라고 통렬히 지적하신 것이다.

히브리서(3:18-19)는 출애굽 1세대가 '남은 안식'을 누리지 못하고 가나안에 들어가지 못한 것을 가리켜 '불신과 불순종' 때문이라고 했다.

참고로 '초영성(Super-spirituality)'이라는 말이 있다. 예수를 믿는 사람 중 창조주 하나님, 역사의 주관자 하나님을 경시하고 구속주 하나님에만 초점을 맞추며 신앙생활하는 경우를 말한다. 이들의 경우 비현실적인 측면 속에 살아가게 되며 종국적으로는 인간성의 상실로 귀결되기 쉽다.

그렇다면 '바른 영성(Real-spirituality)'이란 무엇일까? 창조주 하나님의 위대하심과 지혜, 역사의 주관자 하나님의 권능, 구속주 하나님의 사랑, 심판주 하나님의 공의를 순전히 믿고 따르는 신앙생활을 말한다. '바른 영성'을 가진 이들의 경우 올바른 그리스도인으로서 매사 매 순간 몸부림을 치며 먼저는 하나님의 뜻이 무엇인지를 분별하려고 애를 쓴다. 그들이야말로 하나님의 뜻을 따라 하나님의 기쁨으로 살아가려는 사람들이다. 그들의 삶을 가리켜 진정한 성도의 삶 곧 '거룩한 삶'이라고 한다.

초영성(Super-spirituality)	바른 영성(Real-spirituality)
창조주 하나님, 역사의 주관자 하나님을 경시하고 구속주 하나님에만 초점을 맞추는 경우	창조주 하나님의 위대하심과 지혜 역사의 주관자 하나님의 권능 구속주 하나님의 사랑 심판주 하나님의 공의를 믿고 따르는 것
비현실적인 측면 속에 살며 종국적으로는 인간성의 상실로 귀결	거룩함으로 살아가게 됨

3) 나라이 임하옵시며

주기도문 각 버전(마 6:9-13) (2)	
개역한글판	나라이 임하옵시며 Thy kingdom come,
개역개정판	아버지의 나라가 오게 하시며 Your kingdom come,
헬라어	아버지의 나라가 오게 하시며 ἐλθέτω ἡ βασιλεία σου, 엘데토 헤 바실레이아 수, 한 개체에서 먼저 듣는 나라의 상태로 임하게 하시고 (후에 전하여 이루어지게 하시고)(우리에게 창세 전에 말씀하셨던 삶의 목적을)
라틴어	아버지의 나라가 오게 하시며 adveniat regnum tuum 아드베니앗 레늄 투움

'나라이 임하옵시며'라는 것은 재림의 그날을 기대하며 마라나 타
(מָרָנָא אתָא, Marana tha, Μαρανάθά, Come, O Lord, ἔρχου, Κύριε Ἰησοῦ, 고전 16:22, 계
22:20) 주 예수를 통한 '하나님의 나라가 오게 하소서'라는 의미이다. 동시
에 '현재형 하나님나라(우주적인 주권, 통치, 질서, 지배 개념, 마 3:2, 눅 17:20-21, 9:1-2,
10:17-20)를 확장하는 그 일에 나를 사용하여 주소서(엡 4:11)'라는 의미와
'미래형 하나님나라(장소 개념, 요 14장)에 대한 소망을 잃지 않게 하소서'라는
의미가 첨가되어 있다. 더 나아가 '나를 당신의 충실한, 당신의 말씀만을
순종하는 백성이 되게 하소서', '나의 기도에 응답하실 때 그 수단으로 나
를 사용해 주옵소서'라는 의미가 들어있다.

나라이 임하옵시며 = 하나님의 나라가 오게 하소서	
1	현재형 하나님나라를 확장하는 그 일에 나를 사용하여 주소서
2	미래형 하나님나라에 대한 소망을 잃지 않게 하소서
3	나를 당신의 충실한, 순종하는 백성이 되게 하소서
4	기도에 응답하실 때 그 수단으로 나를 사용해 주옵소서

예수님은 공생애를 시작하시면서 가장 먼저 '하나님나라(천국복음)'를 선포(마 4:17, 막 1:15, 마 13장)하셨다. 그렇기에 하나님의 부르심을 받은 이들 또한 목숨 걸고 하나님나라를 선포(행 8:12, 19:8)하였고 전 생애를 통해 줄기차게 하나님의 은혜의 복음을 전했던 것(행 20:24)이다.

앞서 언급했지만 하나님나라에는 현재형 하나님나라(눅 17장, 예수님의 초림으로 성취됨)와 미래형 하나님나라(요 14장, 예수님의 재림으로 완성됨)가 있다. 전자는 주권, 통치, 질서, 지배 개념으로 예수를 믿어 구원(성령세례)을 얻은 우리가 바로 하나님나라 곧 현재형 하나님나라이다. 그런 우리는 우리 안에 내주하시는 성령님께 온전한 주권을 드리고(바른 관계) 그분의 통치와 질서, 지배하에서(친밀한 교제가운데) 종말시대(교회시대, 초림~재림 전)의 한 부분을 살아가는 것이다. 그렇기에 영적 죽음에서 영적 부활(성령세례)되어 영생 가운데 살아가기는 하지만 already~not yet임을 인식하고 성령 충만(주권, 통치, 질서, 지배 개념)함으로 살아가야 한다. 이후 모든 사람이 맞게 되는 육신적 죽음(히 9:27)을 통과한 후에는 장소 개념의 미래형 하나님나라(거룩한 성 새 예루살렘, 새 하늘과 새 땅, 예수님의 재림으로 완성)에서 삼위일체 하나님과 더불어 영생을 누리게 될 것이다.

참고로 현재형 하나님나라와 미래형 하나님나라에 대조되는 말이 있다. 곧 현재형 지옥과 미래형 지옥이다. 둘 다 현재형은 장소 개념이 아니라 주권, 통치, 질서, 지배 개념이며 미래형은 지금은 볼 수 없지만 반드시 존재하는 장소 개념이다.

장소 개념의 미래형 지옥을 가리킬 때 C.S Lewis(The Great Divorce, 천국과 지옥의 이혼, 1945출판)는 지옥을 '사람들이 가능한 한 서로 멀리 떨어지려고 애쓰는, 흩어지는 나라'라고 묘사했다. 장 폴 샤르트르(출구는 없다, No Exit(닫힌 방))는 '끔찍한 행동을 저지른 두 사람이 아무리 멀어지려고 해도 멀어질 수 없는 곳(Hell is-other people)'으로 묘사했다.

당신은 미래형 지옥을 어떻게 묘사할 것인가?

나와 공저자에게 묻는다면 요한계시록 20장 10절의 말씀을 인용하며 영원한 죽음 가운데 "세세토록 밤낮 괴로움을 당하는 곳"이라고 할 것이다.

미래형 지옥	
C.S Lewis (The Great Divorce, 천국과 지옥의 이혼, 1945출판)	사람들이 가능한 한 서로 멀리 떨어지려고 애쓰는, 흩어지는 나라
장 폴 샤르트르 (출구는 없다, No Exit(닫힌 방))	끔찍한 행동을 저지른 두 사람이 아무리 멀어지려고 해도 멀어질 수 없는 곳 (Hell is-other people)
Dr. Araw & co-Author	세세토록 밤낮 괴로움을 당하는 곳 (계 20:10)

그렇다면 장소 개념의 미래형 하나님나라(천국)는 어떻게 묘사할 것인가?

나와 공저자에게 묻는다면 삼위일체 하나님과 더불어 교제하며 하나 되어(완전한 사귐) 영원한 영생 가운데 찬양과 경배를 올리며 그분과 더불어 기쁨 가운데 즐거워하게 될(완전한 만족의) 장소라고 할 것이다. Already~not yet의 제한된 육신을 가진 인간이 아니라 홀연히 변화된 몸(고전 15:51-52) 곧 부활체(고전 15:42-44)로서 말이다. 그렇기에 그날 이후 시공을 초월하게 될 우리는 그 무엇에도 얽매이지 않게 될 것이다. 물론 미래형 하나님나라가 '분명한 장소'라고 하여 Already~not yet인 우리가 지금 생각하는 그런 유의 장소라고 생각해서는 안 될 것이다.

장소 개념인 미래형 하나님나라인 그곳 '거룩한 성 새 예루살렘'에 대한 묘사는 요한 계시록 21장 1-8, 22-27절, 22장 1-5절에서 구체적으로 자세히 묘사하고 있다. 또한 찬송가 235장(보아라 즐거운 우리집), 242장(황무지가 장미꽃같이)을 통하여서도 상상할 수가 있다.

"우리의 일생이 끝나면 '영원히 즐거운, 밝고도 거룩한 곳'에서
거룩한 백성들 거기서 '영원히 영광에, 기쁘고 즐겁게' 살겠네
거룩한 아버지 모시고 '찬미로 영원히, 주님과 영원히' 살겠네"
"거기 악한 짐승, 죄인 없으니 기쁨으로 찬송 부르며, 평안함과 즐거움으로, 검은 구름 없는, 낮과 같이 맑고 밝은 거룩한 길 다니리"

분명한 것은 그날 이후 그곳에 직접 가보면 가장 정확하게 알게 될 것이다. 그러므로 지금 우리는 부분적으로 알고 거울로 보는 것 같이 희미

하게 볼 수밖에 없는 것에 대해 너무 안달해(fret, be fussy)하지 말고 장차 얼굴과 얼굴을 대하여 보듯 선명하게 보게 될 그날을 소망하기만 하면 된 다(롬 8:24).

"우리가 지금은 거울로 보는 것같이 희미하나 그때에는 얼굴과 얼굴을 대하여 볼 것이요 지금은 내가 부분적으로 아나 그때에는 주께서 나를 아신 것 같이 내가 온전히 알리라" _고전 13:12

4) 뜻이 하늘에서 이룬 것 같이 땅에서도 이루어지이다

주기도문 각 버전(마 6:9-13) (3)	
개역한글판	뜻이 하늘에서 이룬 것같이 땅에서도 이루어지이다 Thy will be done in earth, as it is in heaven.
개역개정판	아버지의 뜻이 하늘에서와 같이 땅에서도 이루어지게 하소서 Your will be done on earth as it is in heaven.
헬라어	아버지의 뜻이 하늘에서와 같이 땅에서도 이루어지게 하소서 γενηθήτω τὸ θέλημά σου, 게네데토 토 델레마 수, 완전히 내 안에서 원하고자하는 상태로 이루어지게 하시며(지금 우리의 삶 속에서 알게 하시고) ὡς ἐν οὐρανῷ καὶ ἐπὶ γῆς. 호스 엔 우라노 카이 에피 게스 하늘이신 여호와 아버지의 뜻하는 바가 개체 속에서 같이 하나되게 하소서(아버지의 뜻이 지금 세상 속의 우리에게 이루어지니이다)
라틴어	아버지의 뜻이 하늘에서와 같이 땅에서도 이루어지게 하소서 fiat voluntas tua 피앗 볼룬타스 투아 sicut in caelo et in terra 시쿳 인 카엘로 엣 인 테라

앞서 두 문장(하늘에 계신 우리 아버지여/이름이 거룩히 여김을 받으시오며)과 더불어 지금의 3번째 문장(뜻이 하늘에서 이룬 것같이 땅에서도 이루어지이다)은 '대신(對神) 관계'에 대한 기도로서 각 문장 앞에 '내 안에서', '나를 통해'라는 말을 덧붙여 기도하면 훨씬 더 그 의미가 선명해짐을 알 수 있다. 왜냐하면 기도란 하나님이 나의 뜻을 이루어 주시는 것이 아니라 나의 뜻을 하나님의 뜻에 맞추는 것이기 때문이다.

'뜻이 하늘에서 이루어진 것 같이 땅에서도 이루어지이다'라는 것은

'당신의 뜻이 하늘에서와 마찬가지로 땅에서도 이루어지게 하소서'라는 의미이다. 곧 '하늘에서 먼저 당신의 뜻이 이루어졌음을 찬양합니다. 그렇기에 이제는 땅에서도 이루어질 것입니다'라는 확정적인 기대이자 확신이다. 이 말인즉 '이 땅에 이미 이루어진 모든 것은 당신의 뜻입니다'라는 고백인 것이다. 그러므로 기도에 있어 우리는 먼저 '당신의 뜻'이 무엇인지를 파악한 후 위대하시고 전능하셔서 당신의 뜻을 반드시 이루고야 마시는 그 하나님의 뜻에 맞추어 나의 뜻을 하나님께 간구해야 한다.

우리를 향한 '하나님의 뜻(델레마 데우, 살전 4:3, 5:16-18, 벧전 4:19, 히 10:36)'은 우리가 선(오직 복음, 오직 말씀)을 행하는(복음전파와 증인의 삶) 가운데 그 영혼을 미쁘신(피스토스) 조물주께 의탁하는 것(벧전 4:19)이다. 그렇기에 하나님의 뜻이라면 고난이나 환난이 다가온다 할지라도 담대함으로 대처하고 하나님의 계명과 예수 믿음을 붙들고(계 14:12) 인내함으로 끝까지 당당하게 견디어 나가는 것(히 10:36)이 필요하다.

결국 '하나님의 뜻'대로 살아간다는 것은 적극적으로는 거룩함으로 살아가며(살전 4:3) 샬롬(하나님과의 바른 관계와 친밀한 교제)을 전제한 후 풍성한 은혜 가운데 기쁨과 감사로 살아가는 것이며 기도의 특권을 누리며 살아가는 것(살전 5:16-18)을 말한다.

하나님의 뜻(델레마 데우)	
살전 4:3	거룩함(6가지 의미)으로 살아가는 것
살전 5:16-18	항상 기뻐하라 쉬지 말고 기도하라 범사에 감사하라 샬롬-〉은혜-〉기쁨과 감사(기도는 특권)
벧전 4:19	오직 말씀, 오직 복음 -〉오직 예수님만 바라보라(히 12:2)
히 10:36	환난, 고난-〉담대함(당당함)과 인내로 이겨내라 예수 믿음, 하나님의 계명(계 14:12)

앞선 모든 저술에도 매번 계속하여 밝혔지만 '우리를 향하신 하나님의 뜻(살전 4:3, 5:16-18)'에 대해 한 번 더 반복함으로 강조하고자 한다.

"하나님의 뜻은 이것이니 너희의 거룩함이라 곧 음란을 버리고"_살전 4:3

"항상 기뻐하라 쉬지 말고 기도하라 범사에 감사하라 이는 그리스도 예수 안에서 너희를 향한 하나님의 뜻이니라"_살전 5:16-18

우리를 향하신 하나님의 뜻은 얼핏 이행하기 어렵고 불가능한 것처럼 보이나 사실은 전혀 그렇지 않다. 왜냐하면 하나님의 속성인 '거룩'을 본받아 우리가 '거룩함으로 살아가는(카다쉬)' 것이며 그것도 나의 힘이 아니라 성령님의 능력으로 가능하기 때문이다.

결국 '거룩함으로 살아가는 것'은 전적인 성령님의 능력(야훼 메카디쉬켐)으로 인함이다. 또한 항상 기뻐하고 쉬지 말고 기도하며 범사에 감사하는 것도 매사 매 순간 하나님께서 풍성하게 주시는 은혜로만 가능하다. 단,

하나님이 주시는 '은혜'는 '샬롬의 관계가 반드시 전제'되어야 한다.

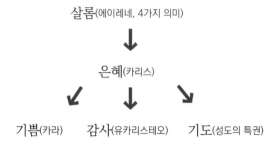

찬송가 425(통 217)장 '주님의 뜻을 이루소서 고요한 중에 기다리니'라는 가사가 종종 마음을 울리곤 한다.

"주님의 뜻을 이루소서 고요한 중에 기다리니

진흙과 같은 날 빚으사 주님의 형상(쩨렘, 데무트) 만드소서

주님의 뜻을 이루소서 주님 발 앞에 엎드리니(할라크의 하나님)

나의 맘 속을 살피시사 눈보다 희게(사 1:18) 하옵소서

주님의 뜻을 이루소서 병들어 몸이 피곤할 때

권능의 손을 내게 펴사 강건케 하여 주옵소서

주님의 뜻을 이루소서 온전히 나를 주장(나하흐의 하나님)하사

주님과 함께 동행함(에트의 하나님)을 만민이 알게 하옵소서"

나를 향하신 하나님의 뜻이 무엇인지를 분별(δοκιμάζω, v)하였으면 그

뜻을 따라(마 12:50, 26:42) 유한되고 제한된 직선의 일회 인생을 알차게 그분의 기쁨으로 살아가야 할 것이다. 문제는 죄성을 가진 인간은 하나님의 뜻을 다 알 수도 이해할 수도 없다는 것(사 55:8-9)이다. 그렇기에 말씀을 통해 계시하지 않은 하나님의 뜻은 내주하시는 주인 되신 성령님의 세미하신 음성과 인도하심을 따르면 된다. 반면에 말씀으로 계시하신 하나님의 뜻(살전 4:3, 5:16-18, 딤전 2:4)은 아멘으로 순종하면 되는 것이다.

하나님의 뜻	
말씀으로 계시하신 하나님의 뜻 (살전 4:3, 5:16-18, 딤전 2:4)	말씀을 통해 계시하지 않은 하나님의 뜻
아멘으로 순종	내주하시는 주인 되신 성령님의 세미하신 음성과 인도하심을 따르라

'이루어지이다'라는 것은 수동태 명령형으로 그 주체가 하나님이시라는 말이다. 그렇기에 '하나님이 주체가 되셔서 당신의 뜻대로 이루어지기를 원한다'라는 의미이다.

빌립보서 2장 13절은 "너희 안에서 행하시는 이는 하나님이시니 자기의 기쁘신 뜻을 위하여 너희로 소원을 두고 행하게 하시나니"라고 말씀하셨다. 여기서 '소원'이란 '비전(חָלַם, v, 할람, dream, to be healthy or strong, חֲלוֹם, nm, 할롬, a dream, 꿈)'을 말하는데 우리의 비전이 아니라 '우리를 향한 당신의 비전'을 가리킨다.

창세기 39장(2, 3, 23)에는 '형통함'이라는 히브리어 단어 촬라흐(חלצ, v, 하나님의 형통)가 3번 반복하여 나온다. 하나님의 비전이 나를 통해 이루어지는 것 곧 우리를 향한 당신의 비전이 나를 통해 이루어지는 것을 '하나님의 형통(촬라흐, חלצ, v, 하나님의 형통)'이라고 한다. 반면에 '세상적 형통'인 쌀라흐(חלשׁ, 욥 12:6)는 '부자되세요'라는 것으로 단순히 세상이 추구하는 풍요로움을 말한다. 그러므로 한 번의 인생을 살아가며 우리가 행하여야 할 '비전' 곧 '소원'은 장래의 원대한 목표나 성공, 명예, 권력이나 돈이 아니라 '나'를 통해 '하나님께서 원하시는 일(ἐάν ὁ κύριος θελήσῃ. 에안 호 퀴리오스 델레세 (in Attic ἐάν θεός θέλῃ, ἤν οἱ Θεοί θέλωσιν, 에안 데오스 델레, 엔 호이 데오이 델로신, 행 18:21)'을 하실 수 있게 하는 것이다. 이런 '비전(소원)'을 가리켜 '주의 기도'인 요한복음 17장 4-5절에는 "아버지께서 내게 하라고 주신 일"이라고 예수님께서 직접적으로 선명하게 말씀해 주셨다.

참고로 주기도문의 '이루어지이다'와 겟세마네 동산에서의 예수님의 기도 중 '아버지의 원대로 하옵소서(마 26:39, 막 14:36, 눅 22:42)'라는 것의 차이를 묵상할 필요가 있다. 전자의 경우 하나님의 뜻이 무엇이든 간에 '불평하지 않고 수용할 것'을 가리킨다. 반면에 후자의 경우 해야 할 모든 것을 하나님께서 가르쳐 주시고 이를 '지킬 수 있도록 마음과 능력주시기를' 요청하고 있는 것이다.

주기도문 (예수님이 가르쳐 주신 기도)	예수님의 기도
이루어지이다	아버지의 원대로 하옵소서 (마 26:39, 막 14:36, 눅 22:42)
하나님의 뜻이 무엇이든 간에 불평하지 않고 수용하게 되기를.	해야 할 모든 것을 하나님께서 가르쳐 주시고
하나님이 주체가 되셔서 당신의 뜻대로 이루어지기를	이를 끝까지 잘 지킬 수 있도록 마음과 능력주시기를

제임스 패커는 감리교의 '언약 갱신 예배(Covenent Renewal Worship, 1755)'
를 재인용[54]하며 '그리스도인의 거룩한 삶과 거룩한 죽음' 등을 소개했는
데 아래와 같이 나와 공저자의 표현으로 바꾸고자 한다.

"하나님은 선포하신 모든 것을 예수 그리스도 안에서 새 언약으로(초림의
성취와 재림의 완성으로) 우리에게 약속하셨다. 그런 우리는 '더 이상 이기적인
삶을 살지 않겠다'고 맹세한다. 그때 인도자는 '오 주 거룩하신 아버지 하
나님, 예수 그리스도를 통해 우리를 부르셔서(Calling) 은혜로운 언약의 당
사자 되게 하심(Mission)에 감사드리며 이제 후로 우리는 즐거이 순종의 멍
에를 메며 당신을 사랑하고 당신의 완전하신 뜻을 온전히 행할 것을 약속
합니다'라고 고백한다."

이후 예배에 참석한 모든 이들은 존 웨슬리가 1775년에 리처드 얼라인
(Richard Alleine, 1611-1681, 강력한 청교도 설교자, 경건한 복음사역자)이 출간한 기도문

---

54 주기도문, 제임스 패커/김진웅 옮김, 아바서원, 2012, p65-67

을 토대로 썼던 첫 번째 '언약 갱신 예배' 가운데 다음의 글을 함께 낭독한다.

"나는 더 이상 나의 것이 아니며 주님의 것입니다.

나를 당신이 원하시는 곳에 두시며 원하시는 것을 행하게 하시고 당신이 원하시는 사람들과 있게 하소서.

나로 주님의 일을 하게 하시고 주님을 위해 고통도 감수하게 하소서. 고용되고 실직되는 것도 주님을 위해, 높아지고 낮아지는 것도 주님을 위한 일이 되게 하소서.

주님을 위해 배부르는 것도 굶주리는 것도 감당하게 하소서.

당신을 위해 모든 것을 소유하게 하시고 당신을 위해 아무 것도 소유하지 않게 하소서.

나는 이 모든 것을 당신의 기뻐하심과 당신의 뜻에 기꺼이 맡깁니다.

오 영화롭고 거룩한 하나님, 성부, 성자, 성령이시여, 이제 당신은 나의 하나님이시며, 나는 당신의 것입니다. 참으로 그러합니다. 내가 땅에서 맺은 언약이 하늘나라에서 확증되게 하소서. 아멘"

5) 오늘날 우리에게 일용할 양식을 주옵시고

주기도문 각 버전(마 6:9-13) (4)	
개역한글판	오늘날 우리에게 일용할 양식을 주옵시고 Give us this day our daily bread.
개역개정판	오늘 우리에게 일용할 양식을 주시고 Give us today our daily bread.
헬라어	오늘 우리에게 일용할 양식을 주시고 τὸν ἄρτον ἡμῶν τὸν επιούσιον δὸς ἡμῖν σήμερον 통 아르톤 헤몬 톤 에피우시온 도스 헤민 세메론 내 안에서 중매자이시며 양식의 떡으로 오신 여호와로 하여금 하나 되는 오늘을 이루게 하시며 (세상 속의 모든 일을 양식이신 아버지께서 인도하시어 아버지 하나님과 하나되게 만드시며)
라틴어	오늘 우리에게 일용할 양식을 주시고 Panem nostrum quotidianum 파넴 노스트룸 쿼티디아눔 da nobis hodie 다 노비스 오디에

'오늘날'에 해당하는 헬라어는 세메론(σήμερον, adv, today, this day, now)으로 '이 시대에(this day, now), 오늘에(today, 24hrs)'라는 의미이다. 비슷한 의미를 가진 다른 헬라어 단어가 헤메라(ἡμέρα, nf, day, a day, the period from sunrise to sunset)이다. 사도행전 9장 23절의 '많은 날이 지나매'라는 헬라어가 바로 헤메라이 히카나이(ἡμέραι ἱκαναί)인데 이는 관용구(慣用句, idiom)로서 '3년이 지나매(ἀπό ἱκανῶν ἐτῶν, for many years, 롬 15:23)'라는 의미이기도 하다. 그렇기에 사도 바울이 다메섹에서 회심 후 즉시로 3년간 바로 그곳에서 '하나님의 은혜의 복음'을 전했다는 근거가 되기도 한다.

'우리에게'라고 복수로 기술한 것은 출애굽기 16장 16-17절의 말씀 때문이다.

당시 기동하기가 쉽지 않았던 사람들은 매일 아침(출 16:21) 장막 밖으로 나가 들에까지 가서 만나(밤에 이슬이 진에 내릴 때에 함께 내림, 민 11:9)를 한 오멜(2.2L)씩을 거두어 온다는 것이 거의 불가능한 일이었다. 그러다 보니 노동력이 있거나 건강한 자가 대신 그 몫을 챙겨와서 그 사람에게 분배해야만 했다. 이런 과정은 제법 성가신 일이기는 하나 가만히 보면 그렇게 함으로 비록 광야생활이 어렵기는 하나 약자가 보호(관심을 가지게 됨)될 뿐만 아니라 공동체 내에서 평등[55]과 정의가 실현될 수 있었음을 알 수 있다. 문제는 명령하셨던 하나님의 말씀과는 달리 그런 와중에도 예나 지금이나 제 몫을 더 챙겼던 사람이 있었다는 것이다. 그들은 약자에게 분배한 답시고 슬쩍 '조금 더' 거두어옴으로 자신의 몫을 더 많이 챙겨 몰래 숨겼다. 이는 탐욕(탐심)일 뿐만 아니라 물질에 대한 우상숭배(골 3:5)이기도 했다.

그 결과는 처참했다. 만나에서는 이내 곧 벌레가 생겼고 그로 인해 썩은 내(putrid smell, rancidity)가 진동했다(출 16:19-21). 탐욕의 결과는 악취이다. 욕심을 부렸던 그들은 '오늘의 양식(일용할 양식, 필요한 양식)'에 만족치 못하는 부류(불신과 탐욕의 사람)였다. 그런 그들은 급기야는 제 칠일인 안식일에조차 만나를 거두러 갔다. 혹시나 하는 마음으로……

안식일에는 만나를 내리지 않겠다는 하나님의 말씀을 무시하고……

---

55 '평등'과 '동등'의 차이점을 알아야 한다. 아내와 남편의 경우 평등하나 동등하지 않다. 공동체를 구성하는 각 사람들은 각각의 역할을 수행함에 있어 평등하나 동등하지는 않다.

결국 그들은 보기 좋게 허탕을 치곤 했다(출 16:26-27).

참고로 탐욕에 찌든, 불신한(ἄπιστος, adj, unbelieving, incredulous, unchristian: sometimes subst: unbeliever, 고전 10:27, 딤전 5:8) 자의 특징은 다음과 같다. 그들은 다가오지 않은 미래에 대한 지나친 근심, 걱정, 염려가 많다. 염려(μεριμνάω, v)에서는 의심(διακρίνω, v)이 싹튼다.[56] 그 싹은 금방 자라고 또 자라서 이내 곧 마음을 둘로 갈라버린다. 즉 의심은 '두 마음'이라는 가지로 나누어진다[57](δίψυχος, adj). 결국 의심의 가지는 점점 더 뻗어가며 울창한 잎을 만들고 꽃을 피우다가 종국적으로는 불신과 불순종이라는 쓴 열매, 나쁜 열매를 주렁 주렁 맺어 버린다.

불신(아피스토스, ἄπιστος)

의심(디아크리노, διακρίνω), 곧 두 마음(디퓌쉬코스, δίψυχος)

근심, 걱정, 염려(메림나오, μεριμνάω)

---

56 염려(μεριμνάω, v)는 to be anxious, to care for, divided into parts, to go to pieces, 마 6:25, 28, 31)이고 그 염려에서 의심(διακρίνω, v, (from 1223 /diá, "thoroughly back-and-forth," which intensifies 2919 /krínō, "to judge") - properly, investigate (judge) thoroughly - literally, judging "back-and-forth" which can either (positively) refer to close-reasoning (descrimination) or negatively "over-judging" (going too far, vacillating). Only the context indicates which sense is meant, 약 1:6)이 싹을 낸다.

57 두 마음으로 나누어지는 것을 뒤퓌시코스(δίψυχος, adj, (lit: of two souls, of two selves), double-minded, wavering, dípsyxos (an adjective, derived from 1364 /dís, "two" and 5590 / psyxḗ, "soul") - properly, "two souled": (figuratively) "double-minded," i.e. a person "split in half," vacillating like a "spiritual schizophrenic." This term may have been coined in the NT (R. Lenski, P. Davids), 약 1:8) 라고 한다.

이때 그리스도인이라면 나쁜 열매의 근원(밑뿌리)이 되는 '염려'는 주께 맡겨 버려야 한다(벧전 5:7). 그때 주인 되신 예수님은 '모든 그 염려(πᾶσαν τὴν μέριμναν, all the anxiety)'를 없애 주시든지 '그 염려'에 사로잡힌 우리를 권고(רָכַ, v, remember, μέλει, 멜레이, take care)해 주신다.

한편 '일용할'의 헬라어는 에피우시오스(ἐπιούσιος, adj, for the coming day, for subsistence, for the morrow, the next day, necessary, sufficient)인데 이는 '필요한(잠 30:8, 출 16:4, 16), 충분한, 그 다음 날의(안식일을 위해 준비, 출 16:22-27)'라는 의미이다. 결국 이중적 의미가 있다라는 것이다.

첫째, '내일을 위한(Meyer, Bengel, Plummer)'이라는 의미와 둘째, '필요한(Hendriksen)'이라는 의미이다. 나와 공저자는 둘 다 받아들이기는 하나 '날마다(τὸ καθ' ἡμέραν, 토 카드 헤메란, each day)'와 현재 능동태로 사용된 '주옵시고(δίδου, 디두, V-PMA-2S, give)'라는 단어가 계속적인 의미를 가지고 있으며 마태복음(6:11)에서는 '오늘날(σήμερον, 세메론, 일용할)'이라는 단어가 사용된 것으로 보아 둘째 의미(필요한)가 보다 더 타당하다고 생각한다. 참고로 이 부분의 번역에 부연적 성경 번역으로 이름이 자자한 John Bertram Phillips(1906-1982, an English Bible translator, author & Anglican clergyman)도 Give us this day the bread we need라고 표현했다.

앞서 언급했던, 만나를 더 많이 가지려 했다가 낭패를 보았던, 일부 이스라엘 백성들은 그 마음에서 나온 탐욕을 절제하지 못한 결과를 고스란히 받았다.

성경(골 3:5)은 탐욕 곧 '탐심[58](πλεονεξία, nf, 플레오넥시아)'을 가리켜 일종의 우상숭배'라고 하셨기에 모든 그리스도인이라면 이 부분에 바짝 긴장해야 한다.

오늘날 지나치게 명품 등등을 추구하며 사치하는 경향이 있는데 이 부분에 그리스도인들은 보다 더 신중해야 한다. 그렇다고 하여 명품은 곧 탐욕(탐심)이라든지 무조건 '죄다', '아니다'라고 하는 것은 바른 성경적 세계관이 아니다. 더 나아가 사치품이 아닌 일상적인 모든 생활용품마저 극도로 제한하는 행위는 오히려 '자기 의'를 드러내는 것일 수도 있음에 주의해야 한다. 이 말인즉 나와 공저자는 일정부분의 사치품도 명품도 극도의 제한과 범위 내에서라면, '가능하다면 누려도 된다'고 생각한다. 물론 내주하시는 성령님께서 그 일을 제한하시거나 다른 일에 마음을 주신다면 흔쾌히 그 마음에 따라야 하겠지만…….

일용할 양식에서의 '양식'이란 우리의 육신이 생명을 유지하는데 꼭 필요한 것으로 여기서는 육적 양식(만나)과 영적 양식(예수 그리스도, 요 4:32, 34, 6:27, 31, 48-51) 둘 다를 함의하고 있다. 결국 '일용할 양식을 구하라'는 것은 우리의 육체(already~not yet의 인생)까지도 돌보시는 하나님께 매사 매 순간을 의지하며(전적인 의존) 스스로 땀과 눈물로 관리를 잘하고 그럼에도 불구하고 간구하며(겔 36:37) 그리아니하실찌라도 감사하며 살라는 의미이다.

---

58 탐심(πλεονεξία, nf, 플레오넥시아)은 (a feminine noun derived from 4119 /pleíon, "numerically more" and 2192 /éxō, "have") - properly, the desire for more (things), i.e. lusting for a greater number of temporal things that go beyond what God determines is eternally best (beyond His preferred-will, cf. 2307 /thélēma): covetousness (coveting)이다.

지금 우리가 가진 육체(already~not yet의 인생)는 원래 하나님의 형상을 따라 지어진 최고의 걸작품이었다. 다만 죄로 인해 타락하여 지금은 망가진 상태이지만……. 그러므로 예수 재림의 그날에 '변화된 몸(부활체, 고전 15:42-44, 51-52)'으로 온전하게 회복되기 전까지는 지금의 육신을 최선을 다해 잘 관리함이 올바른 청지기의 자세이다.

한편 '몸을 관리한다'라는 것은 '육신(육체 혹은 육신의 정욕)을 관리하고 절제한다'라는 것인데 이때 '관리와 절제'라는 말에는 구체적인 범위와 한정되어야 할 대상이 있다. 특별히 육신의 정욕 부분에서 '범위와 대상'이라는 것은 음란(혼전 섹스)과 간음(혼외 섹스)의 경우를 제외한 '부부간의 섹스는 마음껏 즐기라'는 말이다. 구태여 상기의 말을 하는 이유는 크리스천 부부의 성관계가 생각보다도 부정적으로 여겨지고 있으며 약간은 율법적으로 적용되는 것을 많이 보아왔기 때문이다.

창조주 하나님은 우리에게 허락하신 몸(육신)을 잘 관리함으로 부부간에 하나되는 기쁨을 누리라고 육체를 주셨다. 이제 부부관계에 있어서 극단적인 예를 하나 들어 보겠다.

지난날부터 오랜 기간 청년사역을 해온 저자로서는 '육신(육체 혹은 육신의 정욕)의 관리'에 대한 지나친 포비아(공포증(恐怖症), Phobia)를 가진 젊은 크리스천 부부들을 종종 보아왔다. 그런 젊은 부부들은 거룩하게 살려고 애를 많이 쓰곤 했다. 그러다 보니 '잠자리에서의 거룩'을 혼동하는 경우가 잦았다. 많은 경우 영적으로는 잘 준비되었음에도 불구하고 하나님이 부부에게 주신 최고의 선물 중 하나인 '부부간의 섹스'에 대하여는 다양한 범위에서 다양한 모습으로 부정적인 태도를 보였다. 마치 부부간의 섹스가 육신의 정욕을 부리기라도 하는 것인 양…….

간혹 신앙 연륜이 오래된 장년 부부들조차 주일을 거룩하게(?) 준비한 답시고 토요일에는 아예 각방을 쓰는 것도 보았다. 그때마다 청년사역자로서 성경교사와 교역자로서 하나님께 회개기도를 올리곤 했다. 교육선교사로서 성경적 세계관 교육을 게을리한 '내 탓'이었기 때문이다.

그리고는 세월이 흘렀다. 많은 세월이 흐른 오늘날에는 주변에 아름답게 치열하게 '거룩한 부부관계'를 통해 '친밀한 생활'을 누리며 즐거워하는 많은 멘티들을 보며 감사하곤 한다. 한편으로는 가슴을 쓸어내리며……. 부부관계에 대한 부분은 십계명 7계명에서 다시 좀 더 다루기로 하겠다.

종종 '일용할 양식' 곧 '물질을 구하는 기도'에 대해 '저급하다'라고 생각하는 '과도한 영성주의자들(일종의 초영성의 한 가지임, 주기도문의 두번째 문단에서 이미 언급함)'이 있다. 그러나 그런 유의 기도에 대해 폄하하는 것은 실제로는 그 자신의 자아가 지나치게 강하거나 자기 의를 드러내는 것일 수도 있음을 알아야 한다. 동시에 과도한 자아의식이나 자기 의는 하나님의 주권을 침해하는 것임도 명심해야 할 것이다.

6) 우리가 우리에게 죄 지은 자를 사하여 준 것 같이 우리 죄를 사하여 주옵시고

주기도문 각 버전(마 6:9-13)　(5)	
개역한글판	우리가 우리에게 죄 지은 자를 사하여 준 것 같이 우리 죄를 사하여 주옵시고 And forgive us our debts, as we forgive our debtors
개역개정판	우리가 우리에게 잘못한 사람을 용서하여 준 것같이 우리 죄를 용서하여 주시고 Forgive us our debts, as we also have forgiven our debtors, and lead us not into temptation,
헬라어	우리가 우리에게 잘못한 사람을 용서하여 준 것같이 우리 죄를 용서하여 주시고 καὶ ἄφες ἡμῖν τὰ ὀφειλήματα ἡμῶν, 카이 아페스 헤민 타 오페일레마타 헤몬, ὡς καὶ ἡμεῖς ἀφήκαμεν τοῖς ὀφειλέταις ἡμῶν 호스 카이 헤메이스 아페카멘 토이스 오페일레타이스헤몬 창조자이신 그 분과 함께 선택하여 나온 우리의 여러 상태의 모습을 순서대로 이루게 하여 주시며 (아버지 하나님과 약속한 삶의 체험들을 나날이 이루며)
라틴어	우리가 우리에게 잘못한 사람을 용서하여 준 것같이 우리 죄를 용서하여 주시고 et dimitte nobis debita nostra 엣 디밋테 노비스 데비타 노스트라 sicut et nos dimittimus debitoribus nostris 시쿳 엣 노스 디밋투스 데비토리부스 노스트리스

'우리가 우리에게 죄 지은 자를 사하여 준 것 같이 우리 죄를 사하여 주옵시고'라는 것을 '죄인인 우리가 우리의 죄를 용서받기 위해 다른 사람의 죄를 용서해야 한다'는 조건적 의미로 '공로'나 '자기 의'가 있어야 용

서가 된다고 착각하는 것은 곤란하다. 오히려 우리가 지은 죄를 진정으로 회개하여 하나님께 용서함을 받았으니 우리 또한 하나님의 용서하심을 본받아 그 은혜를 생각하며 다른 사람의 죄를 용서하기를 주저말라는 의미인 것이다. 황금률(Golden rule, 골든 룰, 마 7:12)에 대해 바르게 묵상할 수 있길 바란다.

"그러므로 무엇이든지 남(아버지 하나님)에게 대접을 받고자 하는 대로 너희도 남(아버지 하나님)을 대접하라(거룩히 여기라, 신뢰하고 권능을 인정하라) 이것이 율법이요 선지자이니라"_마 7:12

결국은 '하나님께로부터 죄를 용서받은 것처럼 우리 또한 그렇게 살겠습니다'라는 결단이요 선포이며 구원받은 자로서의 하나님을 흉내 내며 살겠다는 몸부림인 것이다.

실제로 죄인 된 인간인 우리는 우리에게 단 한 가지만의 죄를 범한 자라도 진정으로 용서할 수는 없다. 더 나아가 설령 남을 용서했다고 하더라도, 마치 그 용서가 탕감(일종의 대속제물)이라도 되듯이, 우리가 지었던 죄가 저절로 용서되는 것도 아니다. 각 개인이 저지른 죄에 대한 용서는 예수 그리스도의 십자가 보혈로만 가능하다. 그렇기에 예수 그리스도의 십자가 보혈만이 완전한 것이다.

결국 '죄 용서'는 전적으로 하나님의 은혜와 예수 그리스도 십자가 보혈의 공로에 근거함(엡 4:32, 골 3:13)을 잊지 말아야 한다.

죄에는 원죄(original Sin)와 자범죄(actual sins)가 있다. 죄인으로서 영적 죽음 상태로 태어난 우리는 예수님을 믿음으로만 다시 영적으로 부활될 수 있다. 또한 구원을 얻었다 하더라도 already~not yet인 상태의 인간은 그 나라에 가기까지는 자범죄를 안 지을 수가 없다. 원죄가 '하나님과의 관계 문제'라면 자범죄는 '하나님과의 교제 문제'이다. 결국 원죄이든 자범죄이든 간에 죄에 대한 완전한 용서는 예수 그리스도의 십자가 보혈밖에 없다.

'용서(마 6:14-15, forgiveness, mercy)'란 '지은 죄나 잘못한 일에 대해 꾸짖지도 벌하지도 아니하시고 그냥 덮어주시는 것'으로 성경은 우리를 용서하신 예수님을 본받아 일흔 번씩 일곱 번[59](70x7=490회, 마 18:21-22) 용서하라고 했다. 하나님의 무한하신 은혜로 무조건적으로 용서함을 받은, 그리하여 구원을 얻게 된 우리는 그렇게 우리를 용서하신 것처럼 매사에 용서하며 살아가야 하는 것일 뿐이다.

미국의 정신병리 학자였던 토마스 사즈(Thomas Szasz, 1920-2012)는 '용서'에 대해 '어리석은 자는 용서하지도 잊지도 않는다(The stupid neither forgive nor forget). 순진한 자는 용서하고 잊어버린다(The naïve forgive and forget). 현명한 사람은 용서하나 잊지는 않는다(The wise forgive but do not forget)'라고 했다. 나와 공저자는 하나님의 자녀들이라면 용서한 후에는 그 사실조차 까마득히 잊어버리는, 세상이 보기에는 약간 어리석은 순진한 사람이어야 한다고 생각한다.

---

59 일흔 번씩 일곱 번이란 70(7x10)x7이다. 여기서 7이란 언약, 맹세, 약속, 완전수이며 10은 만수이다. 결국 하나님께서 우리의 죄를 무한하게 용서하신 것처럼 우리 또한 그리스도 안에서 한 지체된 형제 자매를 무한하게 용서하라는 상징적 표현이다.

용서 by 토마스 사즈(Thomas Szasz, 1920-2012)	
어리석은 자	The stupid neither forgive nor forget
순진한 자 & Christian	The naïve forgive and forget
현명한 자	The wise forgive but do not forget

놀랍게도 상대의 과오를 용서하게 되면 그에 대해 그리고 과거에 대해 집착하지 않으면서 동시에 그 사람을, 그리고 그런 과거를 교훈(스승)으로 만들 수 있다. 그런 용서야말로 현재를 발판으로 삼아 미래를 달리게 하는 힘이다. 주의할 것은 용서하는 것은 맞지만 그렇다고 하여 상대에게 용서를 강요해서는 안 된다는 것이다. 더 나아가 상대에 대해 제3자가 '용서하라고 강요'하는 것은 '용서를 훔치고 도적질'하는 것과 같다. 그런 점에서 보면 오늘날 한국 사회 특히 정치 현실에서 벌어지고 있는 보편적인 현실이 마음 아프다.

다시 말하지만 분명한 것은, '진정한 용서'란 예수님만이 하실 수 있음을 알아야 한다. 그런 사실을 전제한 후 예수쟁이 된 우리는 하나님의 은혜의 가장자리에 떠밀려 가서 '그 받은 은혜'에 감사하고 감격하며 눈물을 흘린 후 나도 상대에 대해 '무조건적' 용서를 결단해야 한다.

결국 우리가 상대를 용서하는 것은 하나님으로부터 우리의 죄를 용서받기 위한 전제조건이 아니라 하나님께 우리가 용서받았음을 감사하기 위함이다. 더 나아가 '용서'는 하나님의 무한하신 사랑을 적극적으로 드러내는 태도에서 나와야 한다.

결론적으로 말하면 연약하고 제한된 우리에겐 진정한 용서란 있을 수 없다는 것이다. 그러므로 '우리가 우리에게 죄 지은 자를 사하여 준 것 같이 우리 죄를 사하여 주옵시고'라는 주기도문을 하나님께 올릴 때마다 매번 하나님의 은혜에 감사하며 하나님 앞에서 우리의 삶에 대해 결단하고 선포해야 할 뿐이다. 그렇기에 '우리가 우리에게 죄 지은 자를 사하여 준 것 같이 우리 죄를 사하여 주옵시고'라는 기도를 하면서 '우리가 상대의 죄를 용서했으니 이제는 하나님께서 우리의 죄를 용서해 주세요'라고 엉뚱하게 해석하는 것은 어불성설(語不成說)에 불과할 뿐임을 알아야 한다.

참고로 마태복음(6:12)에는 "우리의 죄(τὰ ὀφειλήματα, 타 오페일레마타, the debts, N-ANP, 복수, 경제적인 빚들, 부채들)를 사하여 주옵시고"라고 기록되어 있고 누가복음(11:4)에는 "우리 죄(τὰς ἁμαρτίας, 타스 하마르티아스, the sins, 윤리도덕적인 죄악들, N-AFP, 복수)도 사하여 주옵시고"라고 기록되어 있다. 미묘한 차이를 표로 정리하면 다음과 같다.

마태복음(6:12)	누가복음(11:4)
"우리의 죄(τὰ ὀφειλήματα, 타 오페일레마타, the debts, N-ANP, 복수, 경제적인 빚들, 부채들) 를 사하여 주옵시고	"우리 죄(τὰς ἁμαρτίας, 타스 하마르티아스, the sins, 윤리 도덕적인 죄악들, N-AFP, 복수) 도 사하여 주옵시고"
(10,000달란트) 빚진 죄인으로서 빚에 대해 탕감을 호소하며 하나님의 은혜를 강조 이후 상대의 빚(100데나리온)에 대한 채무변제 감당을 강조 마 18:23-35	영 죽을 죄인으로서 죄에 대해 하나님의 용서(자비와 긍휼)를 강조 이후 우리도 그렇게 살아갈 것을 결단

결국 '성경이 말하는 죄'란 윤리 도덕의 위반에 국한되어 지칭하는 것이 아니라 모두 다 하나님과 관련(예수 그리스도 안에서 하나님의 사랑에 영향을 미치는 모든 것)이 있음을 알아야 한다. 곧 성경이 하라는 것을 하지 않는 것, 하지 말라는 것을 하는 것을 '죄'라고 한다.

더 나아가 율법 위반, 탈선, 태만(영국국교회 기도서), 결점, 배신, 불결, 목적 상실, 빚, 마음의 죄(하나님의 뜻 이외의 것을 하는 것, 하나님이외의 존재를 사랑하려는 것), 마음의 눈이 먼 것(영안이 어두운 것), 자만, 허영, 위선, 질투, 증오, 무자비함, 우상숭배, 기만, 완고함, 말씀과 계명을 경멸함 등등의 모든 것이 다 '죄'에 해당한다. 일단에서는 상기의 모든 것들을 가리켜 '죄의 유혹(히 3:13)'이라고 부르는가 하면 청교도들은 죄를 짓는 상태를 가리켜 '스스로 속는 신비'라고 칭하기도 했다.

참고로 '예수님이 가르치신 기도(마 6:9-13, 눅 11:2-4)'와 '예수님의 대제사장적 기도(요 17:1-5)' 사이에는 도드라진 차이가 있다. 전자의 경우에는 '죄사함을 구하는 간구'가 있다. 그렇기에 주기도문을 통해 '우리의 죄를 사해 달라는 기도를 드리는 것'이다. 반면에 후자의 경우에는 신인양성의 하나님이신 예수님은 역사상 유일한 의인으로서 죄가 전혀 없으시기에(요 8:46) 죄사함을 구하는 간구가 '없다'라는 점이다.

7) 우리를 시험에 들게 하지 마옵시고

주기도문 각 버전(마 6:9-13)　(6)	
개역한글판	우리를 시험에 들게 하지 마옵시고 And lead us not into temptation, 다만 악에서 구하옵소서 but deliver us from evil:
개역개정판	우리를 시험에 빠지지 않게 하시고 악에서 구하소서 but deliver us from the evil one.
헬라어	우리를 시험에 빠지지 않게 하시고 악에서 구하소서 καὶ μὴ εἰσενέγκης ἡμᾶς εἰς πειρασμόν, 카이 메 에이세넹케스 헤마스 에이스 페이라스몬, 사탄으로부터 오는 상태의 시험과 그리스도로부터 오는 모든 시험을 끝까지 이루어지게 하시며 (아버지 하나님과 하나되기 위한 선과 악의 모든 시험을 온전히 감당하게 하시며) ἀλλὰ ῥῦσαι ἡμᾶς ἀπὸ τοῦ πονηροῦ. 알라 흐뤼사이 헤마스 아포 투 포네루. 모든 상황의 극과 극에서 우리를 충분히 훈련하게 하소서(그 시험 속에서 선과 악의 체험을 충분하게 하시며)
라틴어	우리를 시험에 빠지지 않게 하시고 et ne nos inducas in tentationem 엣 네 노스 인두카스 인 텐타치오넴 악에서 구하소서 sed libera nos a malo 세드 리베라 노스 아 말로

'우리를 시험에 들게 하지 마옵시고 다만 악에서 구하옵소서'라는 것은 죄에 대해 용서함을 입은 성도는 더 이상 죄를 짓지 않기 위해(정확하게는, 죄와 싸우되 피 흘리기까지 싸우기 위해, 히 12:4) 온전한 하나님의 통치, 질서, 지배하에

서 주권자이신 그분의 인도하심을 구하며 악의 시험에 빠지지 않도록 결단하며 뒤로 물러서지 않고(히 10:38-39) 당당하게 싸울 수 있도록(히 10:35, 벧전 5:8-10) 늘 기도하라는 것이다.

참고로 누가복음에는 '우리를 시험에 들게 하지 마옵소서'라고 되어 있는 반면에 마태복음에는 '우리를 시험에 들게 하지 마옵시고 다만 악(죄나 악한 존재)에서 구하옵소서'라고 되어 있다. 이는 우리를 유혹에 빠뜨리는 '악(죄나 악한 존재)'이 실제로 존재하고 있음을 드러내는 말이다. 한편 '시험(πειράζω, v, I try, tempt, test)'이라는 단어의 의미는 3가지이다. 성경에서 '시험'이라는 단어가 나오면 항상 이 세 가지 의미(Trial or Training, Test, Temptation)를 동시에 떠올리며 잘 분별함으로 맥락을 바르게 이해해야 한다.

시험(πειράζω, v, I try, tempt, test)	
Test 시험	(peirazō) however is used of positive tests in: Mt 4:11: Lk 22:28: 1 Cor 10:13: Js 1:12 통과하라(약 1:2-12)
Trial 훈련	3985 peirázō (from 3984 /peíra, "test, trial") - "originally to test, to try which was its usual meaning in the ancient Greek and in the LXX" (WP, 1, 30). "The word means either test or tempt" (WP, 1, 348). Context alone determines which sense is intended, or if both apply simultaneously 끝까지 인내로 견뎌내며(고전 10:13) 정금 같은 훈련의 과정을 밟으라
Temptation 유혹	(peirazō) means "tempt" ("negative sense") in: Mt 16:1, 19:3, 22:18,35: Mk 8:11, 10:2, 12:15: Lk 11:16, 20:33: Jn 8:6: Js 1:13,14 말씀과 기도로 물리쳐라(벧전 5:8-9) 근신하여 깨어 기도하라(마 26:41)

첫째의 의미는 Test(נָסָה, v, 나싸흐, to test, 창 22:1, 요 6:6, πειράζω)이다. 이 경우 나하흐의 하나님, 에트의 하나님, 할라크의 삼위일체 하나님을 붙들고 '하나님의 계명과 예수 믿음'을 붙잡고 인내로 견뎌내며 그동안 쌓은 실력으로 당당하게 담대하게 그 '테스트'라는 '시험(Test)을 통과(합격)' 해야 한다.

"그 일 후에 하나님이 아브라함을 시험(נָסָה, v, 나싸흐, 창 22:1) 하시려고 그를 부르시되 아브라함아 하시니 그가 가로되 내가 여기 있나이다"_창 22:1

"이렇게 말씀하심은 친히 어떻게 하실 것을 아시고 빌립을 시험(πειράζω)코자 하심이라"_요 6:6

둘째의 의미는 Trial or Training(בָּחַן, v, 바한, to examine, try, 약 1:2, 욥 23:10, πειρασμός, nm)이다. 이 경우에는 고난의 과정(process)을 겪은 후에는 정금 같은 사람이 됨을 알고 초지일관(初志一貫)되게 그 '훈련'이라는 시험(훈련, Trial or Training)을 잘 마칠 수 있도록 기도하며 인내로 버텨내야 한다.

"나의 가는 길을 오직 그가 아시나니 그가 나를 단련(בָּחַן, v, 바한)하신 후에는 내가 정금같이 나오리라"_욥 23:10

"내 형제들아 너희가 여러가지 시험(πειρασμός, nm)을 만나거든 온전히 기쁘게 여기라"_약 1:2

셋째의 의미는 Temptation(막 14:38, 마 26:41, 히 2:18, 고전 10:13, πειρασμός, nm)인데 이때 사용된 헬라어는 페이라스모스[60](마 4:1, 막 14:38, 약 1:2,

---

60 페이라스모스(마 4:1, 막 14:38, 약 1:2, πειρασμός, nm)는 (a) trial, probation, testing, being tried, (b) temptation, (c) calamity, affliction /peirasmós (from 3985 /peirázō) - temptation or test - both senses can apply simultaneously (depending on the context). The positive sense ("test") and negative sense ("temptation") are functions of the context (not merely the words themselves)이다.

πειρασμός, nm)이다. 모든 그리스도인들은 이 '유혹'이라는 시험(Temptation)을 당당히 물리칠 수 있어야 한다.

"사람이 감당할 시험(πειρασμός, nm) 밖에는 너희에게 당한 것이 없나니 오직 하나님은 미쁘사 너희가 감당치 못할 시험(πειρασμός, nm)당함을 허락치 아니하시고 시험(πειρασμός, nm)당할 즈음에 또한 피할 길을 내사 너희로 능히 감당하게 하시느니라"_고전 10:13

"시험(πειρασμός, nm)에 들지 않게 깨어 있어 기도하라 마음에는 원이로되 육신이 약하도다 하시고"_마 26:41

"자기가 시험(πειρασμός, nm)을 받아 고난을 당하셨은즉 시험(πειρασμός, nm)받는 자들을 능히 도우시느니라"_히 2:18

한편 시험이 다가왔을 때, 악한 자를 대적해야 할 때 그리스도인이 해야 할 일이 있다. 가장 먼저는 전능하신 하나님을 찾고 모든 것을 주관하실(사 22:22) 하나님께 기도와 간구로 부르짖어야 한다(고전 10:13, 렘 33:2-3, 엡 6:18).

둘째, 근신하여 깨어 기도해야 한다(마 26:41, 벧전 5:8-9).

셋째는 하나님의 전신갑주를 입고(엡 6:11-17) 마귀를 대적해야 한다. 이때 공격용 무기와 방어용 무기를 적절하게 사용함으로 하나님의 능력을 힘입어 악한 영의 세력을 철저하게 무찔러야 할 것이다.

넷째, 그리스도인들은 이미 복을 받은 자임을 알고 복을 받은 자답게 감사함으로 살아가야 한다(약 1:12).

마지막 다섯째는 하나님께만 순복함으로 마귀와는 상종을 하지 말아야 하며 하나님의 말씀에만 귀를 기울여야 한다(약 4:7).

시험이 다가왔을 때, 악한 자를 대적해야 할 때 그리스도인이 해야 할 일	
첫째	전능하신 하나님을 찾고 모든 것을 주관하실(사 22:22) 하나님께 기도와 간구로 부르짖으라
둘째	근신하여 깨어 기도하라
셋째	하나님의 전신갑주를 입고(엡 6:11-17) 마귀를 대적하라
넷째	복을 받은 자답게 감사함으로 살아가라
다섯째	하나님의 말씀에만 귀를 기울이라

'악에서 구하옵소서'에서의 '악(evil, 두 포네루(τοῦ(Art-GNS) πονηροῦ(Adj-GNS), evil, 중성 소유격, 마 6:13)'을 단순히 개념적으로나 윤리 도덕에서의 '악'으로 해석하면 안 된다. 여기서의 '악'은 영적 싸움의 대상, 영적 전선의 구별이 필요한 상대로서 '악한 자(evil one, 악한 존재, 토 포네로(τῷ(Art-DNS) πονηρῷ(Adj-DNS), 중성 여격, 마 5:39)'를 가리킨다. 물론 일반적인 '악'으로 해석하는 것도 아주 틀린 것은 아니다. 전자의 경우에는 우리를 멸하려는 사탄, 사탄이 이용하는 모든 것(불경죄를 서슴없이 저지르는 육신의 본성, 모든 영적 악)을 말한다. 반면에 후자의 경우에는 세상의 악, 연약한 인간인 우리 자신의 악, 다른 사람의 악, 사탄과 타락한 천사들의 악 등등을 가리킨다.

어떠하든 간에 우리가 구해야 할 결론적인 기도는 동일할 수밖에 없다. '악에서 구하옵소서'라는 것이다. 우리의 힘으로는 이길 수 없으나 예수님은 당연히 이기신다. 그렇기에 우리는 당신의 십자가 보혈로 악한 자(하나님을 대적하는 영적인 세력, 사탄)의 머리를 깨부수셨던(원시복음의 성취(창 3:15)로 오신 초림(구속주)의 예수님, 예수 그리스도 새 언약의 성취) 바로 그 예수님께 기도해야 하는 것이다.

'악'에 대해 우리가 분명하게 인식해야 할 것이 있다. 첫째, 악은 실제로 존재한다는 것이며 둘째, 악은 비합리적이고 무가치한 것이며 이치에 맞지 않고 선이 왜곡된 것이라는 점이다. 셋째는 이미 예수 그리스도의 보혈로 악은 패했고(초림의 예수님) 장차 그날에는 완전히 제거하실 것(롬 12:21, 재림의 예수님)이라는 점이다.

한편 가치와 더불어 올바르고도 진지한 삶을 도출하는 '선(善)'에 대해 정반대의 상황이나 결과를 야기하게 되는 '악(惡)'의 경우 다음의 두 종류로 나눌 수 있다.[61]

두 종류의 '악(惡)'	
1)'외면'의 악 환경적인 악	돌발상황, 응급상황, 진퇴양난, 암, 갑작스러운 죽음, 고난과 역경, 지독한 가난, 절망과 슬픔 ->종종 최악의 결과 도출 반대로(시편 119편 71절) 고난이 유익이 되어 주의 율례들을 배우게 되기도 한다.
2)'내면'의 악 타락한 악	선(善)이 결여된 것으로 그 결과 그릇된 길로 나아가게 된다

먼저는 '외면의 악'으로 돌발상황, 응급상황, 진퇴양난, 암, 갑작스러운

61 <주기도문>, 제임스 패커/김진웅 옮김, 아바서원, 2012, p106-107

죽음, 고난과 역경, 지독한 가난, 절망과 슬픔 등등과 같은 환경적인 악이 있다. 종종 이런 상황은 최악의 결과를 도출하기에 문자 그대로 악(惡)이 될 수 있으나 반대로 시편 119편 67, 71절에 의하면 이런 외면적(환경적)인 악으로 주어지는 고난(惡)이 유익이 되어 주의 율례들을 배우게 되기도 한다.

"고난당한 것이 내게 유익이라 이로 인하여 내가 주의 율례를 배우게 되었나이다"_시 119:71

"고난당하기 전에는 내가 그릇 행하였더니 이제는 주의 말씀을 지키나이다"_시 119:67

둘째는 '내면의 악'이다. 소위 죄에 둔감한 인간들과 악한 영적 세력들에게서 흔히 보여지는 '타락한 악'이다. 이들은 삶에서 선(善, 하나님의 뜻)이 결여됨으로 점점 더 그릇된 길로 나아가게 된다. 영적 죽음 상태로 태어난 죄인 된 인간의 경우 악으로 나아가는 데에는 적극적이며 능동적인데다가 빠르기까지 하다(롬 7:19, 잠 6:17-19, 미 2:21). 이들의 경우 '악'에서 구원을 얻으려면 예수 그리스도의 십자가를 붙들어야만 한다.

감사한 것은 만세 전에 하나님의 은혜로 택정된 자는 때가 되면 복음이 들려져 영적 죽음에서 살아나 구원을 얻게 된다는 것이다. 결국 세상에 있으나 아직 복음을 듣지 못하여 구원받지 못한 택정된 자(카데마이, 계 14:6)는 반드시 하나님의 때에 하나님의 방법으로 악에서 구원을 받고 돌아오게 되는 것이다.

참고로 영국구교회 기도서의 연도(목회자가 읊은 기도를 성도들도 따라 읊는 형식의 기도)에는 '악에서 구하옵소서'라는 것을 5가지로 세분하고 있다.

첫째, 죄로부터, 마귀의 술책과 공격으로부터 우리를 구하소서, 선하신 주여.

둘째, 마음의 '눈 멀음'으로부터, 자만, 허영, 위선으로부터, 질투, 증오, 악의 무자비로부터 우리를 구하소서, 선하신 주여.

셋째, 우상숭배를 비롯한 모든 치명적인 죄로부터, 세상, 육체, 마귀의 모든 '기만'으로부터 우리를 구하소서, 선하신 주여.

넷째, 갑작스러운(뜻밖의, 준비되지 않은) 죽음으로부터 우리를 구하소서, 선하신 주여.

다섯째, '완고함'과 하나님 당신의 말씀과 계명을 경멸하는 죄로부터 우리를 구하소서, 선하신 주여.

'악에서 구하옵소서' 영국구교회 기도서의 연도 (목회자가 읊은 기도를 성도들도 따라 읊는 형식의 기도)	
1	죄로부터, 마귀의 술책과 공격으로부터 우리를 구하소서, 선하신 주여.
2	마음의 '눈 멀음'으로부터, 자만, 허영, 위선으로부터, 질투, 증오, 악의 무자비로부터 우리를 구하소서, 선하신 주여.
3	우상숭배를 비롯한 모든 치명적인 죄로부터, 세상, 육체, 마귀의 모든 '기만'으로부터 우리를 구하소서, 선하신 주여.
4	갑작스러운(뜻밖의, 준비되지 않은) 죽음으로부터 우리를 구하소서, 선하신 주여.
5	'완고함'과 하나님 당신의 말씀과 계명을 경멸하는 죄로부터 우리를 구하소서, 선하신 주여.

참고로 '시험에 빠지지 않게'라는 말은 '건져 주심[62](ῥύομαι, 시 91:14, פָּלַט, 팔라트, to escape)'이라는 의미로 시험에 빠지려 할 때 그것으로부터 빨리 벗어나게 해달라는 간구이다. 이는 요셉이 보디발의 아내에게서 시험(유혹)을 당하였을 때 그곳으로부터 빨리 달아난, 탈출하여 벗어났던 것을 연상하면 쉽게 이해할 수 있다.

반면에 '악에서 구하옵소서'라는 것은 '구하여 주심(פָּדָה, 파다흐, to ransom, 왕상 1:29)'이라는 의미로서 이미 악에서 허우적거리고 있는 자신의 몸값을 대신 지불하여 주실 것을 간구하는 아룀이다.

결국 전자는 악과 시험에 빠지기 전에 먼저 탈출하여 그런 상황에서 벗어날 수 있게 도와주시라는 것이고 후자는 이미 빠져있는 악과 시험에서 대가지불을 통해 구해주시라는 기도이다.

---

62 '건져주심(ῥύομαι)이란 (from eryō, "draw to oneself") - properly, draw (pull) to oneself: to rescue ("snatch up"): to draw or rescue a person to and for the deliverer, In Mt 6:13 ("the Lord's Prayer"), 4506 (rhýomai) is used in the closing sentence, "Deliver (4506 /rhýomai) us from evil" - i.e. "Deliver me to Yourself and for Yourself." That is, "Lord deliver me out of my (personal) pains and bring me to You and for You.", 고후 1:10, 시 91:14, פָּלַט, 팔라트, to escape)'이다.

8) 대개 나라와 권세와 영광이 아버지께 영원히 있사옵나이다 아멘

	주기도문 각 버전(마 6:9-13) (송영)
개역한글판	(왜냐하면)대개 나라와 권세와 영광이 아버지께 영원히 있사옵나이다 아멘 For thine is the kingdom, and the power, and the glory, forever. Amen.(Matt. 6:9-13)
개역개정판	(왜냐하면)나라와 권세와 영광이 영원히 아버지의 것입니다 아멘 For yours is the kingdom, and the power, and the glory, forever, Amen.
헬라어	나라와 권세와 영광이 영원히 아버지의 것입니다 아멘 [ὅτι σοῦ ἐστιν ἡ βασιλεία καὶ ἡ δύναμις καὶ ἡ δόξα εἰς τοὺς αἰῶν ας ἀμήν] 호티 수 에스틴 헤 바실레이아 카이 헤 두나미스 카이 헤 독사 에이스 투스 아이오니오스 그리하여 아이온이라는 연결된 열방의 모든 세계 안에서 나라, 권세, 그리고 영광이 상태를 나의 체험의 삶 속에서 온전히 이루게 하소서 아멘이신 존재여 (약속한 모든 생들에서 체험하는 삶의 목적(나라, 권세, 영광)을 완전히 이루게 하소서 아멘이신 아버지여) 대개 나라와 권세와 영광이 아버지께 영원히 있사옵나이다 아멘 εἰς τοὺς αἰῶνας ἀμήν] 에이스 투스 아이오니오스 아멘
라틴어	나라와 권세와 영광이 영원히 아버지의 것입니다 아멘 Quia tuum est regnum et potestas et gloria in saecula 퀴아 투움 에스트 레늄 엣 포테스타스 엣 글로리아 인 새쿨라 in nomine patris, et filli, et spiritus santi 인 노미네 파트리스, 엣 필리, 엣 스피리투스 상티 성부와 성자와 성령의 이름으로 아멘 amen

주기도문의 이 부분을 가리켜 송영(doxology, 하나님의 영광에 대한 찬양, 誦詠, recitation)이라고 한다. 이는 고대 전승을 따른 것으로 송영의 경우 마태복음 6장 13절에는 괄호로 표기되어 있다.

'송영'은 하나님의 능력과 성품, 속성을 드러내면서 찬양함과 동시에 우리의 기도의 고백을 그대로 이루어 주시기를 간구하는 행위이다. 더 나아가 '세상의 모든 것은 전부 다 하나님이 것입니다'라는 진솔한 고백이기도 하다. 그렇기에 송영은 기도의 응답(아버지 하나님의 풍성한 은혜와 공급과 그분의 절대 용서, 완전한 보호와 그분 안에서의 견고한 누림, 안식 등등)을 촉진시킨다. 당연히 모든 기도는 송영으로 마무리됨이 바람직하다.

송영(doxology)	기도(prayer)
송영으로 기도를 마무리하면서 기도의 응답을 촉구	모든 기도는 송영으로 마무리하며 마침
아버지 하나님의 성한 은혜 영육간의 풍성한 공급 그분의 절대 용서 완전한 보호 그분 안에서의 견고한 누림 그분 안에서만 안식	하나님의 능력, 성품과 속성을 드러내며 찬양하며 하나님의 때에 하나님의 방법으로 우리의 기도의 고백을 이루어 주시기를 간구하는 행위

결국 기도와 송영은 새의 두 날개와도 같다고 할 수 있다. 전자(기도, prayer)는 주님께서 우리에게 가르쳐 주신 것이라면 후자(송영, doxology)는 우리의 주인 되신 하나님께 우리가 마땅히 고백하고 올려드려야 할 찬양과 경배이다.

하나님은 찬양을 받으시기에 합당하시다(사 43:21, 계 4:11, 5:12). 그분은 당신께서 찬양받기 위해 우리를 창조하셨다. 찬양은 '곡조 붙은 기도'이기에 기도와 찬양은 기실 다른 단어이나 같은(동일한) 의미로서 하나님은 찬양과 기도를 받기에 합당하시며 그 목적을 위해 우리를 창조하셨다. 그런 의미에서 기도는 하나님을 향한 우리의 단순한 요구가 아니다. 오히려 기도와 송영을 통해 하나님의 하나님 되심을 인정하며 선포하며 당신의 위대하심을 올려드려야 한다. 기도를 통해 하나님의 뜻이 이 땅에서 '나를 통해' 이루어지기를 간구해야 한다. 그러므로 바른 기도가 되려면 그 기도는 찬양의 성격을 지녀야 한다.

명심할 것은, 모든 기도와 찬양은 '말씀에 의거'하여 하나님께 올려드려야 한다는 것이다. 중언부언이나 만트라(mantra) 유의 것들은 삼가야 한다. 그런 의미에서 '말찬기(말씀, 찬양, 기도)'는 결코 떼려야 뗄 수 없는 것이다. 디모데전서 4장 5절은 "말씀과 기도로 거룩하여짐이라"고 하셨다. 그러므로 성도 된 우리는 언제 어디서나 말씀을 토대로 기도해야 하며 말씀을 토대로 깊은 묵상 가운데 찬양을 올려드려야 한다.

앞에서도 언급했지만 '기도'에는 4가지 구성요소가 있는데 다시 한번 더 강조하고자 한다. 이에는 'ACTS'라는 4개의 영 단어의 이니셜로 시작되는 의미가 들어 있다. 한 번 더 상기하자면, 우리는 기도할 때 성부하나님께(기도의 대상) 기도하여야 하고 성령님의 도움을 바라며(사도행전 곧 성령행전, 성령님의 인도하심에 의한 사도들의 발자취) 기도해야 하며 예수님의 이름(권세, 능력, 십자가 보혈)으로 기도를 마무리해야 한다.

'A'는 Adoration으로 '하나님만 찬양'이라는 의미로 모든 기도는 가장 먼저 그분을 '찬양'하는 것으로 시작해야 한다. 하나님은 찬양 가운데 거(居)하시며 찬양을 받기에 합당하신 분이시다. 그렇기에 주님이 가르쳐 주신 기도에는 첫 부분에 Adoration이 나오는 것이다.

곧 "하늘에 계신(초월성, 영원성, 권능과 위대하심에 대한), 우리 아버지여(만세 전에 택정하심과 때가 되어 구원하심에 대한), 이름이 거룩히 여김을 받으시오며(하나님의 하나님 되심, 존귀하심에 대한), 나라이 임하옵시며(예수 그리스도 초림으로 인한 현재형 하나님나라의 도래와 만왕의 왕 예수님의 재림으로 인한 미래형 하나님나라의 도래 곧 승리와 완성에 대한), 뜻이 하늘에서 이룬 것같이 땅에서도 이루어지이다(나를 향한 하나님의 뜻이 최고임을 신뢰하고 순복할 수 있게 하심에 대한)."

'C'는 Confession & Consecration으로서 고백과 헌신(성별(聖別))을 말한다. 실수와 허물에 대한 철저한 고백과 함께 그에 대한 회개, 이후 죄와 싸우되 피 흘리기까지 싸우며 더 나아가 하나님의 자녀답게 헌신과 정결함, 거룩함으로 살겠다는 결단이다.

'T'는 Thanksgiving으로서 주신 것에 대해 감사, 주실 것에 대한 감사, 모든 것에 감사, 그럼에도 불구하고 그리 아니하실지라도 감사(유카리스테오)를 하는 것이다. 물론 감사하는 것조차 나의 힘으로가 아닌 하나님의 은혜(카리스)를 받아 하는 것이다. 하나님의 은혜는 하나님과의 바른 관계와 친밀한 교제(샬롬, 에이레네)가 전제되어야 지속적으로 풍성하게 주어진다.

'S'는 Supplication으로서 지속적이고 정기적이며 연속적으로 기도를 올리는 것을 말한다. 일종의 '화살기도'이다.

기도의 4가지 핵심 콘텐츠 'ACTS' 기도의 순서, 방향, 골격	
Adoration	하나님만 찬양 또 찬양 주님의 높고 위대하심을! 무한하신 풍성한 은혜와 긍휼, 자비를!
Confession & Consecration	진실된 고백(죄와 허물, 수치) & 철저한 헌신 결단(성별(聖別), 구별, 거룩함, 정결)
Thanksgiving	감사(1차, 2차, 3차원적 감사) If ~해준다면 Because ~해주었기 때문에 In spite of ~그럼에도 불구하고, 그리 아니하실지라도
Supplication	간구(지속적인 기도)

한나의 기도(삼상 1:9-18), 예레미야의 기도(렘 29:12-13, 33:2-3), 야베스의 기도(대상 4:10)는 바른 간구의 실례(實例)이다. 성경의 많은 부분에서 말씀하고 보여주셨던 기도(prayer)는 실상은 '간구(Continuous or Successive prayer, Supplication)'였다. 주님이 가르쳐 주신 주기도에서의 간구는 주로 뒷부분에 위치해 있다. 그 내용은 다음과 같다.

"우리에게 일용할 양식을 주시옵고(물질적, 현실적인 필요를 채워주시라는 간구), 우리가 우리에게 죄 지은 자를 사하여 준 것 같이 우리 죄를 사하여 주옵시고(자비, 긍휼, 용서의 삶에 대한 간구), 우리를 시험에 들게 하지 마옵시고(시험을 감당케 하시든지 피하게 해 주시라는 간구), 다만 악에서 구하옵소서(영적으로 악한 자들(세력들)과의 싸움에서 당당하게 담대함으로 나아가게 해 달라는 간구, 이미 빠져 있는 악에서 몸값을 지불해 주심으로 구해주시라는 간구)"이다.

"그가 여호와 앞에 오래 기도하는(간구하는) 동안에 엘리가 그의 입을 주목한 즉"_삼상 1:12

"일을 행하는 여호와 그 일을 지어 성취하는 여호와, 그 이름을 여호와라 하는 자가 이같이 이르노라 너는 내게 부르짖으라 내가 네게 응답하겠고 네가 알지 못하는 크고 비밀한 일을 네게 보이리라"_렘 33:2-3

"너희는 내게 부르짖으며 와서 내게 기도하면 내가 너희를 들을 것이요 너희가 전심으로 나를 찾고 찾으면 나를 만나리라"_렘 29:12-13

"야베스가 이스라엘 하나님께 아뢰어(אָרָק, 카라아, 부르짖다, 간구) 가로되 원컨대 주께서 내게 복에 복(בָּרָךְ, v, 바라크, to kneel, bless, salute, thanked, 하나님께 무릎꿇고 기도하며 경배하며 감사하는 것이 복)을 더하사 나의 지경(하나님나라의 소망, 하나님나라의 풍성함)을 넓히시고(רָבָה, v, 라바흐, to be or become much, many or great, 감사조건의 풍성함) 주의 손으로 나를 도우사 나로 환난을 벗어나 근심이 없게(감당하게) 하옵소서 하였더니 하나님이 그 구하는 것을 허락하셨더라"_대상 4:10

한편 '대개 나라와 권세와 영광이 아버지께 영원히 있사옵나이다 아멘'에서 '대개(大蓋, 큰 원칙으로 보건대, 왜냐하면)'의 생략 여부를 두고 갑론을박(甲論乙駁)이 있다. 1988년 '통일 찬송가'를 만들 때에는 마태복음 6장 9절의 본문을 따라 '대개'가 생략되었다.

한편 '대개'의 헬라어는 호티(ὅτι)인데 이는 '왜냐하면'이라는 의미로 굳이 이 단어를 쓴 이유는 '그 나라와 권세와 영광'에 있어 영원하심을 '악센트를 주듯' 강조하려는 것이다. 그렇기에 나와 공저자는 주기도문을 고

백할 때마다 매번 '대개'를 사용함으로 '하나님나라(현재형과 미래형 하나님나라)'
와 '하나님의 권세'와 '오직 하나님께만 영광'이라는 그 의미를 힘주어 되
새기고 있다.

'나라와 권세(시 47, 93, 97, 145편 등등)'는 고대문헌에서 자주 나오는 중언
법(重言法, 이사일의(二 詞一意), hendidys)으로 '전능하신 통치', '절대왕권 하의 질
서(시 103:19)'를 상징하고 있다. 그러므로 '나라와 권세와 영광이 영원'하
다라는 것은 그분께만 온전한 주권을 드리고 그분의 통치와 질서, 지배하
에서 기쁨과 감사함으로 순복(順服)하며 영원히 살아가겠다는 찬양이자 결
단의 선포이다. 곧 '주님! 하나님나라(시 103:19, 왕권)가 당신의 것입니다',
'하나님 우리 아버지! 권세 위의 권세가 당신의 것입니다', '하나님! 영광
이 영원히 아버지의 것이오니 오직 삼위하나님께만 영광올리겠나이다'라
는 말이다.

'영광'의 헬라어는 독사[63](δόξα, nf)인데 이 단어에는 이중적 의미가 있다.

첫째, '하나님께 찬양을 올려드리다(엡 1:3, 롬 1:21, 8:17, 30) 혹은 하나님은
찬양을 받기에 합당하시다'라는 의미가 있다. 그래서 우리는 찬양과 경배
를 통해 하나님을 올려드리며 하나님께 영광 돌리는 것이다. 곧 '받으시
는 영광'으로서 창조주는 찬양 받으실 만하다는 말이다.

둘째, '하나님의 능력과 성품, 속성을 이 땅에 드러내다(고후 3:18)'라는
의미가 있다. 당연히 '나를 통해서'이다. 그렇기에 '하나님께 영광을 올립

---

63 독사(δόξα, nf/1391 dóksa)는 (from dokeō, "exercising personal opinion which determines value") - glory. 1391 /dóksa ("glory") corresponds to the OT word, kabo (OT 3519, "to be heavy"). Both terms convey God's infinite, intrinsic worth (substance, essence)이다.

니다'라는 말은 '내가 이 땅에서 하나님의 능력과 성품, 속성을 드러내겠습니다'라는 결단인 것이다. 곧 '보이시는 영광'으로서 피조물 된 우리는 하나님의 하나님 되심을 드러내야 한다.

하나님의 영광을 가로채는 것을 '교만'이라고 한다. 사단은 하나님의 영광을 가로챔으로 교만의 선봉에 선 피조물이다. 교만은 자만심, 허영심과 상통하며 상대로부터의 인정을 넘어 칭찬과 칭송까지도 기대한다. 심지어 교만한 이는 자신을 찬양과 경배의 대상으로 올리기까지 한다. 작금의 이단 사이비 교주들의 적나라한 행태를 보라. 심지어는 정통교단이라고 자처하는 곳의 일부 이상한 리더십들을 보면 약간은 통탄할 일이다.

'아멘'은 헬라어(ἀμήν)나 히브리어(אָמֵן, adv, verily, truly)의 음역이 동일하다. 이는 '진실한, 확고한, 확실한'이라는 의미로 'definitely yes, that's the truth'라는 말이다. '그렇게 되도록 힘쓰겠다'는 의미로 단순한 바람이 아닌 '그렇게 될 것입니다'라는 의미이다. 한편 '아멘'이라는 이 단어는 아무 때나 아무렇지도 않게 내뱉는 말이 아님을 알아야 한다. 그 말에는 자신의 목숨을 담보한 진심이 담겨있어야 한다.

영광, 독사(δόξα, nf)	
보이시는 영광 하나님의 하나님되심을 드러냄	받으시는 영광 Q께 찬양과 경배를 올려드림
쉐키나(שכינה)->성육신에서 사라지게 됨(변화산에서 잠깐 보이심)->은혜와 진리로 하나님의 영광을 보게 됨(요 1:16-18), 곧 예수님을 통해 하나님의 영광을 봄(고후 4:6) '거주'란 뜻으로, 여호와 하나님의 가시적 임재, 영광스러운 보좌 곧 속죄소(贖罪所, mercy seat)에 나타난 하나님의 광휘(영광, 광채)에 찬 모습, 두려움을 자아내는 밝은 빛 출 40:34, 왕상 8:10 전형적, 눈에 보이는 형태 출 40:34, 왕상 8:10 성막과 성전에 임하시는 표	1) 찬양과 경배를 통해 하나님께 영광을 올려드림 2)우리가 하나님의 하나님되심을 이 땅에서 드러냄으로 하나님이 영광을 받으심
하나님의 본질적, 영구적인 영광 1)예정된 심판 2)하나님의 공의와 사랑 3)하나님의 성품(속성)을 드러내는 엘로힘, 야훼 엘로힘 4)당신의 이름을 드러내심(출 33:18-34:7)	1)주의 크신 영광을 인하여 주께 감사드립니다. 2)영광이 높이 계신 하나님께 있사옵나이다.

괴짜의사 Dr. Araw의 장편(掌篇) 강의

기독교의 3대 보물

레마 이야기 4

십계명

(출 20:3-17, 신 5:7-21, 十誡命,
The Ten Commandments)

'기독교의 3대 보물'인 사도신경이 '믿음' 곧 믿음의 법칙과 대상을 표방한다면 주기도문은 '소망'을, 기독교 윤리의 핵심인 십계명은 '사랑' 곧 간결하고 명료하나 상세하지 않은 삶의 법칙을 표방(標榜)하고 있다. 곧 사도신경은 내가 누구를 믿을(피스티스) 것인가, 어떻게 믿을(피스튜오) 것인가, 그 믿음의 근원(피스토스)은 어디인가에 대한 선명한 답을 준다. 주기도문은 예수님께서 가르쳐 주신, 성도들의 특권인 기도의 모범으로써 그 기도를 통해 그리스도인들에게 지극한 '소망'을 주는 것이다. 여기서 '소망(엘피스)'이란 지금 현재형 하나님나라를 누리는 것과 장차 미래형 하나님나라에로의 입성과 영생을 말한다.

이 챕터에서 나누게 될 '사랑'으로서의 십계명[64]은 수직적인 관계 곧 삼위 하나님과의 사랑(하나님 사랑, 마 22:37)과 동시에 수평적인 관계 곧 사람과 사람 사이의 사랑(사람 사랑 혹은 이웃 사랑, 마 22:39)을 강조하는, 온 율법과 선지자의 강령(마 22:40)인 '사랑의 법'이다.

그런 십계명은 온 인류(애굽)에게 주어진 것이 아니다. 하나님의 자녀(영

---

64 십계명은 저자와 공저자의 순전한 연구물(창작물)이 아니라 참고도서들을 읽고 느낀 것들이며 이들을 개념화(conceptualization)하여 쉽게 저술한 것이다. 특히 [십계명], 제임스 패커/김진웅 옮김, 아바서원, [십계명], 스탠리 하우어워스, 윌리엄 윌리몬, 복 있는 사람, 2019 등등을 통하여 많은 통찰력을 얻었음을 밝힌다.

적 이스라엘)에게만 국한되어 주신 일종의 자연법이자 생명의 도(道)이다. 그렇기에 그리스도인들은 십계명을 기준과 원칙으로 삼아 참된 교회공동체를 세우는 일에 매진해야 한다.

'복음적인 교회'란 십계명을 근간으로 세워진 교회이다. 그렇기에 우리는 '열 마디 말씀(십계명)'을 허락하신 하나님의 은혜에 감사해야 한다. 왜냐하면 하나님의 은혜로 주신 십계명은 짐(burden)이 아니라 감사의 법이요 사랑의 법이기 때문이다.

십계명은 출애굽(거짓 주인이 참 주인으로 바뀌는 사건)한 백성에게 자신들이 누구이며 이제 후로는 누구의 소속, 소유인지를 분명하게 알게 하는 법이다. 그리하여 '애굽'이라는 세상 때(dirt & dead skin cell)를 벗고 이제 후로는 애굽(세상)에 대항하여 살아가도록 삶의 법칙(counter-cultural way of life)으로 출애굽한 백성에게 주신 것이다.

그런 우리는 세상에 대하여 우리를 통해 삼위 하나님을 알리고(a signal) 나타내며(a sign) 증언해야 하는(witness) 사람들이다. 그런 우리는 만세 전에 하나님의 무궁하신 은혜로 택정함을 입은, 하나님의 은혜에 빚진 자들이다(요 15:16).

마틴 루터는 그의 대요리문답(1529년) 서문에서 "십계명을 온전히 아는 사람은 성경 전체를 아는 것"이라고 했다. '안다'는 것에는 자기 중심적으로 해석하지 않아야 함이 전제되어 있다.

십계명은 길지 않은 한 번 인생, 유한되고 제한된 일회 인생, 직선 인생을 살아가는 동안에 자연스러운 법(자연법, 인간본성의 법) 안에서 허락하신 율법(모든 인간의 양심에 새겨진)을 통해 '어떻게 살다가' 죽을 것인가, '무엇을 하다가' 죽을 것인가에 대한 명쾌한 답을 주는 소중한 기독교의 핵심 중 하나이다. 곧 하나님의 자녀로서 하나님께 대하여 삶으로의 예배를 어떻게 드릴 것인가를 열 가지로 축약하여 제시하신 것이다. 결국 사랑을 전제한 율법(십계명 포함)은 인간에게 참된 내적 자유(예수 그리스도를 통한 진리 안에서의 참된 진정한 자유에로 이끔, 요 8:32)를 누리게 한다. 더 나아가 험한 인생에서 최고의 만족까지도 보장하는 것이다.

십계명은 개인과 공동체에 주신 하나님의 은혜의 선물이다. 그렇다고 하여 십계명을 지킴으로 의롭게 된다는 것은 아니다. 오히려 십계명을 통해 우리는 여전히(already~not yet) 죄인임을 고백케 될 뿐이다.

사실 십계명을 명확하게 개인과 공동체에 나누어 적용하기란 쉽지 않다. 분명한 것은 개인이든 공동체든 간에 하나님은 '샬롬'이라는 올바른 관계와 친밀한 교제 가운데 개인도 공동체도 당신의 뜻(델레마 데우, θέλημα Θεοῦ, the Will of God)을 따라 살아가도록 하셨다.

한편 우리를 향한 '하나님의 뜻'은 데살로니가전서 4장 3절과 5장 16-18절에 잘 나타나 있다. '항상 기뻐하라', '쉬지 말고 기도하라', '범사에 감사하라', '거룩을 본받아 거룩함으로 살아가라'이다. 이를 두고 볼 때 언뜻 생각하면 우리를 향하신 하나님의 뜻은 거의 불가능해 보인다. 그런 측면이 있기는 하다.

당연히 사람의 노력만으로는 결코 '하나님의 뜻'대로 살아갈 수가 없다. 그런 사실을 하나님은 이미 아신다. 그렇기에 '거룩케 하시는 하나님(야웨 메카디쉬켐)'이 계신 것이다. 우리는 그분만을 의지해야 하며 그분이 주시는 힘으로만 '하나님의 뜻'대로 살아갈 수가 있음을 알아야 한다.

특별히 데살로니가전서 5장 16-18절의 우리를 향하신 하나님의 뜻에는 '전제'가 있음을 놓쳐서는 안 된다. 곧 '샬롬'이라는 전제 속에 '풍성한 하나님의 은혜(χάρις)'를 받아 기쁨(χαρά)과 감사(εὐχαριστέω)로 살아가야 한다는 것이다. 놀랍게도 헬라어 카리스(χάρις, 은혜)에서 파생된 두 단어가 바로 카라(χαρά, 기쁨)와 유카리스테오(εὐχαριστέω, 감사)이다.

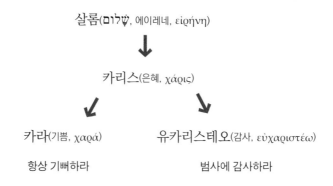

살롬(שָׁלוֹם, 에이레네, εἰρήνη)

↓

카리스(은혜, χάρις)

↙   ↘

카라(기쁨, χαρά)   유카리스테오(감사, εὐχαριστέω)

항상 기뻐하라   범사에 감사하라

'쉬지 말고 기도하라'는 하나님의 뜻은 우리에게 더없이 쉬운 것이다. 왜냐하면 이는 인간에게 주신 지극한 특권이기 때문이다. 그렇기에 특권이라고 하면 그것을 누리려고 목숨을 거는 인간의 경우, 숨도 쉬지 않고 끊임없이, 기도의 특권을 누리기 위해 '쉬지 말고 기도'하려 할 것이다.

하나님을 섬기는 공동체에 꼭 필요한 계명이 제1, 2, 3계명이라면 일과 휴식의 리듬이 있는 공동체에는 제4계명이 필요하다. 소중한 결혼과 가정생활을 위하여는 제5, 7계명이 필요하고 재산과 소유권에는 제8, 10계명이, 인간의 생명과 기본권에는 제6계명이, 모든 것에 정직과 진실을 적용하며 살아가도록 제9계명을 주셨다. 표를 이용하여 상기의 것들을 요약하면 다음과 같다.

십계명	
하나님을 섬기는 공동체의 기준	1, 2, 3계명 나외 다른 신 네게 있게X, 너를 위해 새긴 우상: 만들지X, 위로 하늘, 아래로 땅, 땅 아래 물 속-형상만들지X, 절X, 섬기지X, 너의 하나님 여호와의 이름: 망령되이 일컫지X
일과 휴식의 리듬이 있는 공동체의 기준	4계명 안식일: 기억, 거룩히 지키라
소중한 가정생활에의 기준 소중한 일상생활에의 기준	5, 7계명 부모 공경, 간음X
재산에 관한 기준 소유권에 관한 기준	8, 10계명 도적질X 네 이웃의 집을 탐내지X
인간의 생명과 기본권에서의 기준	6계명 살인X
정직과 진실에의 기준	9계명 네 이웃: 거짓증거X

모든 인간의 삶은 예외없이 수직적으로는 하나님과 인간과의 관계와 교제, 수평적으로는 인간과 인간과의 관계와 교제, 인간과 사물과의 관계라는 복잡다단한 얼개(framework)로 이루어져 있다. 그러다 보니 한 번의 유한된 인생을 살아가는 모든 인간들의 삶은 일견 단순해 보이기도 하지만 실상은 복잡하기 그지없다. 사실 하나님은 복잡함이 아닌 다양함을 주셨으나 이를 엉망진창으로 만들어버린 것이 인간의 죄성이다. 이는 하나님과의 바른 관계를 파괴함으로 친밀한 교제를 무너뜨려 버린 결과이다.

유한된 인간이 일회의 직선 인생을 살아가노라면 하나님께서 명(命)하시지도, 그렇다고 금(禁)하시지도 않은 것들이 제법 있음을 알게 된다. 소위 아디아포라(adiaphora, ἀδιάφορα, 대수롭지 않은 것, 무관심한 것)이다. 이때 꼭 필요한 것이 있다면 삶의 기준과 원칙이다.

삶에서 기준과 원칙이 없어져 버리거나 무너지게 되면 모든 인간들은 예외없이 어디로 튈지 모르는 괴물이 되어버린다. 괴물 된 인간의 행동은 무질서(Dis-Order)할 뿐만 아니라 광포하기까지 하다. 마음과 생각은 아예 상상치도 못할 괴물의 그것과 동일하다. 그렇기에 잠언(19:21)은 '여호와의 뜻이 온전히 서지 않으면' 괴물 된 인간군상의 복잡다단한 계획으로 인해 모든 것은 엉망진창이 되어 버림을 경고하고 있다. 대선지자였던 이사야(55:8-9)는 모든 삶에서의 기준과 원칙은 '하나님의 말씀'임을 강조하기도 했다.

"사람의 마음에는 많은 계획이 있어도 오직 여호와의 뜻이 완전히 서리라"_잠 19:21

"여호와의 말씀에 내 생각은 너희 생각과 다르며 내 길은 너희 길과 달라서 하늘이 땅보다 높음같이 내 길은 너희 길보다 높으며 내 생각은 너희 생각보다 높으니라"_사 55:8-9

자기 스스로가 주인이(기준과 원칙) 되어 세상에서 마음대로 좌충우돌(左衝右突)하며 살아가는 자연인의 삶은 아주 복잡하다. 그렇다면 나름대로 구별되게 살려고 몸부림치는 그리스도인들의 삶은 어떨까?

기준과 원칙의 문제를 제외한다면 인간의 삶은 거의 비슷비슷할 것이다. 모든 유한된 인간들의 삶에는 다양한 응급상황과 예상치도 못한 급작스러운 돌발상황이 항상 일어난다.

자연인인 세상 사람과의 차이가 있다면 그리스도인들은 '예수 믿음과 하나님의 계명을 붙들고 인내로 살아간다(계 14:12)'는 점이다. 더 나아가 주인 되신 역사의 주관자 하나님을 인정하고 그분께 온전히 주권을 드리며 살아간다(잠 16:3, 민 23:8)는 점이다. 곧 그리스도인들의 삶에는 분명한 기준과 원칙이 있다는 것이다. 그렇기에 비록 그리스도인들에게 응급상황이나 돌발상황이 닥친다 하더라도 처음에는 연약한 인간인지라 당황하지만 곧 말씀을 붙들게 되어 그분의 통치와 질서, 지배 안에 즐거이 거하게 되며 그분을 신뢰함으로 모든 근심, 걱정, 상황을 자연스레 맡길 수 있게 된다(벧전 5:7). 그로 인해 평안을 찾은 후 '그럼에도 불구하고 감사'하며 살아가게 된다.

"마음의 경영은 사람에게 있어도 말의 응답은 여호와께로서 나느니라"_잠 16:1

"사람이 마음으로 자기의 길을 계획할지라도 그 걸음을 인도하는 자는 여호와시니라"_잠 16:9

"사람이 제비는 뽑으나 일을 작정하기는 여호와께 있느니라"_잠 16:33

"싸울 날을 위하여 마병을 예비하거니와 이김은 여호와께 있느니라"_
잠 21:31

가만히 생각해보라!

하나님의 은혜로 예수 그리스도를 통해 구원을 얻게 된 그리스도인들의 삶에 이렇듯 명확한 기준과 원칙, 삶의 보호막인 '십계명'이 있다는 것이 얼마나 큰 은혜(Amazing Grace)인지를…….

진정 달콤한 인생이다.

La Dolce Vita![65]

결국 우리를 향하신, 우리의 주인이 되신 하나님의 뜻은 모든 그리스도인들이 당신 안에서 참 기쁨(카라)과 감사(유카리스테오)함으로 '달콤한 인생'을 살아가는 것이다. 기도의 특권을 마음껏 누리며 살아가는 것이다. 동시에 당신의 거룩을 본받아 거룩함으로 살아가는 것(살전 4:3)이다. 이때 '거룩함'으로 살아가는 것조차도 성령님께서 능력을 주셔서 거룩하게 살아갈 수 있도록 감당케 하신다.

진정 하나님의 뜻대로 살아가기를 원하는가?

그렇다면 먼저 하나님과의 바른 관계와 친밀한 교제(샬롬, 에이레네)를 유

---

65 이탈리아어이며 a life heedless pleasure and luxury라는 의미로 페데리코 펠리니(Federico Fellini, 1920-1993)감독의 영화가 바로 <La Dolce Vita, 달콤한 인생>이다. 물론 세상적인 달콤한 인생과 그리스도인의 달콤한 인생은 근본적인 차이가 있다. 왜냐하면 우리 그리스도인들은 하나님과의 바른 관계와 친밀한 교제가 전제되어 있기 때문이다. '바른 관계'란 인격적이고 인간적인 관계를 전제하고 있는 말로서 서로 공감하고 소통하며 서로 존중하고 공경하는 관계이다. 바리새인들은 모든 관계를 비인격화, 비인간화함으로 예수님께 책망을 받았다.

지하라. 그런 후 하나님께 풍성한 은혜를 구하라. 이때 '사랑'을 표방하는 십계명 또한 꼭 붙들어야 함도 잊지 말아야 한다.

앞서도 계속하여 언급했으며 지금까지 저술했던 나의 책에 여러 번 반복하여 언급했던 바 '우리를 향하신 하나님 뜻(살전 5:16-18)'을 따라 살아가기 위한 비밀을 푸는 열쇠를 다시 강조하고자 한다. 여생을 살아가며 매사 매 순간 이를 기억하고 묵상하면서 이 전제만큼은 잊지 않기를 바란다. 그리고 어떤 일이 생기든 간에 먼저 기도하고 감사하며 찬양과 경배 올리기를 간절히 권한다.

아래의 도식을 머리 속에 그리며 찬찬히 살펴보라.

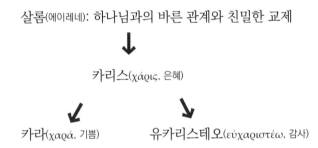

살롬(에이레네): 하나님과의 바른 관계와 친밀한 교제

↓

카리스(χάρις, 은혜)

카라(χαρά, 기쁨)   유카리스테오(εὐχαριστέω, 감사)

지난날 나의 모든 저술에서 계속하여 '원칙'을 강조하며 반복해 왔지만 기독교(Basic Christianity by C. S. Lewis, Mere Christianity by J. Stott, Orthodoxy by G. K. Chesterton)의 3대 보물(사도신경, 주기도문, 십계명)을 해석함에 있어서도 가장 먼저는 문자적으로 접근하되 동시에 그 문자가 의미하고 있는 상징 (symbolical)이나 예표(typological)하는 바를 매번 고민했다. 동시에 전후 맥락을 이어서 해석했으며 역사적 배경(Historical background), 문화적인 배경

(Cultural background)도 고려하여 해석했다. 마지막으로 우리 안에 내주하고 계신 주인 되신 성령님께 무릎을 꿇고 십계명을 허락하신 아버지 하나님의 뜻을 구하는 '조용한 독대의 시간'을 가졌다.

우리는 그런 전제 하에서 해석된, 우리의 삶에 기준과 원칙이 되는 십계명(출 20:3-17, 신 5:7-21, 十誡命, The Ten Commandments)을 붙들고 아버지 하나님의 마음을 간직한 채 그리스도인답게 '하나님 사랑, 사람 사랑'으로 살아가야 한다. 히브리서(12:14)는 이를 구체적으로 '화평함(사람-사람)', '경외함과 거룩함(하나님-사람)'으로 살아가라고 했다. 스코틀랜드 신학자이자 저술가, 목사였던 윌리엄 바클레이(William Barclay, 1907-1978, 영)는 '십계명'을 가리켜 한 번 인생의 '분명한 윤리 안내서'라고 했다.

십계명은 히브리어로 '아세레트(עֲשֶׂרֶת, 열(10, ten)) 하(ה, the, 그) 데바림(דְּבָרִים, 말씀, Words)'이라고 하며 '열 마디의 그 말씀(Ten the Words)'이라는 의미를 가지고 있다. 라틴어로는 Decalogus, 영어로는 Ten Commandments이다. 앞서 약간 언급했지만 십계명은 '사랑(하나님 사랑, 사람 사랑)'을 표방한 것으로 율법(토라)을 대표한 것이다. 하나님은 십계명을 통해 구원받은 백성들에게 '한 번 인생, 어떻게 살다가 죽을 것인가'에 대한 분명한 당신의 뜻을 밝히셨다. 곧 온 율법과 선지자의 강령인 하나님을 사랑하고 이웃을 사랑하며 살라는 것이다.

좀 더 자세히 말하면 율법을 통해 먼저 죄를 깨닫고(롬 3:20, 자신의 연약함과 죄의 본성, (롬 7:7)) 이후 예수 그리스도 십자가 보혈을 통해 죄사함(용서와 능력, 의롭다 함)을 받으라는 것이다. 구약에서는 율법을 통해 죄를 인식하게 되면 지은 그 죄를 용서받도록 제사법을 허락하셨다. 그러나 인간이 저지르게 되는 많고 많은 죄를 다 커버하기에는 제사법만으로 불완전했다. 그래서 메시야이신 예수님의 초림이 절대적으로 필요했던 것이다. 결국 율법을 주신 것은 완전하게 죄를 사하실 그리스도, 메시야를 대망하라는 것(갈 3:23-24)으로 예수님만이 우리의 죄를 완전히(영 단번에, once for all) 사하실 수 있음을 알리기 위해 몽학선생(갈 3:24-25, 초등교사)의 역할로 주신 것(롬 3:19-31)이다. 또한 율법을 통해 우리 인생의 진정한 주인이 누구인지를 깨닫고 그분이 원하시는 모습으로 살아가게 하신 것이다. 그러므로 감사하게도 '주신' 그 율법은 또 하나의 '은혜의 복음'이다. 물론 '은혜 위에 은혜(요 1:16)'는 예수 그리스도시지만.

한편 율법인 모세오경(הָרוֹת, 토라, 5,845구절, 교훈, 가르침, 법, 잠 28:4)에서 율법학자들에 의해 체계적으로 규정된 세분화(細分化)한 유대교의 율법이 있는데 바로 '타리야그(תרי"ג) 미쯔보트(מִצְווֹת, 미쯔바(הַמִצְוָה)의 복수형)'이다. '613계명[66](613 Commandments, ἐντολή, 유대인들이 달았던 옷단 귀의 술 개수, 민 15:38-39)'이라는 의미이다. 율법학자들에 의해 규정된 이 계율에는 선행, 자선 행위, 바른 행동들 등등에 관한 규정이 있다. 이 명령은 248개의 적극적 명령(아쎄 미쯔바, Do, '하라' 명령)과 365개의 적극적 금령(로 타아쎄 미쯔바, Do Not, '하지말라'의 명령)으로 되어 있다. 후자 중에는 특히 3가지를 주요한 금령(3 Cardinal sins)으로 정했는데 곧 살인(murder), 우상숭배(idolatry), 금지된 성관계(forbidden

---

66 모세오경의 순서대로 편집된 613계명은 다음과 같다. 창세기에서 셋(1-3계명), 출애굽기에서 111계명(4-114계명), 레위기에서 247계명(115-361계명), 민수기에서 52계명(362-413계명), 신명기에서 200계명(414-613계명)이다. 네이버 지식백과(위키백과)

sexual relations)이다.

세월이 흐르며 613계명을 보다 더 잘 지켜 자신들의 의를 드러내고자 했던 바리새인들로 인해 급기야는 2,134개로까지 늘어나기도 했다. 그렇기에 존 스토트는 바리새인의 특징을 '미쯔바(מִצְוָה)에 미쯔바를 더하는 사람'이라고 했고 사두개인의 특징을 가리켜 '미쯔바(מִצְוָה)에 미쯔바를 빼는 사람'이라고 했다.

자비와 긍휼이 풍성하신 좋으신 하나님은 모세오경(5,845구절, 613계명)과 더불어 우리에게 10계명을 주셨다. 이 모든 것을 더욱더 축약하여 예수님은 우리에게 온 율법과 선지자의 강령(綱領, κρεμάννυμι, 크레만뉘미, v, to hang, 매달리다, 마 22:37-40)인 2계명을 주셨는데 바로 하나님 사랑(1-4계명, 경외함과 거룩함, 신 6:5)과 이웃 사랑(5-10계명, 화평함, 레 19:18)이다.

이에 대해 히브리서 12장 14절에는 하나님에 대하여는 거룩함(경외함, 수직적 관계)으로, 사람에 대하여는 화평함(사랑함, 수평적 관계)으로 살라고 하셨다. 그렇게 살기로 선포한 후 피 흘리기까지 죄와 싸우려는 우리의 열정(히 12:4)에 더하여 이미 '다 이루신(예수 그리스도 새 언약의 성취)' 예수 그리스도의 십자가 보혈은 성령님의 정결케 하심을 통해 우리를 성화(Glorification)로 인도하실 것이다. 비록 곤고한 인생이기에 already~not yet으로서 전 인생을 통해 원하는 바 선보다는 원치 않는 악으로 먼저 빨리 달려갈 것이기는 하지만……. 그럼에도 불구하고 우리는 매사 매 순간 '죄와 싸우되 피 흘리기까지(히 12:4)' 영적 싸움을 계속하고 어쩔 수 없이 저질렀던 죄에 대하여는 철저한 회개를 해야 한다.

참고로 고대조약법에 의하면 왕명의 경우 백성에게 명령할 때 돌판에 기록하여 하달(下達)했다고 한다. 십계명은 하나님께서 친히 두 돌판에 쓰셔서 구원받은 백성에게 하달(下達)하신 것이다. 결국 토라(תֹּורָה, Torah, 모세 5경)는 하나님께서 '모세를 통해' 기록하게 하셔서 백성에게 주신 것이라면 십계명은 하나님이 구원받은 백성에게 돌판에 '직접 기록하여 주신' 것이라는 말이다. 즉 이스라엘 백성들은 출애굽 후 50일째가 되자 시내산 앞에 이르렀다. 이후 모세는 시내산으로 불려가 그곳에서 사십일 사십야를(출 34:28) 지냈는데 그때 십계명을 받았다는 말로서 하나님께서 모세를 통해 백성들에게 직접 선포하셨던 것(출 19-20장)이다.

10계명에서의 '10'은 완전수(完全數), 만수(滿數)로서 하나님께서 주셨던 구원받은 백성들이 살아가는 데 꼭 필요한 10가지 계명을 말한다. 한편 성경에는 '10'이라는 숫자가 많이 있다. '10'이라는 숫자는 게마트리아(גימטרייה, Gematria)를 통해 그 숫자의 상징과 함의를 따라 해석하는 것이 바람직하다.

예를 들면 출애굽 전 10가지 재앙, 언약궤 위의 두 그룹의 고(高)와 두 날개(5규빗x2)가 10규빗(왕상 6:23-26), 다니엘의 지혜와 총명이 온 나라의 박수와 술객보다 10배나 뛰어난 것(단 1:20), 다니엘이 10일간 채식으로 하나님의 뜻을 드러낸 일(단 1:12), 서머나 교회를 향한 고난의 기간 10일(계 2:10) 등등에서 '10'이라는 숫자는 상징적인 의미로 해석함이 중요하다.

성경 전체를 면면히 흐르고 있는 6대 언약(아담언약, 노아언약, 아브라함언약, 모세언약, 다윗언약, 예수그리스도의 새 언약)이 일방 언약(은혜언약, 불평등언약)임에 반하여 십계명은 독특하게도 쌍방 언약인데 이는 언약의 주(主)이신 '야훼하나님과 우리 사이의 언약'이기 때문이다. 그렇기에 십계명은 하나님께서 출애굽을 한, 구원을 얻은, 우리에게 은혜로 주신 것은 맞지만 성경의 6대 언약과는 그 성격이 판이하다.

요한복음의 말씀을 빌리자면, 율법과 십계명이 은혜라면(십계명이 그를 완전하게 하실 예수님의 예표라면) 성경의 6대 언약은 '은혜 위에 은혜'로서 모두 다 예수 그리스도 새 언약의 성취(초림)와 완성(재림)에 맞추어져 있다(요 1:16-17). 곧 하나님의 은혜로 주어진 '율법과 십계명'의 완성은 '은혜 위에 은혜'이신 '예수님'이시라는 것이다.

종종 우리는 십계명을 두고 '무섭다, 두렵다, 또 하나의 의무(duty)이다, 무거운 짐(burden)이다'라고 폄하(貶下, belittle, diminish)하는 이들의 소리를 듣곤 한다. 그러나 십계명은 하나님께서 은혜로 우리에게 주신 것으로 실상 그 안에는 하나님의 자비와 긍휼하심이 가득 차있다. 사실인즉 우리는 십계명을 통해 악한 영적 세력들의 준동이나 교묘한 속임수 혹은 덫으로부터 보호를 받고 있는 것이다. 그렇기에 십계명을 또 하나의 율법(짐 burden)으로 규정하며 사랑, 자비, 긍휼에 반(反)한다고 큰 소리를 내는 것은 율법을 비하하는 것만큼이나 잘못된 길로 들어서는 것이다.

율법은 하나님의 성품을 잘 드러내고 있기에 십계명을 통해 하나님께서 좋아하시는 것과 싫어하시는 것을 적나라하게 알 수 있다. 그렇기에 십계명은 인간의 본성이 하나님의 뜻을 따라 살아가기에 매우 적확(的確, precise, exact, accurate)한 안내자이기도 하다. 결국 우리가 십계명을 가지고 지키며 살아가노라면 하나님의 참 형상인 거룩함으로 살아가게 될 뿐만 아니라 보다 더 안전한 삶을 누릴 수도 있게 된다.

한편 십계명을 두고 지난 구약시대에 한정된 것이라는 일부의 말들이 있는데 이는 완전히 틀린 것이다. 십계명은 여호와께서 우리와 세우신, 언약의 돌판들에 새겨진, 영원한 언약의 말씀(출 34:28, 신 9:9)으로서 구약시대에도 적용되는 말씀이었고 지금도 앞으로도 영원히 변치 않는 하나님의 말씀이다. 단, 구속사(救贖史)의 점진적인 전개에 따라 신약시대인 오늘날에는 십계명으로부터 시작하여 초림으로 오신 예수 그리스도 새 언약의 성취에까지 이른 것이며 장차 그날에는 재림을 통해 예수 그리스도 새 언약의 완성에까지 다다를 것이다.

율법에는 도덕법(Moral Law), 의식법(Ceremonial Law), 시민법(Civil Law)이 있는데 초림 이후에는 의식법(제사법)은 폐하여지고 도덕법(십계명으로 요약), 시민법(재판법)의 경우에는 그 정신이 신약의 말씀(New Testament) 안에 녹아들어가 있다.

십계명은 하나님께서 시내산 아래에 있는 이스라엘 백성들에게 직접 음성으로 들려주셨을 뿐만 아니라 '직접' 손가락으로(אֶצְבַּע, nf, 예쩨바, a finger, 출 31:18) 기록하셔서 십계명 두 돌판을 '모세를 통해' 주셨다(신 5:22).

종종 회자(膾炙, be on everyone's lips)되곤 하는 십계명 곧 '하나님의 열 마디 각각의 말씀'에서 각각의 계명에 따른 글줄의 '분량(내용)'에 따라 중요성이 다르다고 논하는 것에 대해 나와 공저자는 아예 관심이 없다. 이런 관점은 그냥 참고 정도로만 하면 될 듯하다.

참고로 각 계명의 분량(내용)에 따른 순서를 보자면 4계명의 분량이 가장 길고(1/3), 2계명(1/4), 5, 10, 3, 1, 9, 6, 7, 8계명 순이다. 분명한 것은, 분량도 중요하겠으나 각 말씀의 그 내용을 향하신 '아버지 하나님의 마음을 아는 것'이 비교할 수도 없이 훨씬 더 중요하다.

참고로 십계명을 동일하게 각각 언급하고 있는 출애굽기 20장은 그 히브리어의 자음 수가 597자(字)이다. 반면에 신명기 5장은 667자(字)로 되어있다. 그렇다고 하여 신명기가 더 중요하다고 해서는 안 된다. 왜냐하면 출애굽기와 신명기에서 강조하는 것이 다르기에 각각의 책에서 언급된 십계명은 글자수의 많고 적음에 방점이 있지 않다.

곧 출애굽기는 천지창조를 언급(출 20:11)함으로 '창조주 하나님을 기억하라'는 것에 방점이 있다면 신명기는 천지창조에 대한 언급이 전혀 없다. 대신에 지난날 종 되었던 자에게 쉼을 허락하셔서 안식에로 초대하신 것, 곧 '하나님 안에서만 안식이 가능하며 하나님 안에서만 안식하라'는 것에 방점이 있다. 두 부분의 차이를 표로 그리면 다음과 같다.

십계명	
출애굽기 20장	신명기 5장
597자(字)	667자(字)
천지창조를 언급(출 20:11)	천지창조의 언급X 대신, 지난 날 종 되었던 자에게 쉼을 허락하셔서 안식에로 초대하심을 언급
'창조주 하나님을 기억하라'는 것에 방점	'하나님 안에서만' 안식이 가능하며 '하나님 안에서만' 안식하라는 것에 방점

간혹 십계명 두 돌판은 '오늘날 어디에 있을까'라고 궁금해하는 사람들이 있다. 솔로몬 성전의 지성소에 있던 법궤(언약궤(민 10:33), 증거궤(출 25:21), 하

나님의 궤(삼상 4:11), 비유적으로 여호와의 보좌(렘3:17), 하나님의 발등상(시 99:5), 증거의 두 돌판이 보관된 궤), 이때 만나를 담은 항아리와 아론의 싹난 지팡이는 없었음, 왕상 8:9)는 바벨론 침공 시(BC 586년) 예루살렘 성전이 파괴되었는데 그 이후 흔적을 찾을 수 없게 되었다(호 3:4).

오늘날의 우리는 두 돌판이 어디에 있을까를 궁금해하기보다는 내 마음 속에 체화(體化)되어 있는 심비(心碑, 마음판, 고후 3:3, 히 8:10, 롬 2:28-29, 잠 3:3, 7:3)에 새겨진 십계명 곧 '하나님의 계명'을 붙들어야 한다.

십계명의 각 버전 비교

이제 나와 공저자는 십계명을 각 버전(개역한글판, 개역개정판, 히브리어 십계명, 라틴어 십계명)으로 소개한 후 들어가는 말과 나가는 말을 구분한 후에 10개의 각 계명을 10문장으로 나누어 다시 각론으로 하나씩 설명을 붙이고자 한다. 먼저 각 버전의 전문 내용은 다음과 같다. 개역한글판(출 20:1-17, 신 5:1-21), 개역개정판(출 20:1-17, 신 5:1-21), 히브리어 십계명, 라틴어 십계명의 순으로 한꺼번에 나열할 것인 바 미묘한 차이만 있는 각 버전을 서로서로 대조하면서 반복하여 본문을 비교해보면 앞서 언급했던 사도신경, 주기도문만큼이나 가슴이 무척 설렐 것이다.

(출 20:1-17) 십계명(창조주 하나님을 기억하라)		
개역한글판	개역개정판	NIV
하나님이 이 모든 말씀으로 일러 가라사대	하나님이 이 모든 말씀으로 말씀하여 이르시되	And God spoke all these words:
"나는 너를 애굽 땅, 종 되었던 집에서 인도하여 낸 너의 하나님, 여호와로라.	"나는 너를 애굽 땅, 종 되었던 집에서 인도하여 낸 네 하나님, 여호와니라.	"I am the LORD your God, who brought you out of Egypt, out of the land of slavery.
너는 나 외에는 다른 신들을 네게 있게 말지니라.	너는 나 외에는 다른 신들을 네게 두지 말라.	You shall have no other gods before me.

너를 위하여 새긴 우상을 만들지 말고, 또 위로 하늘에 있는 것이나, 아래로 땅에 있는 것이나, 땅 아래 물 속에 있는 것의 아무 형상이든지 만들지 말며, 그것들에게 절하지 말며, 그것들을 섬기지 말라. 나 여호와, 너의 하나님은 질투하는 하나님인즉, 나를 미워하는 자의 죄를 갚되, 아비로부터 아들에게로 삼사 대까지 이르게 하거니와, 나를 사랑하고, 내 계명을 지키는 자에게는 천 대까지 은혜를 베푸느니라.	너를 위하여 새긴 우상을 만들지 말고, 또 위로 하늘에 있는 것이나, 아래로 땅에 있는 것이나, 땅 아래 물 속에 있는 것의 어떤 형상도 만들지 말며, 그것들에게 절하지 말며, 그것들을 섬기지 말라. 나 네 하나님, 여호와는 질투하는 하나님인즉, 나를 미워하는 자의 죄를 갚되, 아버지로부터 아들에게로 삼사 대까지 이르게 하거니와, 나를 사랑하고 내 계명을 지키는 자에게는 천 대까지 은혜를 베푸느니라.	You shall not make for yourself an idol in the form of anything in heaven above or on the earth beneath or in the waters below. You shall not bow down to them or worship them: for I, the LORD your God, am a jealous God, punishing the children for the sin of the fathers to the third and fourth generation of those who hate me, but showing love to a thousand {generations} of those who love me and keep my commandments.
너는 너의 하나님, 여호와의 이름을 망령되이 일컫지 말라. 나 여호와의 이름을 망령되이 일컫는 자를 죄없다 하지 아니하리라.	너는 네 하나님, 여호와의 이름을 망령되게 부르지 말라. 여호와는 그의 이름을 망령되게 부르는 자를 죄 없다 하지 아니하리라.	You shall not misuse the name of the LORD your God, for the LORD will not hold anyone guiltless who misuses his name.
안식일을 기억하여 거룩히 지키라. 엿새 동안은 힘써 네 모든 일을 행할 것이나, 제칠일은 너의 하나님, 여호와의 안식일인즉, 너나, 네 아들이나, 네 딸이나, 네 남종이나, 네 여종이나, 네 육축이나, 네 문안에 유하는 객이라도 아무 일도 하지 말라.	안식일을 기억하여 거룩하게 지키라. 엿새 동안은 힘써 네 모든 일을 행할 것이나, 일곱째 날은 네 하나님, 여호와의 안식일인즉, 너나, 네 아들이나, 네 딸이나, 네 남종이나, 네 여종이나, 네 가축이나, 네 문안에 머무는 객이라도 아무 일도 하지 말라.	Remember the Sabbath day by keeping it holy. Six days you shall labor and do all your work, but the seventh day is a Sabbath to the LORD your God. On it you shall not do any work, neither you, nor your son or daughter, nor your

		manservant or maidservant, nor your animals, nor the alien within your gates. For in six days the LORD made the heavens and the earth, the sea, and all that is in them, but he rested on the seventh day. Therefore the LORD blessed the Sabbath day and made it holy.
네 부모를 공경하라. 그리하면 너의 하나님, 나 여호와가 네게 준 땅에서 네 생명이 길리라.	네 부모를 공경하라. 그리하면 네 하나님, 여호와가 네게 준 땅에서 네 생명이 길리라.	Honor your father and your mother, so that you may live long in the land the LORD your God is giving you.
살인하지 말지니라.	살인하지 말라.	You shall not murder.
간음하지 말지니라.	간음하지 말라.	You shall not commit adultery.
도적질하지 말지니라.	도둑질하지 말라.	You shall not steal.
네 이웃에 대하여 거짓 증거하지 말지니라.	네 이웃에 대하여 거짓 증거하지 말라.	You shall not give false testimony against your neighbor.
네 이웃의 집을 탐내지 말지니라. 네 이웃의 아내나, 그의 남종이나, 그의 여종이나, 그의 소나, 그의 나귀나, 무릇 네 이웃의 소유를 탐내지 말지니라."	네 이웃의 집을 탐내지 말라. 네 이웃의 아내나, 그의 남종이나, 그의 여종이나, 그의 소나, 그의 나귀나, 무릇 네 이웃의 소유를 탐내지 말라."	You shall not covet your neighbor's house. You shall not covet your neighbor's wife, or his manservant or maidservant, his ox or donkey, or anything that belongs to your neighbor.

(신 5:1-22) 십계명(하나님안에서만 안식하라)		
개역한글판	개역개정판	NIV
모세가 온 이스라엘을 불러 그들에게 이르되	모세가 온 이스라엘을 불러 그들에게 이르되	Moses summoned all Israel and said:
"이스라엘아, 오늘 내가 너희 귀에 말하는 규례와 법도를 듣고, 그것을 배우며 지켜 행하라.	"이스라엘아, 오늘 내가 너희의 귀에 말하는 규례와 법도를 듣고, 그것을 배우며 지켜 행하라.	Hear, O Israel, the decrees and laws I declare in your hearing today. Learn them and be sure to follow them.
우리 하나님, 여호와께서 호렙 산에서 우리와 언약을 세우셨나니, 이 언약은 여호와께서 우리 열조와 세우신 것이 아니요, 오늘날 여기 살아 있는 우리, 곧 우리와 세우신 것이라. 여호와께서 산 위 불 가운데서 너희와 대면하여 말씀하시매, 그 때에 너희가 불을 두려워하여 산에 오르지 못하므로, 내가 여호와와 너희 중간에 서서 여호와의 말씀을 너희에게 전하였노라. 여호와께서 가라사대	우리 하나님, 여호와께서 호렙 산에서 우리와 언약을 세우셨나니, 이 언약은 여호와께서 우리 조상들과 세우신 것이 아니요, 오늘 여기 살아 있는 우리, 곧 우리와 세우신 것이라. 여호와께서 산 위 불 가운데에서 너희와 대면하여 말씀하시매, 그 때에 너희가 불을 두려워하여 산에 오르지 못하므로, 내가 여호와와 너희 중간에 서서 여호와의 말씀을 너희에게 전하였노라. 여호와께서 이르시되	The LORD our God made a covenant with us at Horeb. It was not with our fathers that the LORD made this covenant, but with us, with all of us who are alive here today. The LORD spoke to you face to face out of the fire on the mountain. (At that time I stood between the LORD and you to declare to you the word of the LORD, because you were afraid of the fire and did not go up the mountain.) And he said:

'나는 너를 애굽 땅에서, 종되었던 집에서 인도하여 낸 너희 하나님, 여호와로라.	'나는 너를 애굽 땅, 종되었던 집에서 인도하여 낸 네 하나님, 여호와라.	"I am the LORD your God, who brought you out of Egypt, out of the land of slavery.
나 외에는 위하는 신들을 네게 있게 말지니라. 너는 자기를 위하여 새긴 우상을 만들지 말고, 위로 하늘에 있는 것이나, 아래로 땅에 있는 것이나, 땅 밑 물 속에 있는 것의 아무 형상이든지 만들지 말며, 그것들에게 절하지 말며, 그것들을 섬기지 말라. 나 여호와, 너의 하나님은 질투하는 하나님인즉, 나를 미워하는 자의 죄를 갚되, 아비로부터 아들에게로 삼 사대까지 이르게 하거니와, 나를 사랑하고 내 계명을 지키는 자에게는 천 대까지 은혜를 베푸느니라.	나 외에는 다른 신들을 네게 두지 말지니라. 너는 자기를 위하여 새긴 우상을 만들지 말고, 위로 하늘에 있는 것이나, 아래로 땅에 있는 것이나, 땅밑 물 속에 있는 것의 어떤 형상도 만들지 말며, 그것들에게 절하지 말며, 그것들을 섬기지 말라. 나 네 하나님, 여호와는 질투하는 하나님인즉, 나를 미워하는 자의 죄를 갚되, 아버지로부터 아들에게로 삼사 대까지 이르게 하거니와, 나를 사랑하고 내 계명을 지키는 자에게는 천 대까지 은혜를 베푸느니라.	You shall have no other gods before me. You shall not make for yourself an idol in the form of anything in heaven above or on the earth beneath or in the waters below. You shall not bow down to them or worship them: for I, the LORD your God, am a jealous God, punishing the children for the sin of the fathers to the third and fourth generation of those who hate me, but showing love to a thousand generations of those who love me and keep my commandments.
너는 너의 하나님, 여호와의 이름을 망령되이 일컫지 말라. 나 여호와는 나의 이름을 망령되이 일컫는 자를 죄 없는 줄로 인정치 아니하리라.	너는 네 하나님, 여호와의 이름을 망령되이 일컫지 말라. 나 여호와는 내 이름을 망령되이 일컫는 자를 죄 없는 줄로 인정하지 아니하리라.	You shall not misuse the name of the LORD your God, for the LORD will not hold anyone guiltless who misuses his name.

여호와, 너의 하나님이 네게 명한 대로 안식일을 지켜 거룩하게 하라. 엿새 동안은 힘써 네 모든 일을 행할 것이나, 제칠일은 너의 하나님, 여호와의 안식인즉, 너나, 네 아들이나, 네 딸이나, 네 남종이나, 네 여종이나, 네 소나, 네 나귀나, 네 모든 육축이나, 네 문 안에 유하는 객이라도, 아무 일도 하지 말고, 네 남종이나 네 여종으로 너 같이 안식하게 할지니라. 너는 기억하라. 네가 애굽 땅에서 종이 되었더니, 너의 하나님, 여호와가 강한 손과 편 팔로 너를 거기서 인도하여 내었나니, 그러므로 너의 하나님, 여호와가 너를 명하여 안식일을 지키라 하느니라.	네 하나님, 여호와가 네게 명령한 대로 안식일을 지켜 거룩하게 하라. 엿새 동안은 힘써 네 모든 일을 행할 것이나, 일곱째 날은 네 하나님, 여호와의 안식일인즉, 너나, 네 아들이나, 네 딸이나, 네 남종이나, 네 여종이나, 네 소나, 네 나귀나, 네 모든 가축이나, 네 문 안에 유하는 객이라도, 아무 일도 하지 못하게 하고, 네 남종이나 네 여종에게 너 같이 안식하게 할지니라. 너는 기억하라. 네가 애굽 땅에서 종이 되었더니, 네 하나님, 여호와가 강한 손과 편 팔로 거기서 너를 인도하여 내었나니, 그러므로 네 하나님, 여호와가 네게 명령하여 안식일을 지키라 하느니라.	Observe the Sabbath day by keeping it holy, as the LORD your God has commanded you. Six days you shall labor and do all your work, but the seventh day is a Sabbath to the LORD your God. On it you shall not do any work, neither you, nor your son or daughter, nor your manservant or maidservant, nor your ox, your donkey or any of your animals, nor the alien within your gates, so that your manservant and maidservant may rest, as you do. Remember that you were slaves in Egypt and that the LORD your God brought you out of there with a mighty hand and an outstretched arm. Therefore the LORD your God has commanded you to observe the Sabbath day.
너는 너의 하나님, 여호와의 명한 대로 네 부모를 공경하라. 그리하면 너의 하나님, 여호와가 네게 준 땅에서 네가 생명이 길고 복을 누리리라.	너는 네 하나님, 여호와께서 명령한 대로 네 부모를 공경하라. 그리하면 네 하나님, 여호와가 네게 준 땅에서 네 생명이 길고 복을 누리리라.	Honor your father and your mother, as the LORD your God has commanded you, so that you may live longand that it may go well with you in the land the LORD your God is giving you.

살인하지 말지니라.	살인하지 말지니라.	You shall not murder.
간음하지도 말지니라.	간음하지 말지니라.	You shall not commit adultery.
도적질하지도 말지니라.	도둑질하지 말지니라.	You shall not steal.
네 이웃에 대하여 거짓 증거 하지도 말지니라.	네 이웃에 대하여 거짓 증거 하지 말지니라 .	You shall not give false testimony against your neighbor.
네 이웃의 아내를 탐내지도 말지니라. 네 이웃의 집이나, 그의 밭이나, 그의 남종이나, 그의 여종이나, 그의 소나, 그의 나귀나, 무릇 네 이웃의 소유를 탐내지 말지니라.	네 이웃의 아내를 탐내지 말지니라. 네 이웃의 집이나, 그의 밭이나, 그의 남종이나, 그의 여종이나, 그의 소나, 그의 나귀나, 네 이웃의 모든 소유를 탐내지 말지니라.	You shall not covet your neighbor's wife. You shall not set your desire on your neighbor's house or land, his manservant or maidservant, his ox or donkey, or anything that belongs to your neighbor."
	여호와께서 이 모든 말씀을 산 위 불 가운데, 구름 가운데, 흑암 가운데에서 큰 음성으로 너희 총회에 이르신 후에, 더 말씀하지 아니하시고 그것을 두 돌판에 써서 내게 주셨느니라	These are the commandments the LORD proclaimed in a loud voice to your whole assembly there on the mountain from out of the fire, the cloud and the deep darkness; and he added nothing more. Then he wrote them on two stone tablets and gave them to me.

	히브리어 십계명 아쎄레트 하 데바림(עֲשֶׂרֶת הַדְּבָרִים)
제1계명	너는 나 외에는 다른 신들을 네게 두지 말라 לֹא-יִהְיֶה לְךָ אֱלֹהִים אֲחֵרִים, עַל-פָּנָי 로 이히예레카 엘로힘 아헤림 알 파나이 לֹא - יהיה לך - 너는 두지 마라 אלהים אחרים - 다른 신들을 על פני - 내 얼굴 앞에
제2계명	너를 위하여 새긴 우상을 만들지 말고, 또 위로 하늘에 있는 것이나, 아래로 땅에 있는 것이나, 땅 아래 물 속에 있는 것의 어떤 형상도 만들지 말며, 그것들에게 절하지 말며, 그것들을 섬기지 말라 לֹא-תַעֲשֶׂה לְךָ פֶסֶל, וְכָל-תְּמוּנָה, אֲשֶׁר בַּשָּׁמַיִם מִמַּעַל, וַאֲשֶׁר בָּאָרֶץ מִתַּחַת וַאֲשֶׁר בַּמַּיִם, מִתַּחַת לָאָרֶץ. לֹא-תִשְׁתַּחֲוֶה לָהֶם, וְלֹא תָעָבְדֵם 로 타아쎄 레카 페쎌, 베'콜 트무나, 아쎄르 바'샤마임 미마알, 바'아쎄르 바아레 쯔 미타하트 바'아쎄르 바'마임, 미타핫트 라'아레쯔. 로 티쉬타하베 라헴, 베'로 타아브뎀 לֹא תעשה לך פסל וכל תמונה - 너는 너에게 조각(신상)이나 그림을 만들지 마라 אשר בשמים ממעל - 위에 하늘에 있는 것이나 ואשר בארץ מתחת - 그리고 밑에 땅에 있는 것이나 ואשר במים, מתחת לארץ - 그리고 땅 아래의 물에 있는 것이나 לא תשתחוה להם - 그것들에게 절하지 말라 ולא תעבדם - 그리고 그것들을 섬기지 마라
제3계명	너는 네 하나님 여호와의 이름을 망령되게 부르지 말라 여호와는 그의 이름을 망령되게 부르는 자를 죄없다 하지 아니하리라 לֹא תִשָּׂא אֶת-שֵׁם-יְהוָה אֱלֹהֶיךָ, לַשָּׁוְא : כִּי לֹא יְנַקֶּה יְהוָה, אֵת אֲשֶׁר-יִשָּׂא אֶת-שְׁמוֹ לַשָּׁוְא 로 티싸 에트 셈 야훼(아도나이) 엘로헤이카, 라샤브: 키 로 에나케 야훼(아도나이), 에트 아쎄르 이싸 에트 쉐모 라샤브 לא תשא - 너는 (입에) 담지마라, 언급하지마라 את שם יהוה אלהיך - 너의 하나님 여호와의 이름을 לשוא - 함부로, 의미없이 כי לא ינקה יהוה - 왜냐하면 여호와는 깨끗케하지 않을 것이다 את אשר ישא - (그 이름을) 입에 담는 사람들 중 את שמו לשוא - 그 이름을 함부로 하는 (사람들을)

제4계명	안식일을 기억하여 거룩하게 지키라 זָכוֹר אֶת-יוֹם הַשַּׁבָּת , לְקַדְּשׁוֹ 자코르 에트 욤 하'샤바트, 레'카드쇼 זכור - (너는) 기억해라 (명령) את - ~을 יום השבת - 안식일 לקדשו - (그것을) 거룩하게
제5계명	네 부모를 공경하라 그리하면, 네 하나님 여호와가 네게 준 땅에서 네 생명이 길리라 כַּבֵּד אֶת-אָבִיךָ, וְאֶת-אִמֶּךָ לְמַעַן, יַאֲרִכוּן יָמֶיךָ, עַל הָאֲדָמָה, אֲשֶׁר-יְהוָה אֱלֹהֶיךָ נֹתֵן לָךְ 카베드 에트 아비카, 베'에트 이메카 레마안, 야아리쿤 야메카, 알 하아다마, 아세르 아도나이(야훼) 엘로헤이카 노텐 라크 כבד - (너는) 공경해라, 존경해라 (명령) את - ~을 אביך - 너의 아버지 אמך - 너의 어머니
제6계명	살인하지 말라 לֹא תִרְצָח 로 티르짜흐 לא - 아니다: (하지)마라 תרצח - 살인하다 2인칭 남자 단수 미래형
제7계명	간음하지 말라 לֹא תִנְאָף 로 틴아프 לא - 아니다: (하지)마라 תנאף - 간통하다: 2인칭 남자단수 미래형
제8계명	도둑질하지 말라 לֹא תִגְנֹב 로 티그노브 לא - 아니다: (하지)마라 תגנב - 도둑질하다, 훔치다: 2인칭 남자단수 미래형

제9계명	네 이웃에 대하여 거짓 증거하지 말라 לֹא-תַעֲנֶה בְרֵעֲךָ עֵד שָׁקֶר 로 타아네 베레아카 에드 샤케르 לֹא - 아니다: (하지)마라 תַעֲנֶה - 대답하다: 2인칭 남자단수 미래형 רֵעֲךָ - 너의 이웃, 너의 친구: רֵע [레아] 이웃, 친구 עֵד - 증인, 증언 שָׁקֶר - 거짓, 거짓말
제10계명	네 이웃의 집을 탐내지 말라 네 이웃의 아내나 그의 남종이나 그의 여종이나 그의 소나 그의 나귀나 무릇 네 이웃의 소유를 탐내지 말라 לֹא תַחְמֹד, בֵּית רֵעֶךָ לֹא-תַחְמֹד אֵשֶׁת רֵעֶךָ, וְעַבְדּוֹ וַאֲמָתוֹ וְשׁוֹרוֹ וַחֲמֹרוֹ, וְכֹל, אֲשֶׁר לְרֵעֶךָ 로 타흐모드, 베이트 레에카 로 타흐모드 에쉐트 레에카, 베아브도 바아마토 베쇼로 베하모로, 베콜, 아세르 레레에카 לֹא - 아니다: (하지)마라 תַחְמֹד - 탐내다: 2인칭 남자단수 미래형 בֵּית - 집 רֵעֶךָ - 너의 이웃, 너의 친구: רֵע [레아] 이웃, 친구 אִשָּׁה - 여자: 아내 עֶבֶד - 종 (남자) שׁוֹר - 숫소 חֲמוֹר - 당나귀 כֹל - 모두

	라틴어 십계명(Decalogus)
제1계명	non habebis deos alienos coram me 너는 나 이외의 신들을 갖지 말지어다
제2계명	non facies tibi sculptile neque omnem similitudinem quae est in caelo de super et quae in terra deorsum nec eorum quae sunt in aquis sub terra. 네 모습의 조각상도, 하늘 위의 있는 것, 땅에 있는 것, 땅 아래의 물 속에 있는 모든 것들의 상들도 (마찬가지 갖지 말지어다 - 3절에 종속됨) 5 non adorabis ea neque coles ego sum Dominus Deus tuus fortis zelotes visitans iniquitatem patrum in filiis in tertiam et quartam generationem eorum qui oderunt me 그것들을 경애하고 숭배하지 말지어다. 나는 강하고 질투하는 주 하느님이요, 날 미워하는 모든 이들의 아비, 아들, 3대, 그들의 모든 자손들까지 적대할지니라. et faciens misericordiam in milia his qui diligunt me et custodiunt praecepta mea 하지만 날 기꺼이 여기고 내 지시를 따르는 자들에게 무한한 측은지심을 보일지니라.
제3계명	non adsumes nomen Domini Dei tui in vanum nec enim habebit insontem Dominus eum qui adsumpserit nomen Domini Dei sui frustra 너는 헛되이 주 하느님의 이름을 칭하지 말지어다. 그 어느 누구도 주 하느님의 이름을 헛되이 칭하는 자들은 모두 죄를 받을지니라 (본문은 "헛되이 칭하지 않는 자들은 그 어느 누구도 무죄하지 않으리라")
제4계명	Memento, ut diem sabbati sanctifices. 안식일이 거룩한 날임을 기억하십시오. sex diebus operaberis et facies omnia opera tua 엿새 동안 노동할지며, 너의 모든 일들에 전력을 다할지라. 10 septimo autem die sabbati Domini Dei tui non facies omne opus tu et filius tuus et filia tua servus tuus et ancilla tua iumentum tuum et advena qui est intra portas tuas.

	하지만 일곱째 주 안식일에는 너도, 너의 아들도, 너의 딸도, 너의 노예도, 너의 하녀도, 너의 가축도 너의 대문 안의 식객도 모두 어떤 일도 하지 말지라. 11 sex enim diebus fecit Dominus caelum et terram et mare et omnia quae in eis sunt et requievit in die septimo idcirco benedixit Dominus diei sabbati et sanctificavit eum. 엿새 동안 주님은 하늘과 땅, 바다와 그 안의 모든 것들을 만드셨으되 일곱째 날에 쉬셨으니, 그러한 고로 주님은 안식일을 축복하시고 봉헌하셨느니라.
제5계명	Honora patrem tuum et matrem tuam. 너의 아버지와 어머니를 공경하여라.
제6계명	Non occides. - 살인하지 마라.
제7계명	Non moechaberis. - 간음하지 마라.
제8계명	Non furtum facies. - 도둑질하지 마라.
제9계명	Non loqueris falsum testimonium. - 너는 그릇된 증언을 하지 마라. non loqueris contra proximum tuum falsum testimonium 너의 이웃에게 반하여 거짓을 증언하지 말지어다.
제10계명	Non desiderabis uxorem eius. - 너는 남의 아내를 탐내지 마라. Non concupisces universa proximi tui. - 너는 너의 이웃의 모든 것을 탐내지 마라. non concupisces domum proximi tui nec desiderabis uxorem eius non servum non ancillam non bovem non asinum nec omnia quae illius sunt 네 이웃의 집도, 이웃의 아내도, 이웃의 노예와 하녀도, 이웃의 숫소와 당나귀도, 그 어떠한 이웃의 것도 탐내지 말지어다.

십계명 서문

　한편 독특하게 십계명에는 서문(序文)이 있다. 곧 출애굽기 20장 3절부터 시작되는 십계명을 선포하기 전의 말씀(출 20:1-2)과 신명기 5장 7절부터 시작되는 십계명의 말씀 선포 전에 하신 말씀(신 5:1-6)을 말한다. 이는 하나님께서 자신 스스로가 십계명을 직접 주셨으며 동시에 스스로 입법자(立法者)이심을 드러낸 것이다.

(출 20:1-2, 신 5:1-6) 십계명 서문		
개역한글판	개역개정판	NIV
출 20:1-2 하나님이 이 모든 말씀으로 일러 가라사대 나는 너를 애굽 땅, 종 되었던 집에서 인도하여 낸 너의 하나님, 여호와로라.	출 20:1-2 하나님이 이 모든 말씀으로 말씀하여 이르시되 나는 너를 애굽 땅, 종 되었던 집에서 인도하여 낸 네 하나님, 여호와니라.	Israel and said: Hear, O Israel, the decrees and laws I declare in your hearing today. Learn them and be sure to follow them.
신 5:1-6 모세가 온 이스라엘을 불러 그들에게 이르되 이스라엘아, 오늘 내가 너희 귀에 말하는 규례와 법도를 듣고, 그것을 배우며 지켜 행하라.	신 5:1-6 모세가 온 이스라엘을 불러 그들에게 이르되 이스라엘아, 오늘 내가 너희의 귀에 말하는 규례와 법도를 듣고, 그것을 배우며 지켜 행하라.	

우리 하나님, 여호와께서 호렙 산에서 우리와 언약을 세우셨나니, 이 언약은 여호와께서 우리 열조와 세우신 것이 아니요, 오늘날 여기 살아 있는 우리, 곧 우리와 세우신 것이라. 여호와께서 산 위 불 가운데서 너희와 대면하여 말씀하시매,	우리 하나님, 여호와께서 호렙 산에서 우리와 언약을 세우셨나니, 이 언약은 여호와께서 우리 조상들과 세우신 것이 아니요, 오늘 여기 살아 있는 우리, 곧 우리와 세우신 것이라. 여호와께서 산 위 불 가운데에서 너희와 대면하여 말씀하시매,	The LORD our God made a covenant with us at Horeb. It was not with our fathers that the LORD made this covenant, but with us, with all of us who are alive here today. The LORD spoke to you face to face out of the fire on the mountain.
그 때에 너희가 불을 두려워하여 산에 오르지 못하므로, 내가 여호와와 너희 중간에 서서 여호와의 말씀을 너희에게 전하였노라. 여호와께서 가라사대	그 때에 너희가 불을 두려워하여 산에 오르지 못하므로, 내가 여호와와 너희 중간에 서서 여호와의 말씀을 너희에게 전하였노라. 여호와께서 이르시되	(At that time I stood between the LORD and you to declare to you the word of the LORD, because you were afraid of the fire and did not go up the mountain.) And he said:
나는 너를 애굽 땅에서, 종 되었던 집에서 인도하여 낸 너희 하나님, 여호와로라.	나는 너를 애굽 땅, 종 되었던 집에서 인도하여 낸 네 하나님, 여호와라.	I am the LORD your God, who brought you out of Egypt, out of the land of slavery.

　전체의 큰 흐름을 주관하시는 창조주이시며 전능주이신 하나님(엘로힘), 세세하게 디테일을 주관하시는 역사의 주관자 야훼하나님(야훼 엘로힘)은 애굽 땅에서 종 되었던 이스라엘 백성들을 고된 압제로부터 해방시키셔서 참 자유를 허락하셨다. 그리고는 홍해(세례를 받은 것, 고전 10:2)를 건너 광야에서 지금 안식(현재형 하나님나라)을 누리게 하셨으며 그들을 보호하기 위해 율

법과 십계명을 주셨다. 40년이 지나자 요단강(육신적 죽음)을 건너 가나안(나중 안식, 남은 안식, 히 4장, 미래형 하나님나라)에 이르기까지 먹이시고 입히셨다(신 2:7, 8:4). 동시에 해야 할 것과 하지 말아야 할 것을 십계명을 통해 가르쳐 주셨다. 즉 Redeemer(구속주)로서의 하나님은 애굽의 압제에서 우리를 구속함으로 그들로부터 '자유케' 하셨고 Rewarder(보상주)로서의 하나님은 당신께서 허락하신 율법과 십계명을 통해 '그 자유를 보존'토록 하셨던 것이다. 이를 가리켜 야고보서(1:25)는 '자유하게 하는 온전한 율법'이라고 말씀하셨다.

그런 창조주 하나님은 주권자이시며 스스로 존재하시고 영원하신 여호와(야훼, 스스로 있는 자, I am what(who) I am, I will be what I will be)이시며 우리에게 일방적인 은혜언약(6대 언약: 아담언약, 노아언약(2중언약), 아브라함언약(3중언약), 모세언약(소금언약), 다윗언약(등불언약), 예수 그리스도의 새언약(성취와 완성))을 베풀어 주신 좋으시고 신실하신 하나님이시다.

창조(아버지 되심)와 언약(신랑되신 예수님)의 하나님께서는 우리에게 십계명을 주시며 순종을 요구하셨다. 그러나 '그 순종에의 요구'는 우리가 감당키 어려운 의무나 버거운 짐이 아니라 기실 연약한 우리들을 '보호'하기 위한, 아버지의 아들을 위한 '안전장치'였던 것이다. 종국적으로 우리는 로마서 11장 22절의 말씀처럼 율법을 범하여 하나님의 엄위하심에 찍히는 자가 되어서는 안 되며 하나님께서 허락하신 그 율법(십계명을 포함)을 지킴으로 자유를 보존하여 하나님의 인자하심 가운데 머물러야 할 것이다.

1) 너는 나 외에는 다른 신들을 네게 있게 말지니라

이제는 하나님께서 우리에게 주신 '열 마디의 말씀들'의 하나 하나를 깊이 묵상하며 아버지 하나님의 마음을 찾아가는 시간을 갖고자 한다.

십계명 각 버전 1	
개역한글판	너는 나 외에는 다른 신들을 네게 있게 말지니라
	나 외에는 위하는 신들을 네게 있게 말지니라
개역개정판	너는 나 외에는 다른 신들을 네게 두지 말라
	나 외에는 다른 신들을 네게 두지 말지니라
NIV	You shall have no other gods before me.
히브리어	너는 나 외에는 다른 신들을 네게 두지 말라 לֹא-יִהְיֶה לְךָ אֱלֹהִים אֲחֵרִים, עַל-פָּנָי לֹא-יִהְיֶה לְךָ (로 이히예레카)- 너는 두지 마라 אלהים אחרים (엘로힘 아헤림)- 다른 신들을 על פני (알 파나이)- 내 얼굴 앞에
라틴어	non habebis deos alienos coram me 너는 나 이외의 신들을 갖지 말지어다

하나님은 우리에게 십계명을 주시며 가장 먼저 제1계명인 '너는 나 외에는 다른 신들을 네게 있게 말지니라(출 20:3)', '나 외에는 위하는 신들을 네게 있게 말지니라(신 5:7)'는 말씀을 주셨다. 이는 가시적, 비가시적인 초월적 신들(gods)로부터 무언가를 얻어낼 생각에 앞서 유일하신 하나님만을 섬기고 하나님만을 최고의 가치(core value)로 여기며 하나님만 찬양하

고 경배하라는 말씀이다. 이는 개혁교회와 유대인들의 전통이기도 하다.

참고로 루터교나 로마 카톨릭은 '너는 너를 위하여 새긴 우상을 만들지 말라'의 2번째 계명까지를 합쳐서 제1계명으로 했다.

나와 공저자는 개혁주의자(Reformist)이므로 당연히 개혁교회의 전통을 따른다. 그렇다고 하여 제1, 2계명을 합친 루터교를 틀렸다고 생각지도 않는다. 왜냐하면 종국적으로 우상을 섬기지 말고(제 1계명) 만들지 말라(제 2계명)는 것은 하나의 맥락(context)으로 통하기 때문이다. 참고로 우상을 물리치는 가장 좋은 방법은 '성부하나님께, 성령님의 도움을 바라며, 예수님의 이름으로 기도하는 것'이다. 이때 가장 모범적인 기도가 바로 예수님이 가르쳐 주신 '주기도문'이다.

사족을 달자면 모세오경(율법, 토라)이 하나님께서 모세를 통해 주신 것이라면 십계명은 하나님께서 이스라엘 백성에게 직접 말씀하시고 주신 것이기에 그 자체로 아주 강력하다. 동시에 십계명은 상세하거나 자세하지는 않으나 '간결하며 직설적이고 선명'하다. 그런 십계명에는 범접할 수 없는 강력함, 엄위함, 상상을 초월하는 권위, 독특함과 기이함이 내재되어 있다. 구약학자이자 탁월한 대중 설교자였던 월터 브루그만(Walter Brueggmann)은 그런 십계명의 모든 명령을 가리켜 '참되신 하나님의 속성을 드러내는 독특한 표지'라고 했다.

제1계명은 십계명 중 순서상 가장 먼저 나온 것으로 십계명의 기본이 되며 근본적이기도 하지만 내용의 분량과는 무관하게 중요도 면에서 첫째이다. 십계명은 '종교 다원주의(Religious Pluralism)'를 온전히 배격한다. 그중 제1계명은 하나님이 주신 십계명의 출발 신호탄이며 성도의 삶에 있어서 가장 중요한 원칙이자 중심이다. 그렇기에 우리는 믿음의 대상(삼위일체 하나님은 누구신가)을 바로 알고 '오직 믿음, 믿음, 그리고 믿음(히브리서 장편 주석 제목, 이선일, 이성혜 공저, 산지)'을 통한 바른 삶의 지향점(attitude, value & priority)을 명확하게 정립한 후에 몸부림치며 살아가야 할 것이다.

마틴 루터(Martin Luther, 1483-1546, 독, 종교개혁자, 신학자)는 "십계명을 아는 것은 성경 전체를 아는 것이다"라고까지 했다. 그런 십계명을 제대로 이해하기 위해서는 신구약 정경 66권에서 그 맥락을 이해하는데 도움이 되는 핵심단어들을 먼저 파악해야 한다. 곧 창조, 타락(죄와 하나 됨), 종(죄의 속박, 죄의 굴레)살이, 출애굽과 자유(해방), 그리고 안식(지금 안식, 남은 안식), 왕들, 예언자들, 1차(다니엘과 3친구, 18대 여호야김), 2차(에스겔, 19대 여호야긴), 3차(솔로몬 성전 파괴, BC 586년) 바벨론 포로 생활과 1차(스룹바벨과 예수아, BC 537년), 2차(에스라, BC 458년), 3차(느헤미야, BC 444년) 바벨론에서의 포로 귀환, 초림으로 오신 구속주 예수님, 십자가 대속 죽음과 부활, 교회의 소망(엘피스, 하나님나라에의 입성과 영생), 교회(지상교회, 천상교회)와 교회공동체, 현재형 하나님나라, 승천, 재림, 미래형 하나님나라 등등이다.

존 웨슬리(John Wesley, 1703-1791, 영, 종교개혁자, 신학자)는 십계명의 제1, 2, 3계명을 묶어 '하나님에 대한 우리의 의무'라고 했다. 그렇다고 하여 나머지 계명들은 우리들의 의무가 아니라는 말이 아니다. 나와 공저자는 오히려 십계명은 온 율법과 선지자의 강령(마 22:40)으로서 성도 된 우리들의 삶에는 안전한 보호막이요 하나님과의 바른 관계와 친밀한 교제를 갖기 위한 '즐겁고도 유쾌한 의무'라고 생각한다. 더 나아가 성도의 의무가 아니라 마땅한 도리요 그리스도인들의 권리라고 생각한다.

한편 '나 외에는 다른 신들을 네게 있게 말지니라'에서의 '신(神)'이란 무엇을 말하는 것일까? 이는 쉽고도 모호한 개념이다. 개념화(conceptualization) 작업을 좋아하는 저자와 공저자로서는 바야흐로 진땀이 나는 또 하나의 과정에 들어가버리고 말았다.

두산백과에 의하면 '신(神)'은 신앙의 대상이 되는 성스러운 실재(實在)로서 인격적인 것과 비인격적인 것, 애니미즘(Animism, 물신숭배, 영혼신앙, 만유정령설, 아니마(Anima, 독, Seele, 심혼, 영혼, 숨결))적 인 것과 마나이즘[67](Manaism)적인 것으로 나누고 있다. 협의의 의미로는 인격적, 애니미즘적으로 파악된 성스러운 존재를 말한다. 나와 공저자는 '신(神)'이란 각자의 인생에서 '최고의 가치와 우선순위'를 둠으로 자신을 지배해 버림에도 불구하고 그대로 받아들이는 가시적, 비가시적인 모든 것(대상)이라고 개념정리를 했다.

당연히 '참 신(神)'은 '삼위일체 하나님 한 분'뿐이지만…….

한편 성경은 '하나님은 과연 존재하는가'라는 문제에 답하지 않는다. 오히려 '스스로 존재하시는(자존하시는, 출 3:14) 하나님은 어떤 분이신가'에 방점이 있다.

결국 신(神)이란 각자에게 있어 사랑의 대상이며 자신의 온전한 지배자이자 숭배의 대상을 말한다. 그러고 보면 우리 주변에는 허황된 너무도 많은 무수한 잡신(雜神, gods)들이 있음을 알 수 있다. 예를 들면 출세나 성공, 명예, 권력과 힘, 소유물(집, 땅, 돈, 보석, 장신구 등등), 가나안의 바알신과 아

---

67 원시종교의 유형으로 Fetishism은 물질자체에 능력이 있다는 신념이고 Animism은 물질 안에 정령이 있다고 믿는 신념이다. Manaism은 비인격적인 힘에 대한 정서적 느낌으로 긍정적 힘에 대한 경험을, 타부는 이와 반대로 부정적 힘에 대한 경험을 말한다. 동명고 교목 최종휴 목사(전남노회 합동교단) 휴인세상

세라신, 돈(소유)과 섹스(쾌락) 그리고 권력(지위)으로 이루어진 괴물로 변신한 자아, 육신의 정욕과 안목의 정욕 그리고 이생의 자랑, 곧 먹음직함, 보암 직함, 지혜롭게 할 만큼 탐스러운 것들, 스포츠, 도박과 코인(가상화폐 포함), 술과 마약, 상호의존적(co-dependency)인 친구, 일중독증(workaholic), 심지어 는 잘못 엉켜있는 가족관계(역기능(逆機能) 가정(家庭), dysfunctional family) 등등 잡 신들의 형태는 너무나 많고 그만큼 다양하다.

물질 문명이 발달한 오늘날은 온갖 잡신들이 어우러져 잡탕이 되어 진 정 유일한 신이신 하나님을 죽이려 하고 있다. 그러나 당랑거철(螳螂拒轍, It is like a fly trying to bite a tortoise)일 뿐이다. 당연히 역사상 잡신들의 모든 시 도들은 모조리 다 실패했다. 대신 최근에는 잡신들이 그 얼굴을 바꾸어 온갖 종류의 이단이나 사이비, 미신들로 갈아타며 가면을 쓰고 판을 치 고 있다. 그들은 자신들의 거짓된 지식과 알량한 상식, 왜곡된 문화, 발달 된 이상한 과학기술의 독점, 엉뚱한 거짓 정보 및 과장된 정보, 자유주의 (Liberalism) 등등으로 하나님을 마구 깎아 내리고 폄훼하는 데 주력하고 있 다. 물론 종국적으로는 이들 또한 실패할 것이다.

성경은 모든 종류의 탐심(골 3:5)을 우상숭배 곧 신(神, gods)이라고 경고하 고 있다. 더 나아가 나 외에는 다른 신들을 네게 두지도, 있게도 말지니라 고 하셨다. 곧 '여호와는 한 분(유일한 분, 다른 하나님, 한 분 하나님, 신 6:4, 슥 14:9, 고 전 8:4, 딤전 6:15) 하나님이시다'는 것이다. 그러므로 그 어떤 신도 하나님과 동일하지 않으며 동일시해서도 안 된다. 당연히 그 어떤 신에게도 찬양과 경배, 섬김을 해서는 안 되는 것이다.

2) 너를 위하여 새긴 우상을 만들지 말고

십계명 각 버전 2	
개역한글판	출 20:1-17 너를 위하여 새긴 우상을 만들지 말고, 또 위로 하늘에 있는 것이나, 아래로 땅에 있는 것이나, 땅아래 물 속에 있는 것의 아무 형상이든지 만들지 말며, 그것들에 절하지 말며, 그것들을 섬기지 말라. 나 여호와, 너의 하나님은 질투하는 하나님인즉, 나를 미워하는 자의 죄를 갚되, 아비로부터 아들에게로 삼사 대에 이르게 하거니와, 나를 사랑하고 내 계명을 지키는 자에게는 천 대까지 은혜를 베푸느니라.
	신 5:1.21 너는 자기를 위하여 새긴 우상을 만들지 말고, 위로 하늘에 있는 것이나, 아래로 땅에 있는 것이나, 땅 밑 물 속에 있는 것의 아무 형상이든지 만들지 말며, 그것들에 절하지 말며, 그것들을 섬기지 말라. 나 여호와, 너의 하나님은 질투하는 하나님인즉, 나를 미워하는 자의 죄를 갚되, 아비로부터 아들에게로 삼사 대까지 이르게 하거니와, 나를 사랑하고 내 계명을 지키는 자에게는 천 대까지 은혜를 베푸느니라.
개역개정판	출 20:1-17 너를 위하여 새긴 우상을 만들지 말고, 또 위로 하늘에 있는 것이나, 아래로 땅에 있는 것이나, 땅아래 물 속에 있는 것의 어떤 형상도 만들지 말며, 그것들에 절하지 말며, 그것들을 섬기지 말라. 나 네 하나님, 여호와는 질투하는 하나님인즉, 나를 미워하는 자의 죄를 갚되, 아버지로부터 아들에게로 삼사 대까지 이르게 하거니와, 나를 사랑하고 내 계명을 지키는 자에게는 천 대까지 은혜를 베푸느니라.
	신 5:1-21 너는 자기를 위하여 새긴 우상을 만들지 말고, 위로 하늘에 있는 것이나, 아래로 땅에 있는 것이나, 땅 밑 물 속에 있는 것의 어떤 형상도 만들지 말며, 그것들에 절하지 말며, 그것들을 섬기지 말라. 나 네 하나님, 여호와는 질투하는 하나님인즉, 나를 미워하는 자의 죄를 갚되, 아버지로부터 아들에게로 삼사 대까지 이르게 하거니와, 나를 사랑하고 내 계명을 지키는 자에게는 천 대까지 은혜를 베푸느니라.
NIV	You shall not make for yourself an idol in the form of anything in heaven above or on the earth beneath or in the waters below. You shall not bow down to them or worship them: for I, the LORD your God, am a jealous God, punishing the children for the sin of the fathers to the third and fourth generation of those who hate me, but showing love to a thousand {generations} of those who love me and keep my commandments.

히브리어	너를 위하여 새긴 우상을 만들지 말고, 또 위로 하늘에 있는 것이나, 아래로 땅에 있는 것이나, 땅 아래 물 속에 있는 것의 어떤 형상도 만들지 말며, 그것들에게 절하지 말며, 그것들을 섬기지 말라
	לֹא-תַעֲשֶׂה לְךָ פֶסֶל, וְכָל-תְּמוּנָה, אֲשֶׁר בַּשָּׁמַיִם מִמַּעַל, וַאֲשֶׁר בָּאָרֶץ מִתָּחַת וַאֲשֶׁר בַּמַּיִם, מִתַּחַת לָאָרֶץ. לֹא-תִשְׁתַּחֲוֶה לָהֶם, וְלֹא תָעָבְדֵם 로 타아쎄 레카 페쎌, 베'콜 트무나, 아셰르 바'샤마임 미마알, 바'아셰 르 바아레쯔 미타하트, 바'아셰르 바'마임, 미타핫트 라'아레쯔. 로 티쉬타하베 라헴, 베'로 타아브뎀
	לֹא תעשה לך פסל, וכל תמונה - 너는 너에게 조각(신상)이나 그림을 만들 지 마라 אשר בשמים ממעל - 위에 하늘에 있는 것이나 ואשר בארץ מתחת - 그리고 밑에 땅에 있는 것이나 ואשר במים, מתחת לארץ - 그리고 땅 아래의 물에 있는 것이나 לא תשתחוה להם - 그것들에게 절하지 마라 ולא תעבדם - 그리고 그것들을 섬기지 마라
라틴어	non facies tibi sculptile neque omnem similitudinem quae est in caelo de super et quae in terra deorsum nec eorum quae sunt in aquis sub terra. 네 모습의 조각상도, 하늘 위의 있는 것, 땅에 있는 것, 땅 아래의 물 속에 있는 모든 것들의 상들도 (마찬가지 갖지 말지어다 - 3절에 종속됨) 5 non adorabis ea neque coles ego sum Dominus Deus tuus fortis zelotes visitans iniquitatem patrum in filiis in tertiam et quartam generationem eorum qui oderunt me 그것들을 경애하고 숭배하지 말지어다. 나는 강하고 질투하는 주 하느님이요, 날 미워하는 모든 이들의 아비, 아들, 3대, 그들의 모든 자손들까지 적대할지니라. et faciens misericordiam in milia his qui diligunt me et custodiunt praecepta mea 하지만 날 기꺼이 여기고 내 지시를 따르는 자들에게 무한한 측은지심을 보일지니라.

십계명의 제1계명이 '섬기지 말라'는 것이라면 제2계명은 '만들지 말라'는 것으로 전적 무능(Total Inability), 전적 타락(Total Depravity), 전적 부패(Total Corruption)한 인간이 그들의 헛된 상상과 생각 속에서 하나님을 이상한 존재로 형상화(形象化)하지 말고 그것에 절하지 말라(그것을 섬기지 말라)는 것이다.

'만들어 섬긴다'라는 말에는 노예(종)라는 전제가 깔려 있다. 왜냐하면 이스라엘 백성들의 경우 애굽에서 종(slave)되었다가 출애굽 후 광야에 나와 우상을 만들어 섬기게 되면 또 다른 형태의 노예가 되는 것이기 때문이다. 다시 말하면 하나님은 이스라엘 백성들을 '애굽의 압제 하'에서, 곧 '종살이'에서 자유를 허락하셨는데 그런 그들이 출애굽 후 광야에서 우상을 섬기는 것은 또 다른 형태의 종살이를 하게 된 것이라는 말이다. 대상이나 장소만 바뀌었을 뿐 여전히 종살이는 동일한 것이다.

그러므로 우리는 보이지 않는 하나님의 실상(속성)을 '나타내 보이신 예수님을 통하여' 잘 알고 그분과의 '바른 관계'와 '친밀한 교제'에 힘써야 한다. 그렇지 않으면 예수를 믿은 후 우리는 또 다른 형태의 우상을 섬길 수 있기 때문이다.

성부하나님과 성자예수님의 속성은 동일하다. 그 속성을 정리하면 다음과 같다.

다른 하나님(기능론적 종속성) 한 분 하나님(존재론적 동질성)	
성부하나님의 속성	예수님의 속성
1.공의(심판, 3-4대)와 사랑(1,000대까지)의 하나님 죄를 싫어하심(막 11:15-17, 요 2:14-16) 엄격하게 심판하심 완전한 충성을 요구하심 독설을 퍼붓기도 하심(마 23장) 신실하지 않은 이스라엘(열매 없는 무화과 나무)을 저주하심(막 11:12-14, 20~) 크고 두려우신 분(느 1:5) 2.빛이자 사랑이심(요일 1:5, 4:8) 자비와 긍휼을 베푸시는 분 노하기를 더디하시는 분 우리의 간구를 들으심 능력을 베푸셔서 우리로 하게 하심 대신하여 고난을 감당하시며 더 나아가 속량제물이 되심	

'질투하는 하나님'에서의 '질투'란 인간의 그것과는 차원이 아주 다르다. '하나님의 질투'는 '도덕적 탁월성'을 의미하는 것으로 아내가 자신만을, 남편이 자신만을 사랑하기를 바라는 그것보다 훨씬 뛰어나다. 우리를 향한 하나님의 질투는 진정한 사랑에서 나오는 것으로 참 신(神)이신 하나님'의' 우리를 향한 관심이나 사랑은 인간의 언어로는 딱히 표현할 길이 없다.

인간 세상에서의 부부간의 질투는 도덕적이며 당연히 그래야만 한다. 우리는 종종 '우리 부부 사이에는 질투가 없다'라는 말을 듣곤 하는데 이는 일견 멋져 보이고 서로를 신뢰하는 표시일 수도 있다. 그러나 실상은 서로에 대한 무관심 내지는 진정한 사랑이 아닐 수도 있음을 알아야 한다.

3) 너는 너의 하나님, 여호와의 이름을 망령되이 일컫지 말라.

	십계명 각 버전 3
개역한글판	출 20:1-17 너는 너의 하나님, 여호와의 이름을 망령되이 일컫지 말라. 나 여호와의 이름을 망령되이 일컫는 자를 죄 없다 하지 아니하리라.
	신 5:1.21 너는 너의 하나님, 여호와의 이름을 망령되이 일컫지 말라. 나 여호와는 나의 이름을 망령되이 일컫는 자를 죄 없는 줄로 인정치 아니하리라.
개역개정판	출 20:1-17 너는 네 하나님, 여호와의 이름을 망령되게 부르지 말라. 여호와는 그의 이름을 망령되게 부르는 자를 죄 없다 하지 아니하리라.
	신 5:1.21 너는 네 하나님, 여호와의 이름을 망령되이 일컫지 말라. 나 여호와는 내 이름을 망령되이 일컫는 자를 죄 없는 줄로 인정하지 아니하리라.
NIV	You shall not misuse the name of the LORD your God, for the LORD will not hold anyone guiltless who misuses his name.
히브리어	너는 네 하나님 여호와의 이름을 망령되게 부르지 말라 여호와는 그의 이름을 망령되게 부르는 자를 죄없다 하지 아니하리라 לֹא תִשָּׂא אֶת-שֵׁם-יְהוָה אֱלֹהֶיךָ, לַשָּׁוְא : כִּי לֹא יְנַקֶּה יְהוָה, אֵת אֲשֶׁר-יִשָּׂא אֶת-שְׁמוֹ לַשָּׁוְא 로 티싸 에트 셈 아도나이(야훼) 엘로헤이카, 라샤브: 키 로 에나케 아도나이(야훼), 에트 아셰르 이싸 에트 쉐모 라샤브 לֹא תִשָּׂא - 너는 (입에) 담지마라, 언급하지마라 את שם יהוה אלהיך - 너의 하나님 여호와의 이름을 לשוא - 함부로, 의미없이 כי לא ינקה יהוה - 왜냐하면 여호와는 깨끗케하지 않을 것이다 את אשר ישא - (그 이름을) 입에 담는 사람들 중 את שמו לשוא - 그 이름을 함부로 하는 (사람들을)

라틴어	non adsumes nomen Domini Dei tui in vanum nec enim habebit insontem Dominus eum qui adsumpserit nomen Domini Dei sui frustra 너는 헛되이 주 하느님의 이름을 칭하지 말지어다. 그 어느 누구도 주 하느님의 이름을 헛되이 칭하는 자들은 모두 죄를 받을지니라 (본문은 "헛되이 칭하지 않는 자들은 그 어느 누구도 무죄 하지 않으리라")

'이름'은 그 사람을 특정 짓는 것이며 모든 이름에는 그 나름의 미묘한 '힘'이 있다. 그렇기에 낯선 상대를 만나 이름을 교환하게 되면 서로의 사이는 훨씬 더 가까워진다. 소위 어떤 힘이 작동했기 때문이다. 한편 힘을 가진 자가 어떤 이에게 '이름'을 지어준다는 것은 상대적으로 그보다 더 큰 힘이 있음을 간접적으로 드러내는 것이다. 그래서 부모들은 자식이 태어나면 이름을 지어준다. 고대사회에서는 정복국의 왕이 피지배국의 왕의 이름을 개명하기도 했다. 18대 유대 왕 엘리야김을 여호야김으로 개명해주었던 애굽의 바로 느고가 그 예이다. 결국 '이름'에는 '소속, 소유, 통치권' 등등의 상징적인 의미가 전제되어 있다.

하나님은 이름이 필요 없는(출 3:14) 분이시다. 성경에 나오는 제법 많은 하나님의 이름인 듯 보이는 명칭들은 모두 다 그분의 속성을 의미한다. 한 예로 '그리스도인(크리스티아노스, 행 11:26, Χριστιανός)'이라는 이름은 성도인 우리에게 주어진 이름이기도 하지만 실상은 '그리스도에게 속한 사람'이라는 의미이다.

시편 113편 2-4절에는 "여호와의 이름을 찬양하라"는 말씀이 있다. 문자적으로만 본다면 이 구절은 너무 선명하다. 그러나 어떻게 해석하고 어떻게 적용해야 할까? 이 해석과 적용은 의외로 단순할 뿐더러 적용도 쉽다. 곧 통치권자이신 여호와께 '속한' 하나님의 자녀들, 여호와께 '소속된' 하나님의 자녀들은 하나님만을 찬양하라는 의미이다. 참고로 엘로힘은 전능주 하나님, 창조주 하나님을, 야훼 엘로힘은 디테일을 주관하시는 역사의 주관자 하나님을 가리킨다.

'망령되이 일컫지 말라'는 말씀에서 '망령되이~말라'는 것은 헛되이, 가볍게(칼랄, 바자흐) 농담으로, 문지방을 밟듯(베벨로스) 건성건성으로 대하지 말라는 의미이다. 여기서 우리는 말에 대한 무게와 책임을 질 줄 알아야 한다.

무심코 넘어가기 쉬운 죄의 증상 중 하나는 우리가 뱉은 말에 대해 책임을 지지 않으려는 것이다. 그렇기에 자신의 분명한 인식 하에서 약속했던 말들을 이행하지 않는 것은 더더욱 큰 죄이다. 안타깝게도 오늘날에는 '아무 말 대잔치'와 더불어 점점 더 자신의 말에 무게를 두지 않으려는 태도가 기하급수적으로 늘어나고 있다. 더 큰 문제는 그것이 죄인 줄도 모른 채 자행(恣行, be committed)되고 있다는 사실이다.

하나님의 형상(쩨렘, 데무트)을 따라 지음받은 인간이라면 적어도 자신이 했던 말(약속)에 대하여는 책임을 질 줄 알아야 '인간다운' 것이다. '아무 말 대잔치'를 하는 것은 인간의 고결함을 갉아먹는 기생충이자 아주 나쁜 독충이다. 마치 배춧잎이나 솔잎을 야금야금 갉아먹는 벌레와도 같다.

좋으시고 신실하신 하나님은 인간을 향해 일방적(당신 편에서만 약속을 지키겠다고 하심)으로 말씀하셨던 6대 언약인 은혜언약(일방 언약, 불평등언약)을 성취하심(초림의 예수님)으로 약속하신 말에 대한 본을 보이셨다. 다시 말하면 창조주이자 역사의 주관자이신 하나님은 피조물인 우리에게 아담언약, 노아 언약, 아브라함언약, 모세언약, 다윗언약을 통해 예수 그리스도 새 언약 이 성취되기까지 역사를 주관하시며 그 약속을 이행하심으로 당신께서 하신 말씀을 그대로 지키신 것이다. 그렇기에 성도인 우리는 하나님을 본 받아 말과 그 말의 약속에 대해 좀 더 신중해야 한다. 그리고 일단 말했으 면 자신에게 해(害)가 된다 할지라도 책임을 지고 이행해야 한다.

말의 무게와 약속에 더하여 나는 'Dr Araw의 언어 4원칙'을 한 번 더 강조하고 싶다. 왜냐하면 죽고 사는 것이 혀의 권세에 달렸다(잠 18:21) 고 하셨으며 입과 혀를 지키는 자는 그 영혼을 환난에서 보전하느니라(잠 21:23)고 하셨기 때문이다.

먼저는 3사(思) 1언(言)이다. '3번 생각하고 한 번 말하라'이다. 생각나는 대로 아무렇게나 덤벙덤벙 말을 내뱉는 것은 곤란하다. 대답할 말을 깊 이, 3번 생각하는 사람을 가리켜 "의인(잠 15: 28)"이라고 한다. 잠언 10장 19절은 "말이 많으면 허물을 면키 어려우나 그 입술을 제어하는 자는 지 혜가 있느니라'고 하셨다. 말이란 일단 한 번 뱉으면 두 번 다시 주워담을 수가 없다. '지나가버린 세월'과 일단 한 번 '뱉은 말'은 다시 주워담을 수 가 없는 것이다. 그러므로 한 템포 늦게 말하고 재삼재사(再三再四) 생각한 후에 무거운 책임감을 느끼며 말할 것을 권한다

두 번째는 2청(聽) 1언(言)이다. '듣기는 속히 하고 말하기는 더디 하라(약 1:19)'는 것이다. "사연을 듣기 전에 대답하는 자는 미련하여 욕을 당하느 니라(잠 18:13)"고 하셨다. 그렇기에 두 번 듣고 한 번 말하는 훈련을 하라. 말하고 싶어도 참고 듣는 것에 더 집중할 필요가 있다. 일반적으로 잘 준

비된 지도자일수록 듣는 훈련이 잘 되어있다. 훌륭한 지도자의 소중한 덕목 중 하나는 '큰 귀'를 소유하는 것이다. 성경은 "분외의 말을 하는 것은 미련한 자(잠 17:7)"라고 했다. 더 나아가 지식이 있는 자는 말을 아낀다(잠 17:27)고 했다.

셋째는 1정(正) 1언(言)이다. 3번 생각하고 한 번 말하고 두 번 듣고 한 번 말하는 것은 아주 중요하다. 그러더라도 말을 더 아끼는 것은 아무리 강조해도 지나치지 않다. 그러므로 한 마디 말을 하더라도 팩트를 확인한 후에 '바른 말'을 해야만 한다. '바른 말'을 가리켜 성경은 '선한 말(잠 16:24)'이라고 했다. 그런 말은 꿀송이 같고 마음에 달며 뼈에는 양약이 된다고 했다. 잠언 15장 4절은 "온량한 혀는 곧 생명나무라도 패려한 혀는 마음을 상하게 하느니라"고 했다. 오늘날 너무나 흔하게 보이는, 군림하다시피 거들먹거리는, 많은 정치가들의 가벼운 입, 사실이 아닌(팩트가 아닌) 공해와 소음 같은 말들은 국민들의 스트레스를 가중시키고 마음을 상하게 하며 울화통을 자극하는 쓴 뿌리이자 독이 되고 있다.

마지막 넷째는 1적(適) 1언(言)이다. '바른 말이라도 그 시기가 적절하지 않으면 그냥 절제'하는 것이 낫다. 잠언 12장 18절은 "혹은 칼로 찌름 같이 함부로 말하거니와 지혜로운 자의 혀는 양약 같으니라"고 하셨다. "적당한 말로 대답함은 입맞춤과 같으니라(잠 24:26)", "경우에 합당한 말은 아로새긴 은쟁반에 금사과니라(잠 25:11)"고 하셨다. 더 나아가 "사람은 그 입의 대답으로 말미암아 기쁨을 얻나니 때에 맞은 말이 얼마나 아름다운고 (잠 15:23)"라고 하셨다. 마음을 잘 다스려 말을 절제하는 자를 우리는 지도자(잠 16:32)라 부른다. 지도자의 경우 말을 더듬거리는 것도 문제이나 '아무 말 대잔치'를 벌이는 것은 더욱더 큰 문제이다.

상기의 언어 4원칙을 통해 나와 공저자는 '언어의 신성함', '언어의 소박함', '언어의 간결함', '언어의 청량함', '언어의 담백함'을 강조하고 싶다. 비록 전달 언어가 투박하다고 할지라도 진솔함이 언어에 흠뻑 배여 있으면 좋겠다. 화려한 언어 속의 거짓말은 '앙꼬(팥소, bean jam) 없는 찐방'과 같다. 결국 '듣기는 속히 하고 말하기는 더디 하라(약 1:19)', '아니면 아니고 이면 이라 하라(마 5:37)'이다.

한편 십계명은 쌍방 언약으로 하나님과 하나님의 백성 된 우리와의 약속이다. 그렇기에 우리는 그 약속을 충실하게 최선을 다해 지켜야 한다.

제3계명은 '네 하나님, 여호와의 이름을 망령되이 일컫지 말라'고 하셨다. 곧 농담으로 여기며(창 19:14) 경시하거나, 하찮게 여기는 것, 불성실하게 대하는 것, 공허하게 여기는 것, 욕되게 하는 것(레 19:12, 슥 5:4)을 금한 것이다.

제3계명을 쉽게 어기는 사람은 실상 하나님을 잘 모르는 사람인 경우가 많다. 그런 그들은 창조주 하나님, 전능주 하나님, 역사의 주관자 하나님, 심판주 하나님에 대해 거의 무지하다. 그러다 보니 일상 생활에서 하나님을 욕하고 불경스럽게 대하는 데 익숙한 것이다. 그들은 툭하면 하나님을 원망하고 이상한 단어들을 아무 생각도 없이 마구 사용하곤 한다. 예를 들면 '맙소사(Oh my God)', '세상에(Oh my Goodness)', '젠장(Oh Jesus)' 등이다.

'망령되이'에서의 '망령'에 해당하는 히브리어는 쇼브(שָׁוְא, nm, emptiness, vanity)인데 이는 '실제와 다르게'라는 의미이다.

망령되다= 신성모독 → 상대를 쉽게 저주(קָלַל, 칼랄, 레 20:9, v, to be slight, swift or trifling, lightly esteemed (2), make it lighter, superficially)하는 데까지 이르게 됨	
1)쇠브(שָׁוְא, nm, emptiness, vanity, 쇠브)	실제와 다르다
2)쩨하크(צָחַק, v, mock, make sport, 창 17:17, 18:12)	농담으로 여기다: 코웃음, 비웃음, 가볍게 여김 경멸하다(בָּזָה, 바자흐, v, to despise, 잠 14:2) 가벼이 대하다(נָאַץ, v, 나아쯔, to spurn, treat with contempt, 잠 5:12
3)마틴 루터	하나님의 이름을 걸고 거짓말하거나 사실과 다른 것을 주장하다
4)마태복음(23:3)	말만 하고 행치 않음
5)망령된 언어의 실례	'스포츠 시합에서 하나님은 우리 편이다' '전쟁 중에 어느 한 편에 하나님이 함께하신다 '로또에 꼭 당첨되게 해 달라' 'God damn you'

더 나아가 창세기 19장 14절의 롯의 말에 대한 그의 사위들의 반응인 "농담으로 여겼더라"는 의미가 바로 '망령되다'라는 뜻이다. 이 경우 '망령되다'는 것은 코웃음, 비웃음, 가볍게 여김(superficially estimate, treated and lightly)을 의미하는 것으로 쩨하크(צָחַק, v, mock, make sport, 창 17:17, 18:12)라고 한다. 이는 상대를 경멸(בָּזָה, 바자흐, v, to despise, 잠 14:2)하고 가벼이 대하는 (נָאַץ, v, 나아쯔, to spurn, treat with contempt, 잠 5:12) 짓(태도)이다. 이런 자들은 상대를 아무렇지도 않게, 너무나 쉽게 저주(קָלַל, 칼랄, 레 20:9, v, to be slight, swift or trifling, lightly esteemed (2), make it lighter, superficially)하는 데까지 이르게 된다.

한편 상기의 '망령되다'라는 말은 실상은 '신성모독(神聖冒瀆)'이라는 말과 상통하고 있음을 알아야 한다. 중세 유럽의 스콜라 철학을 대표하던 토마스 아퀴나스(Thomas Aquinas, 1225-1274, 신학자, 철학자, 성인)의 지적이다. 왜냐하면 실제와 다르게 하나님의 이름을 망령되이 일컫거나 하나님의 이름으로 말한(맹세 후 하나님을 증인으로 삼는 행위) 후 우리가 그것을 이행하지 않고 농담으로 취급하면(망령되이 일컬으면) 하나님이 거짓말을 한 것(마 5:33-37, 시 5:6, 아나니아와 삽비라 부부는 물질에 대한 탐욕보다 거짓말 때문에 심판을 받았다)이 되기 때문이다.

좀 더 확장하여 나와 공저자는 '스포츠 시합을 앞두고 하나님은 우리 편이다'라든지 '전쟁 중에 어느 한 편에 하나님이 함께하신다', '로또에 꼭 당첨되게 해 달라', 'God damn you' 등등의 말들 또한 하나님의 이름을 망령되이 일컫는, 신성모독이라는 생각을 하고 있기에 이런 유의 말들을 하거나 혹은 듣는 것에도 많은 부담을 느끼고 있다.

마틴 루터(대요리문답, p17)[68]는 "하나님의 이름을 걸고 거짓말하거나 사실과 다른 것을 주장하는 것"을 가리켜 '망령되다'라고 했다. 그렇기에 귀가 가렵게 된 사람들의 비위를 살살 맞추는 거짓 선지자들(딤후 4:3)과 평강이 없음에도 불구하고 평강이 있다고 외쳤던 선지자들과 그런 유의 제사장들(렘 6:13-14)은 실상 여호와의 이름을 망령되이 일컬었던 자들이다. 이들을 가리켜 마태복음(23:3)은 '말만 하고 행하지 않는 자들'이라고 했다.

전도서의 말씀이 우리의 귓전을 울린다.

---

68 십계명, 스탠리 하우어워스, 윌리엄 윌리몬, 복있는 사람, 2019, p62-63 인용

"너는 하나님 앞에서 함부로 입을 열지 말며 급한 마음으로 말을 내지 말라 하나님은 하늘에 계시고 너는 땅에 있음이라 그런즉 마땅히 말을 적게 할 것이니라 일이 많으면 꿈이 생기고 말이 많으면 우매자의 소리가 나타나느니라" _전 5:2-3

4) 안식일을 기억하여 거룩히 지키라.

십계명 각 버전 4	
개역한글판	출 20:8-11 안식일을 기억하여 거룩히 지키라. 엿새 동안은 힘써 네 모든 일을 행할 것이나, 제칠일은 너의 하나님 여호와의 안식일인즉 너나 네 아들이나 네 딸이나 네 남종이나 네 여종이나 네 육축이나 네 문안에 유하는 객이라도 아무 일도 하지 말라. 이는 엿새 동안에 나 여호와가 하늘과 땅과 바다와 그 가운데 모든 것을 만들고 제칠일에 쉬었음이라. 그러므로 나 여호와가 안식일을 복되게 하여 그 날을 거룩하게 하였느니라.
	신 5:12-15 여호와 너의 하나님이 네게 명한대로 안식일을 지켜 거룩하게 하라. 엿새 동안은 힘써 네 모든 일을 행할 것이나 제칠일은 너의 하나님 여호와의 안식일인즉 너나 네 아들이나 네 딸이나 네 남종이나 네 여종이나 네 소나 네 나귀나 네 모든 육축이나 네 문안에 유하는 객이라도 아무 일도 하지 말고 네 남종이나 네 여종으로 너 같이 안식하게 할지니라. 너는 기억하라 네가 애굽 땅에서 종이 되었더니 너의 하나님 여호와가 강한 손과 편 팔로 너를 거기서 인도하여 내었나니 그러므로 너의 하나님 여호와가 너를 명하여 안식일을 지키라 하느니라.
개역개정판	출 20:8-11 안식일을 기억하여 거룩하게 지키라. 엿새 동안은 힘써 네 모든 일을 행할 것이나, 일곱째날은 네 하나님 여호와의 안식일인즉 너나 네 아들이나 네 딸이나 네 남종이나 네 여종이나 네 가축이나 네 문안에 머무는 객이라도 아무 일도 하지 말라. 이는 엿새 동안에 나 여호와가 하늘과 땅과 바다와 그 가운데 모든 것을 만들고 일곱째날에 쉬었음이라. 그러므로 나 여호와가 안식일을 복되게 하여 그 날을 거룩하게 하였느니라.
	신 5:12-15 네 하나님 여호와가 네게 명령한대로 안식일을 지켜 거룩하게 하라. 엿새 동안은 힘써 네 모든 일을 행할 것이나 일곱째날은 네 하나님 여호와의 안식일인즉 너나 네 아들이나 네 딸이나 네 남종이나 네 여종이나 네 소나 네 나귀나 네 모든 가축이나 네 문안에 유하는 객이라도 아무 일도 하지 못하게 하고 네 남종이나 네 여종에게 너 같이 안식하게 할지니라.

	너는 기억하라 네가 애굽 땅에서 종이 되었더니 네 하나님 여호와가 강한 손과 편 팔로 거기서 너를 인도하여 내었나니 그러므로 네 하나님 여호와가 네게 명령하여 안식일을 지키라 하느니라.
NIV	(출애굽기) Remember the Sabbath day by keeping it holy. Six days you shall labor and do all your work, but the seventh day is a Sabbath to the LORD your God. On it you shall not do any work, neither you, nor your son or daughter, nor your manservant or maidservant, nor your animals, nor the alien within your gates. For in six days the LORD made the heavens and the earth, the sea, and all that is in them, but he rested on the seventh day. Therefore the LORD blessed the Sabbath day and made it holy. (신명기) Observe the Sabbath day by keeping it holy, as the LORD your God has commanded you. Six days you shall labor and do all your work, but the seventh day is a Sabbath to the LORD your God. On it you shall not do any work, neither you, nor your son or daughter, nor your manservant or maidservant, nor your ox, your donkey or any of your animals, nor the alien within your gates, so that your manservant and maidservant may rest, as you do. Remember that you were slaves in Egypt and that the LORD your God brought you out of there with a mighty hand and an outstretched arm. Therefore the LORD your God has commanded you to observe the Sabbath day.
히브리어	안식일을 기억하여 거룩하게 지키라 זָכוֹר אֶת-יוֹם הַשַּׁבָּת, לְקַדְּשׁוֹ 자코르 에트 욤 하'샤바트, 레'카드쇼 זכור - (너는) 기억해라 (명령) את - ~을 יום השבת - 안식일 לקדשו - (그것을) 거룩하게

라틴어	Memento, ut diem sabbati sanctifices. 안식일이 거룩한 날임을 기억하십시오. sex diebus operaberis et facies omnia opera tua 엿새 동안 노동할지며, 너의 모든 일들에 전력을 다할지라. 10 septimo autem die sabbati Domini Dei tui non facies omne opus tu et filius tuus et filia tua servus tuus et ancilla tua iumentum tuum et advena qui est intra portas tuas. 하지만 일곱째 주 안식일에는 너도, 너의 아들도, 너의 딸도, 너의 노예도, 너의 하녀도, 너의 가축도 너의 대문 안의 식객도 모두 어떤 일하지 말지라. 11 sex enim diebus fecit Dominus caelum et terram et mare et omnia quae in eis sunt et requievit in die septimo idcirco benedixit Dominus diei sabbati et sanctificavit eum. 엿새 동안 주님은 하늘과 땅, 바다와 그 안의 모든 것들을 만드셨으되 일곱째 날에 쉬셨으니, 그러한 고로 주님은 안식일을 축복하시고 봉헌하셨느니라.

'안식일을 기억하여 거룩히 지키라' 말씀에서는 엉뚱하게 '안식일'이 맞냐 '주일'이 맞냐의 문제로 인해 몹시 소란하다. 급기야는 소모적인 논쟁으로 인해 교파가 나누어지고 그로 인해 이상한 교리마저 우후죽순(雨後竹筍) 생겨났다.

안식일(금요일 저녁~토요일 저녁)의 주인은 오직 예수님이시다.

요한복음(21장 879구절)의 본문 중 표적의 책(Book of Signs, 1:19~12:50)에는

일곱가지의 사인[69]을 통해 '예수, 그리스도, 생명'임을 드러내고 있다. 특히 3번째 표적인 베데스다(Βηθεσδά, 자비(חֶסֶד, goodness, kindness)의 집(בַּיִת), 예루살렘 동북쪽 양문 곁, 요 5:2) 연못 곁의 38년 된 병자의 치유 표적을 통하여는 '오직 믿음, 오직 은혜, 오직 말씀'으로 구원을 얻게 됨을 보여주고 있다. 동시에 안식일의 진정한 주인은 오직 예수님으로서 예수님의 말씀 안에서만 참 안식을 누릴 수 있음을 보여주고 있다. 한편 주일(일요일)은 예수님의 부활을 기념하는 날로서 이 또한 예수님이 오직 주인이시고 주체이시다. 결국 월, 화, 수, 목, 금, 토, 일요일 등등 모든 날들이 다 주님의 것이다. 그러므로 안식일이냐 주일이냐의 문제가 아니라 모든 날들을 통해 삼위일체 하나님이신 예수님만을 찬양하고 삼위일체 하나님께만 경배를 올려야 할 것이다.

'안식일'이란 히브리어로 쇼바트(שָׁבַת)인데 이는 '일을 중지하다', '행동을 멈추다', '휴식하다'는 의미이다. 그런 안식일은 금요일 해질녘부터 토요일 해질녘까지를 말하며 '주일'은 오늘날의 일요일을 말한다. 유대인들과 제 7일 안식일 예수재림교회, 일부 그리스도교는 전자를, 대부분의 개신교는 주일을 거룩한(구별된) 날로 지정하여 예배를 드리고 있다.

상기의 언급을 두고 볼 때 예배를 드리는 요일이 뭐가 그리도 큰 문제

---

69 첫째는 가나의 혼인잔치 표적이며 둘째는 가버나움의 고위직 신하의 아들이 병 나은 것, 셋째는 38년 된 병자의 치유이야기, 넷째는 벳새다 광야의 5병 2어 이야기, 다섯째는 갈릴리 바다에서 풍랑을 만나 잠잠케 하셨을 뿐 아니라 예수님을 배로 영접했더니 건너편 땅(미래형 하나님나라)에 도착했음을 보여주고 있다. 여섯째는 맹인을 보게 하심이며 일곱째는 죽은 나사로의 부활이야기이다. 참고로 1, 2, 4, 5는 갈릴리 근처에서 일어난 것이고 3, 6, 7은 예루살렘 근처에서 일어난 사건이다. <은혜 위에 은혜러라, 이선일 · 이성진, 산지>참고하라.

가 되는 것일까. 그저 서로가 다른 요일에 예배를 드리는 것일 뿐⋯⋯. 우리가 목숨 걸어야 할 것은 예배의 대상 곧 우리가 믿는 바 우리의 주체이신 삼위일체 하나님을 온전한 주인으로 모시는 것이다.

물론 나와 공저자는 일요일을 주일로 정하여 지키고 있다. 동시에 나와 공저자는 예배를 드림에 있어 '주일'이냐 '일요일'이냐라는 문제로 우기는 것 또한 쓸모없는 논쟁이라고 생각하고 있다. '모든 날이 주님의 날(주일)'이므로 모든 날을 거룩하게 지키되 일요일은 공예배로 드리고 월요일부터 토요일까지는 삶으로의 예배를 거룩히 드리면 좋을 것 같다. 첨언할 것은 already~not yet의 인생 속에서 공예배의 중요성은 아무리 강조해도 지나치지 않다라는 점이다.

종국적으로 캐나다 리젠트대학의 신학교수였던 제임스 패커(James Packer, 1926-2020, 영)의 말[70]을 인용하며 지금까지의 결론을 내리고자 한다. 나와 공저자의 개념으로 바꾸어 대신(對神)관계에 대해 말씀하고 있는 십계명 제 1-4계명까지를 묶어 요약하면 다음과 같다.

우리 그리스도인들은

'충심을 가지고(제1계명, 우상을 섬기지 말라)',

'그 정신으로 무장되어(제2계명, 우상을 만들지 말라)',

'허울좋은 말이 아닌 책임감을 전제한 진지한 약속으로(제3계명, 너의 하나님 여호와의 이름을 망령되이 일컫지 말라)',

더 나아가 일생의 모든 시간을(제4계명, 안식일을 기억하여 거룩히 지키라) 하나님

---

70 십계명, 제임스 패커/김진웅옮김, 아바서원, 2012. P63

만을 진정으로 섬기는데 주력해야 할 것이다.

'안식일을 기억하여 거룩히 지키라'고 했을 때의 '안식일'이란 주님 안에서 안식하는 모든 날로서의 주일(주님의 날, 일요일이 아니라)을 가리킨다. 모든 그리스도인들은 매일매일이 바로 주님의 날(주일)임을 기억해야 할 것이다. 그러므로 특정한 날(요일) 만을 안식일이라고 우기는 것은 무지의 소치이다.

한편 '거룩히 지키라'는 것은 구체적으로 어떻게 지키는 것이 거룩하게 지키는 것인지를 진지하게 고민해야 한다. 앞서 언급했지만 '거룩(코데쉬)'은 하나님의 성품이며 우리는 그 성품을 본받아 '거룩함(카다쉬)'으로 살아가려고 몸부림쳐야 한다. 그런 전제 하에서 우리는 먼저 예배를 드림에 있어 몸과 마음을 '구별되게, 다르게, 차이 나게' 드려야 하며 인생의 모든 날들이 모두 다 주님의 날임을 기억해야 한다. 그렇기에 모든 날들의 예배와 함께 주일예배, 그리고 삶으로의 예배를 '신령과 진정으로', '마음과 뜻과 정성을 다하여', 그리고 '하나님이 기뻐하시는 열납의 예배, 거룩한 산 예배(롬 12:1-2)'로 드려야 할 것이다. 또한 하나님과 사람 앞에서 순수하고 정직하게 살아가기 위해 몸부림을 쳐야 할 것이다. 더 나아가 길지 않은 유한되고 제한된 한 번의 직선 인생을 알차게 살아가되 세월을 아끼면서(엡 5:14-21) 코람데오(Coram Deo) 가운데 삶으로의 예배를 드려야 할 것이다.

무엇보다도 빛과 소금의 역할을 통한 삶으로의 예배를 잘 감당하되 고상한 성품으로 살아가기 위해 몸부림을 쳐야 할 것이다. 성경이 말하는

'고상한 성품'이란 다음의 3가지를 일컫는다. 첫째는 예수님의 성품[71](마 11:29)인 온유($\pi\rho\alpha\tilde{\upsilon}\varsigma$, adj)와 겸손($\tau\alpha\pi\epsilon\iota\nu\acute{o}\varsigma$, adj)을 말하며 둘째, 경건의 삶(딤후 3:5, 유세베이아, $\epsilon\grave{\upsilon}\sigma\acute{\epsilon}\beta\epsilon\iota\alpha$, nf)을 살아내는 성품이고 셋째, 성령님께 지배되어진 선한 양심(벧전 3:16, $\grave{\alpha}\gamma\alpha\theta\acute{\eta}\nu$ $\sigma\upsilon\nu\epsilon\acute{\iota}\delta\eta\sigma\iota\nu$)으로의 삶을 살아내는 성품이다. 고상한 성품을 지닌 사람이라면 종국적으로는 복음과 십자가로 살아가고 복음과 십자가만 사랑하고 자랑하며 살아가야 할 것이다.

이렇듯 삶의 모든 순간순간을 주님 안에서 안식하며 '안식일(주님의 날, 상징적 의미)'을 거룩히 지키며 살아가야 할 것이다.

한편 제4계명의 내용은 출애굽기와 신명기 간에 약간의 차이가 있음에 주목해야 한다. 이는 제4계명을 묵상함에 있어 풍성함을 배가해 준다. 그 차이는 다음과 같다.

출애굽기는 천지창조를 언급(출 20:11)함으로 '창조주 하나님을 기억하라'는 것에 방점이 있다. 반면에 신명기는 천지창조의 언급이 전혀 없다. 대신에 지난날 종 되었던 자에게 쉼을 허락하셔서 안식에로 초대한 것, 곧 '하나님 안에서만 안식이 가능하며 하나님 안에서만 안식하라'는 것에 방점이 있다. 결국 안식일이냐 주일이냐의 문제보다는 '창조주 하나님을 기억하며 그분 안에서만 안식하라'는 것이 바로 제4계명이 말하고자 하

---

71 예수님의 성품(마 11:29)은 온유($\pi\rho\alpha\tilde{\upsilon}\varsigma$, adj, mild, gentle, meekness), 겸손($\tau\alpha\pi\epsilon\iota\nu\acute{o}\varsigma$, adj, low-lying, lowly, lowly in spirit/properly, low: (figuratively) inner lowliness describing the person who depends on the Lord rather than self)이다. 경건의 삶(딤후 3:5, 유세베이아, $\epsilon\grave{\upsilon}\sigma\acute{\epsilon}\beta\epsilon\iota\alpha$, nf)은 piety (towards God), godliness, devotion, (from 2095 /eú "well" and 4576 /sébomai, "venerate, pay homage") - properly, someone's inner response to the things of God which shows itself in godly piety (reverence). 2150 /eusébeia ("godly heart-response") naturally expresses itself in reverence for God, i.e. what He calls sacred (worthy of veneration)이다.

는 요지(要旨, the essentials)이다.

십계명	
출애굽기 20장	신명기 5장
597자(字)	667자(字)
천지창조를 언급(출 20:11)	천지창조의 언급X 대신, 지난 날 종 되었던 자에게 쉼을 허락하셔서 안식에로 초대하심을 언급
'창조주 하나님을 기억하라'는 것에 방점	'하나님 안에서만 안식이 가능하며 하나님 안에서만 안식하라'는 것에 방점

참고로 '안식'과 '휴식'에 대한 미묘한 차이점을 비교해보면서 유한되고 제한된 일회의 직선 인생이 보다 더 풍성한 삶이 되기를 바라며 나와 공저자의 단견(短見)을 고하고자 한다.

모든 사람은 휴식을 원하고 휴식을 즐기려고 최선을 다해 몸부림친다. 심지어는 휴식을 위해 일을 하고 휴식을 위해 돈을 벌려고 한다. 그렇기에 대부분의 사람들은 일을 열심히 하다가 재충전을 위해 잠시 잠깐이라도 휴식을 취하곤 한다. 오죽하면 '노동절(Labor day or May day, 근로자의 날)'이라는 말이 생겼을까? '노동절'이란 언뜻 노동을 기념하는 날처럼 들리지만 오히려 노동을 그치고 휴식을 취하는 날을 말한다. 물론 세부적으로는 노동의 가치와 소중함, 노동자의 열악한 노동조건과 환경을 개선하고 그 지위를 향상시키려는 법정 기념일이기는 하지만……

휴식	안식
육체를 향한 신진대사에의 재충전	하나님 안에서의 견고함 샬롬(에이레네)
시간은 인간의 것으로 인간이 누려야 할 그 무엇	시간은 하나님의 것으로 하나님이 인간에게 주신 선물
하던 일(육체노동)을 올 스톱(all stop)한 후 아무 것도 하지 않는 것 ->나태와 권태, 게으름의 나쁜 열매(Bitterness, 쓴 뿌리의 열매)를 양산	하던 일(거리낄 것이 없는 노동[1])을 멈추고 핵심가치에 따라 우선순위를 재배열(재배치)하는 것 ->열정(뜨거움과 지속성)의 좋은 열매 (성령의 열매)를 양산
편안	평안
Entertainment 말초자극을 통해 힘을 얻는다	부르심과 보내심을 따라 사역하는 것 예배를 통해 힘을 얻는다
세상과의 동행 돈(물질) 섹스(알코올, 마약 등등) 권력(명예)	삼위하나님과의 동행 나하흐의 하나님 에트의 하나님 할라크의 하나님
(Recommended Sabbatical Year System)by Dr. Araw 1)안식일: 월요일에 안식 2)안식월: 1년에 2달(5개월후 한 달) 3)소안식년: 3년후 6개월간 4)대안식년: 6년후 1년간	

---

1 Thomas Aquinas는 노동을 육체노동과 거리낄 것이 없는 노동으로 구분했다. 십계명, 스탠리 하우어워스, 윌리엄 윌리몬, 복있는 사람, 2019, p90

사실 제한된 인간 중에 어느 누가 휴식을 원하지 않는다고 말할 수 있을까? 그러나 인체는 계속적으로 휴식을 늘려가다 보면 부작용도 늘어가게 된다. 이상하게도 휴식은 하면 할수록 더 많은 휴식을 원하게 된다. 게다가 휴식 후에도 흡족한 효과나 만족감을 얻기가 쉽지 않다. 월요병(月曜病, Monday Blues)이 주는 무력감(helplessness)과 피로감(feeling of fatigue)을 떠올려보라. 여름과 겨울 휴가 후의 고단함과 찌푸둥함을 상기해보라. 이미 우리는 지나온 날로부터 이러한 사실들을 너무나 잘 알고 있다. 그래서 그리스도인들은 휴식과 안식을 선명하게 구분함으로 적절하게 한 번의 인생 동안에 균형되게 적용함이 필요하다.

5) 네 부모를 공경하라

십계명 각 버전 5	
개역한글판	출 20:12 네 부모를 공경하라 그리하면 너의 하나님 나 여호와가 네게 준 땅에서 네 생명이 길리라
	신 5:16 너는 너의 하나님 여호와가 명한대로 네 부모를 공경하라 그리하면 너의 하나님 여호와가 네게 준 땅에서 네가 생명이 길고 복을 누리리라.
개역개정판	출 20:12 네 부모를 공경하라 그리하면 네 하나님 여호와가 네게 준 땅에서 네 생명이 길리라.
	신 5:16 너는 네 하나님 여호와께서 명령한대로 네 부모를 공경하라 그리하면 네 하나님 여호와가 네게 준 땅에서 네가 생명이 길고 복을 누리리라.
NIV	(출애굽기) Honor your father and your mother, so that you may live long in the land the LORD your God is giving you. (신명기) Honor your father and your mother, as the LORD your God has commanded you, so that you may live long and that it may go well with you in the land the LORD your God is giving you.
히브리어	네 부모를 공경하라 그리하면, 네 하나님 여호와가 네게 준 땅에서 네 생명이 길리라 כַּבֵּד אֶת-אָבִיךָ, וְאֶת-אִמֶּךָ לְמַעַן, יַאֲרִכוּן יָמֶיךָ, עַל הָאֲדָמָה, אֲשֶׁר-יְהוָה אֱלֹהֶיךָ נֹתֵן לָךְ 카베드 에트 아비카, 베'에트 이메카 레마안, 야아리쿤 야메카, 알 하아다마흐, 아쉐르 야훼 엘로헤카 노텐 라크 כבד - (너는) 공경해라, 존경해라 (명령) את - ~을 אביך - 너의 아버지 אמך - 너의 어머니
라틴어	Honora patrem tuum et matrem tuam. 너의 아버지와 어머니를 공경하여라

십계명의 제1-4계명(신앙에 관한 것)이 하나님과 인간과의 관계 곧 대신(對神) 관계라면 제5-10계명(윤리에 관한 것)은 인간과 인간과의 관계 곧 대인(對人) 관계를 말하고 있다. 대인 관계 중 으뜸을 꼽자면 바로 '부모를 공경하라'이다. 성경에는 인간이 부모를 공경하면 장수(長壽, 출 20:12, 신 5:16)와 더불어 복(福)을 약속하고 있다. 반면에 부모를 공격(조롱, 멸시)하면 심한 꾸지람(마 15:3-9, 막 7:6-13)이나 저주를(창 9:20-27) 경고하고 있다. 특히 부모를 저주하는 자는 죽이라(출 21:17, 레 20:9)고까지 했다.

참고로 토마스 아퀴나스는 십계명의 순서에 의미를 둠으로 인간과 인간과의 관계 곧 대인(對人) 관계에 있어 가장 으뜸되는 것이 바로 '부모를 공경하라'는 것이라며 강조했다.

한편 제5계명과는 전혀 엉뚱한 길로 가버린, 오만의 극치를 달렸던 한 사람이 있었으니 바로 오스트리아의 심리학자이자 신경과 의사인 프로이드(Sigmund Freud, 1856-1939)이다. 그는 '자신을 낳아준 이들을 미워하는 것은 당연하며 치료를 통해 스스로가 자신의 창조주가 될 수 있다'고 했다. 더 나아가 그는 '자신의 유아기적 욕구로 필요했던 우주적 아버지를 아버지 노릇했던 그 경험을 토대로 투사함으로 성부하나님을 고안해낸 것'이라고까지 했다. 그랬던 그에 의해 생겨난 나쁜 열매가 자신의 아버지를 살해하려다 하나님을 살해하고 만 것이다. '부모를 공경하라'가 아니라 '부모를 공격'하고 만 것이다. 하나님은 육신적 부모를 이 땅에서 당신의 대리자로 삼으셨음(대요리문답)에도 불구하고……

우리 모두는 영적으로는 하나님의 자녀이자 육적으로는 부모의 자녀이다. '자녀'라는 것은 나이와 무관하며 그 사람의 지위나 권력과도 무관하다. 나이가 들어도 자녀는 여전히 자녀이다. 높은 직급이든 권력이 하늘을 찌르든 아무 상관없다. 인간이라면 어느 누구나 다 한 부모의 자녀이자 삼위일체 하나님의 자녀이다.

창조주 하나님의 천지창조(창 1:1-2, 1:1-2:25)를 통한 '하나님나라'에는 단위(구조)와 그 구조를 바르게 작동케 하는 기능(원리)이 있다. 하나님의 형상(쩨렘, 하나님의 속성, 곧 지정의)을 따라 하나님의 모양(데무트, 신체적 모양)대로 창조된 잘 준비된 남성과 여성 개개인을 가리켜 하나님나라의 '최소' 단위(구조)라고 한다. 그렇게 잘 준비된 남녀가 결혼하여 부부가 된 것을 하나님나라의 '기본' 단위(구조)라고 한다. 이후 서로 애틋하게 사랑함으로 자자손손 풍성한 가정을 이룬 Spiritual Royal Family들을 가리켜 하나님나라의 '확장' 단위(구조)라고 한다. 결국 부모와 자식은 하나님나라의 구조상 확장 단위이다. 그렇기에 부모를 '공격'하는 것은 하나님나라의 확장을 '방해'하는 것으로 하나님의 창조 원리를 거스르는 것과 같다.

부모 자식과의 관계에 있어 부모의 정당한 권위와 위계질서가 무너지게 되면 무정부 상태에로까지 이어지게 될 수 있다고 마틴 루터(Martin Luther)는 경고한 바 있다.[72]

오늘날 나라와 국가를 위협하는 불순 세력들은 '이상한 자율'을 핑계삼아 학교 교육을 망치면서 학교의 위계질서와 선생님들의 권위를 허물어버렸다. 그런 후 연쇄적으로 가정의 위계질서와 부모님들의 권위를 은근슬쩍 허물어 버림으로 가정 또한 무너뜨려버렸다. 그렇게 함으로 종국적

---

72 십계명, 스탠리 하우어워스, 윌리엄 윌리몬, 복있는 사람, 2019, p110

으로는 나라와 국가를 무너뜨리려는 획책(劃策, plot, scheme, stratagem)을 꾀하고 있는 것이다. 21세기 한국의 현실을 적나라하게 보는 듯하다. 이런 면에서 우리는 반(反) 기독교 세계관적인 전교조(KTU, The Korean Teachers & Educational Workers' Union)의 실체를 눈을 부릅뜨고 감시해야 할 것이다.

우리 그리스도인들은 제5계명을 바라보며 단편적으로 부모에 대한 효(孝)만을 강조하는 것에 그쳐서는 안 된다. 왜냐하면 이 계명은 '주(主) 안에서 네 부모를 공경하라'임과 동시에 '주(主) 안에서 네 자녀를 잘 양육하라'는 전제가 들어있기 때문이다. 다시 강조하지만 '부모 공경'과 '자녀 양육'은 동전의 양면과 같고 손바닥(Palm)과 손등(dorsum of Hand)의 관계와 같음을 잊어서는 안 된다. 그런 의미에서 부모는 자녀의 제사장이며 자녀는 그런 부모를 인정하고 존중해야 한다. 특별히 제5계명의 경우 현실과 직접 연계된 삶으로의 예배이기에 순종과 불순종의 경우 상과 벌에 있어 완연한 차이가 있음을 알아야 한다. 성경은 순종할 경우 이 땅에서 장수하고 복을 누리게 될 것이라고 했다. 물론 이때의 복(福)은 은혜로운 보상 곧 은혜충만을 말한다.

6) 살인하지 말지니라

십계명 각 버전 6	
개역한글판	출 20:13 살인하지 말지니라
	신 5:17살인하지 말지니라
개역개정판	출 20:13 살인하지 말라
	신 5:17살인하지 말지니라
NIV	You shall not murder.
히브리어	살인하지 말라(Thou shall not kill) 〈살해하지 말라(Thou shall not murder) לֹא תִרְצָח 로 티르짜흐 לֹא - 아니다: (하지)마라 תרצח - 살인하다 2인칭 남자 단수 미래형
라틴어	Non occides. 살인하지 마라.

제6계명의 '살인하지 말라'에서의 '살인(殺人, murder, homicide)'의 단순한 문자적 의미는 악의에 의해 불법적으로 '사람'을 죽이는 것을 말한다. 그렇기에 동식물을 죽이거나 사형집행, 전장에서 사람을 죽이는 것은 해당되지 않는다. 사실 '살인'을 단순히 이렇게만 정의하는 것은 애매할 뿐만 아니라 논란의 여지 또한 많게 된다.

문자적 의미와는 달리 성경은 '살인'의 범위에 하나님의 형상대로 지음 받은 '인간의 존엄성'과 '인격'을 파괴하는 행위도 살인에 해당한다(마 5:21-26)라며 경고하고 있다. 그러므로 악의(마 5:22), 학대, 고의성에 관계없이 제 3자를 향한 온갖 형태의 폭력(마 5:21-26, 분노, 라가, 미련(빌어먹을 놈)하다고 칭하는 것 등등), 형제를 미워하는 것(마 15:19-22, 요일 3:15, 계 9:21), 낙태(abortion, termination, 아직 세상에 태어나지 않은 태아의 목숨을 끊는 행위, 태아를 모체에서 분리하는 행위), 자살과 안락사(노쇠하거나 자신이 비참하게 느껴질 때 생명을 죽이기 위해 모든 일는 감행하는 행위) 등등도 살인이라고 했다. 참고로 '살해하다(murder, 왕상 21:9, 자기 방어가 포함됨)'의 히브리어는 라짜흐(רָצַח)이고 '살인하다'의 히브리어는 나카흐(נָכָה, v, to smite, 창 4:15, הָרַג, v, to kill, slay, 창 12:12, 34:25)이다.

그리스도인이라면 제6계명을 교묘하게 포장하여 '고의성이 없는 우발적인 살인'을 들먹이는 것은 지양(止揚)해야 한다. 더 나아가 그에 대한 정당성을 변명하려는 시도 또한 절제해야 한다.

하나님께서 제6계명을 주신 목적은 '창조주 하나님만이 생명의 주인'이심을 자각하라는 것이다. 그런 하나님 앞에서 그리스도인들은 비폭력적으로 살아갈 것과 폭력적인 곳에 평화를 전하는 자로서의 역할에 집중해야 한다. 더 나아가 창조주 하나님은 당신의 형상(쩨렘, 지, 정, 의등 성품적 속성)을 따라 당신의 모양(데무트, 신체적인 특징)대로 보시기에 심히 좋게 창조했던 인류를 하나로 묶기를 원하셨음을 알아야 한다. 그런 아버지 하나님의 마음을 읽는다면 모든 그리스도인들은 너나 할 것 없이 앞장서서 '서로 사랑'과 '먼저 사랑'을 실천해야 할 것이다. 하나님은 모든 종류의 폭력, 위해(危害)를 가하는 일, 살인을 금하셨는데 우리를 지으신 그분만이 '살인하지 말라'는 정당한 명령을 내리실 수 있다.

'살인'의 경우 외면적으로는 손과 발 등 다양한 도구를 사용하여 일어나지만 내면적으로는 분노와 증오, 원망, 원한이라는 쓴 뿌리로부터 마구 더럽혀져 버린 '마음과 생각'에서 기인한다. 그렇기에 온 율법과 선지자의 강령은 '서로 사랑', '먼저 사랑'이었던 것이다. 그러므로 먼저는 '사랑'의 바탕 위에 개개인이 견고하게 서야 한다. 이후 그런 개인을 바탕으로 교회공동체가 '사랑'의 바탕 위에 선다면 이는 이웃으로, 나라와 국가, 전 민족, 전 지구촌으로 점점 더 확대되어 갈 것이다. 이것이 바로 하나님께서 제6계명을 주신 이유이다.

메노파(Mennoniten, 메노나이트파, 재세례파) 교도들의 조심스러운 포스터가 인상적이다. 그들은 '이 세상의 그리스도인들만이라도 다른 그리스도인을 죽이지 않기로 작정한다면'이라고 표어를 삼았다. 이는 오늘의 대한민국의 그리스도인들이 정치적인 문제로 적군과 아군을 구분하지 못하고 교회 내에서 서로를 향해 마구 총질하고 있는 것에 큰 경종을 울리는 말이다.

사족을 달자면, '싸움에서의 전선'은 정확하게 잘 구분하는 것이 중요하다. 누구와 싸울 것인지를 분명히 해야 한다는 말이다. 적군이라면 아무리 친밀을 가장한다고 할지라도 물리쳐야 한다. 아군이라면 아무리 얄밉다고 할지라도 기도하며 인내하며 기다려 주어야 한다. 적군과 아군을 혼동하여 적군과 손잡으려 하거나 아군을 마구 괴멸(壞滅, destruction, demolition, ruin)하려고 해서는 안 된다.

한편 구약에는 역사의 주관자 하나님의 허용 하에서 일어난 많은 전쟁들이 있다. 일단 전쟁이 일어나면 너무나 많은 사람들이 죽어 나간다. 서로를 미워하면서 죽이고 죽는다. 일종의 제6계명을 정면으로 어긴 것이다. 그들 전쟁은 모두 다 죄에 굴복한 결과 일어났다. 말하자면 구약의 모든 전쟁들은 대의(great cause)를 앞세운 정당한 전쟁(Just War)이 아니었다는 것이다. 분명한 것이 있다면 하나님의 '분노(진노)적 허용(호 13:10-11)' 하에서 일어났다는 것이다.

고의적인 살인을 제외한 어찌할 수 없는 우발적인 살인의 경우에 성경은 도피성 제도(민 35:22-25)를 두어 정당한 재판을 받도록 했다. 그렇다고 하여 그것이 합법적이라는 것은 아니다. 더 나아가 앞서도 언급했지만 성경이 그런 살인을 정당화하거나 긍정적으로 묘사한 것은 더더욱 아니다. 모든 생명은 하나님의 것이며 인간은 하나님의 피조물이다. 그렇기에 사람의 생명을 경외하는 것은 하나님을 경외하는 것이다. 참고로 종교적 우파(Religious right)의 주장인, 곧 '하나님이 계시지 않는다면 무엇이든 허용된다'라는 말은 전제 자체부터 틀렸으며 그 말 자체로 모순이다.

조금 다른 차원의 이야기이지만 하나님의 허용 하에서 일어나는 '순교'는 아주 귀하다. 하나님이 기뻐하시는 유일한 죽음은 '순교'뿐이다.

7) 간음하지 말지니라

십계명 각 버전 7	
개역한글판	출 20:14 간음하지 말지니라
	신 5:18 간음하지도 말지니라
개역개정판	출 20:14 간음하지 말라
	신 5:18 간음하지 말지니라
NIV	You shall not commit adultery.
히브리어	간음하지 말라 לֹא תִנְאָף 로 틴아프 לֹא - 아니다: (하지)마라 תנאף - 간통하다: 2인칭 남자단수 미래형
라틴어	Non moechaberis. 간음하지 마라

제7계명을 바르게 이해하려면 먼저는 '간음'의 정의(definition, 마 19:1-12, 막 10:1-12, 신 24:1-4)를 바르게 규정해야 한다. 왜냐하면 세태와 더불어 다양화되는 시대정신(時代精神, spirit of the age(time), Zeitgeist, 헤겔)과 상황윤리(狀況倫理, situation ethics)에 따라 그때그때 '간음'의 정의가 변하는 것은 곤란하기 때문이다.

먼저 간음(姦淫, fornication)과 간통(姦通, adultery)의 사전적 차이를 살펴보자. 전자는 혼인 중인 사람이 합법적인 혼인 관계를 벗어나 '결혼이든 미혼이든 관계없이' 배우자 이외의 상대와의 부정한 성(性) 관계를 말한다. 후자는 '미혼을 제외'한 배우자가 있는 남녀가 배우자 이외의 사람(기혼자 간의 간통, double adultery)과의 부정한 성(性) 관계(혼외섹스)를 말한다. 그러고 보면 간음이 좀 더 광범위한 개념이다.

특별히 히브리서 장편주석 〈오직 믿음, 믿음, 그리고 믿음, 이선일·이성혜, 산지〉에서 나와 공저자는 음행(淫行, single & double adultery(간통))의 경우는 혼전섹스로, 간음(姦淫, fornication)의 경우는 혼외섹스로 구분하여 히브리서 13장 4절의 말씀을 해석했다. '음행'이든 '간음'이든 '간통'이든 단어들의 정의가 어떠하든 간에 성도는 먼저 그리스도의 신부로서 그리스도와 연합하여 이미 한 몸(세례, 밥티조, 고전 6:15)이 된 상태임을 잊지 말아야 한다.

결국 부부간의 애틋한 사랑에서 벗어난 모든 행위는 이미 제7계명을 정확하게 어긴 것임을 알아야 한다. 더 나아가 외적 행위뿐만 아니라 마음, 입술, 몸 전체를 포함한 온갖 호색과 악한 의도, 온갖 부류의 원인과 동기, 수단 또한 제7계명을 어긴 것임을 기억해야 할 것이다.

종교개혁자이자 신학자인 칼뱅(John Calvin, 프, 1509-1564)은 기만과 성적인 죄, 거짓과 간통에는 '속임수'가 들어있다고 지적했다. 미국의 기독교 윤리학자 폴 램지(Robert Paul Ramsey, 1913-1988)는 진솔한 마음이 담기지 않은 '당신을 사랑해'라는 말 속에는 '나는 당신을 이용해 내 욕망을 채우고 싶어'라는 의미가 내재되어 있다고 꼬집었다. 이는 나와 공저자의 개념적 해석이기는 하다.

한편 한국 사회에도 비슷하게 흔히 잘 사용되는 말이 있다. '너, 오빠 못 믿니' 혹은 '오빠가 다 책임질게'라는 말이다. 이는 전형적인 거짓말이요 악한 의도이다. 이러한 멘트는 짐짓 '포장된 가짜 애정'을 이용하여 상대의 육체를 탐닉하고자 하는 달콤한 속임수이다. 이런 것들은 자기 기만일 뿐만 아니라 동시에 상대까지도 기만하는 것이다.

정말 상대를 사랑한다면 '그날까지' 기다려주어야 한다. 모두의 축복과 인정을 받는 그날까지! 매 순간 젊음의 욕정을 참아내느라 송곳을 허벅지에 찌르는 아픔을 감내 하고라도…….

오늘날의 세속화된 현대 문화는 성(性)을 희화화(戱畵化)하면서 마치 음담 패설(淫談悖說, EDPS)이 유머이기라도 하듯 몇 겹으로 치장을 해 버렸다. 그리하여 심지어는 공중파 방송에서까지 남발하며 사회를 마구 오염시켜 가고 있다. '손에 넣다(scoring), 한 건 올리다(hitting), 낚다(hooking), 따먹다(score with a girl)' 등등의 저속한 표현들은 천민 자본주의가 성(性)을 상품화 하면서 더욱 보편화, 가속화되고 있다. 이런 도도한 흐름 가운데 성도들은 이런 말들의 홍수를 과감하게 거슬러 올라가야 할 것이다.

토마스 아퀴나스는 '부부는 한 몸이기에 간음은 살인과 같다'고 했는데 이 부분에 나와 공저자는 적극 동의하고 있다. 그렇기에 '다른 사람과 한 몸이 되었다'는 것은 이미 기존의 배우자를 칼로 자른 것이며 더 나아가 다른 사람과 합쳤다는 것이기에 살인한 것이 맞다. 그리고 보면 제6계명 살인과 제7계명 간음은 밀접하게 연관되어 있어 보인다.

한편 부부간의 섹스는 하나님께서 부부에게 주신 최고의 선물 중 하나임을 알아야 한다. 그러므로 저자의 부부는 결혼 주례를 할 때마다 신랑 신부에게 '서로를 사랑합니까'라고 묻지 않는다. 의도적으로 '서로를 깊이 적극적으로 사랑(부부관계)하겠습니까'라고 묻는다. 결혼 후 부부간의 섹스에 있어 적극적일 뿐만 아니라 한껏 누리고 즐기라고 격려하는 차원에서이다. 참고로 우리 부부는 주례시 함께 선다. 곧 2:2 결혼 예배이다. 주례자 2명, 신랑, 신부가 함께 하는 결혼 예배이다.

　앞서 언급했지만 나와 공저자는 '간음'을 혼외(婚外) 섹스로, '음행'을 혼전(婚前) 섹스로 규정한다. 그러나 부부간의 '섹스'는 하나님이 인간에게 주신 최고의 선물로 규정하고 있다. 한편 '동성애(homosexuality)'는 아예 언급조차 할 필요도 없기에 논외(論外)이다.[73] 모든 젊은이들은 결혼 전에는 자신을 잘 가꾸며 장래의 배우자를 생각하여(진정 사랑하고 존중한다면, 어렵겠지만 자위행위조차도) 음행을 삼가야 한다. 결혼 후에는 부부 이외의 섹스인 간음은 상상도 말아야 한다. 제7계명에서 '간음하지 말라'고 하셨기 때문이다.
　한편 부부간에는 하나님의 주신 선물인 '부부관계'를 적극적으로 마

73　(레 18:22, 롬 1:26-28, 고전 6:9, ἀρσενοκοίτης, nm, (from 730 /árrhēn, "a male" and 2845 /koítē, "a mat, bed") - properly, a man in bed with another man: a homosexual)을 참고하라'

음껏 즐김이 마땅하다. 그래야 주신 분의 마음을 바로 읽는 것이기 때문이다. 종종 일단의 크리스천들에게서 '부부관계'에 대해 결벽증(潔癖症, mysophobia)같은 반응을 볼 때가 있는데 이때마다 교육자인 나는 많이 당황스럽다. 어떤 이들은 주일을 잘 지키기 위해 토요일에는 아예 각방을 쓴다고도 한다. 이런 반응과 태도는 이분법적인 시각, 이원론적인 사상에서 유래된, 쓴 뿌리에서 나온 나쁜 열매일 뿐이다. 특별히 '섹스'에 대한 잘못된 생각(말초적 자극, 신체적 정신적 긴장 해소, 동물적 자극에 대한 반응, 상대를 통제, 수치심이나 굴욕감, 모욕감, 경멸감을 주기 위해 등등)은 섹스 자체의 소중함과 가치를 떨어뜨릴 수 있음을 알아야 한다. 자칫하면 섹스를 추하고 하찮게 여겨 회피하게 되며 섹스를 통한 기쁨보다는 혐오감을 쌓게 되기도 한다.

부부간의 섹스란 '애정과 성실함, 그리고 생물학적 본능'이 결합된 것이다. 더 나아가 부부관계는 '둘이 하나(spiritual oneness & physical oneness)'임을 확인함으로 부부라는 온전함과 완전함을 느낄 수 있게 한다. 그런 부부관계는 하나님이 주신 최고의 선물 중 하나이다. 부부는 섹스를 반복함으로 서로를 깊이 알아가며 상대에게만 내어주고 받음으로 서로에게만 속한 사람임을 깨닫게 된다. 명심할 것은 부부관계는 한 번 하더라도 최선을 다해야 하며 상대를 향하여는 지극한 헌신의 자세로 임해야 한다는 것이다. 부부간의 섹스에 대한 이상한 결벽증 같은 터부(taboo)는 선물로 주신 하나님의 마음을 오해한 결과임을 알아야 한다. 오히려 하나님께서 선물로 주셨으니 마음껏 누릴 뿐만 아니라 부부에게 주신 소중한 사명이므로 충성되게 감당해야 한다. 어떤 면에서는 부부에게 주신 귀한 사역

중 하나로서 '맡은 자에게 구할 것은 충성'이라고 하셨으니 충성되게 감당해야만 한다. 아내는 남편의 기쁨을 위해, 동시에 남편은 아내의 기쁨을 위해 적극적으로 능동적으로 임해야 한다. 조금 오버한다면 죽기까지 해야 한다. 그러다 죽으면 그것은 '순교'라고 당당하게 선언할 것이다.

앞서 언급했지만 소위 신실하다는(?) 크리스천일수록 주일예배를 경건하게 드리고자 '토요일은 각방을 쓴다'곤 하는데 조금은 엉뚱하며 약간은 황당하기까지 하다. 물론 주일을 준비하며 지난 한 주간을 점검하기 위해, 그러면서 하나님과의 독대의 시간을 가지기 위해 그런 원칙을 세웠다면 참으로 귀한 일이다. 당연히 그렇게 하는 일에 부부간의 충분한 소통과 부부 사이의 동의가 필요하지만……. 그러나 만에 하나(one in ten thousand) 부부간의 섹스가 부정적으로 인식되어 주일을 위해 토요일만큼은 부부관계는 물론이요 아예 각방을 쓰는 것이라면 이는 한참 잘못된 것이다.

모든 사람은 나이가 들게 되면 남녀 구분없이 코를 골거나 이를 갈거나 등등 잠자리의 버릇이 그다지 얌전하지만은 않다. 그러다 보니 크리스천 중년 부부의 경우 서로의 편의를 위해 많은 경우 각방을 쓴다고 한다. 이 또한 잘못된 판단으로 이는 일종의 침소를 더럽히는(히 13:4) 행위이다.

나의 생각은 이렇다. 부부는 한평생을 살며 반드시 한 침대(one bed)에 함께 눕는 것이 바람직하다. 비록 상대의 코골이나 이를 가는 소리 등으로 인해 긴긴 밤을 지새운다 할지라도…….

물론 그러다가 피곤이 쌓이면 죽을 수도 있다. 그러면 나는 그런 죽음을 가리켜 '순교'라고 명명하는데 주저하지 않는다. 오히려 노년의 크리스천 부부들은 힘들더라도 상대가 코를 골며 잘 잔다면 '아직은 살아 있구나'라고 확인할 수 있음에 감사하기를 바란다. 반면에 뒤척이지 않거나 코를 골지 않는 등 너무 조용히 잔다면 혹시라도 '먼저 하늘나라로 갔나'를 매번 확인해야 하기에 오히려 더욱더 잠을 못 이룰 수밖에 없다. 그러므로 배우자가 코를 골든 이를 갈든 잠꼬대를 하든 간에 너무 힘들어하지 말라. 그저 배우자가 살아서 곁에 있다는 사실에 감사하고 또 감사하라.

'단잠'에 대한 팁을 하나 드린다면 '베개(pillow, 부부 각각 2개, 하나는 베고 하나는 안고 자면 좋다)'와 '침대(Bed)'에 정성(과감한 투자)을 드리라는 것이다. 더하여 '사이즈가 큰 쿠션(Cushion, 두 다리 사이에 끼고 자면 좋다)'을 준비하는 것도 도움이 된다. 초기에 돈이 조금 더 들어간다고 하더라도 다른 것에는 절약하고 잠자리의 안락을 위한 '최적화'에 과감하게 투자하기를 바란다.

다시 강조하지만 몸이 멀어지면 마음도 멀어질 수 있음에 각방을 쓰는 것은 그리 바람직하지 못하다. 또한 부부 사이에 약간의 틈(Gap)이라도 보이게 되면 악한 영적 세력들은 그런 기회를 거의 놓치지 않고 득달같이 (immediately, right away) 달려든다. 그 녀석들에게 당신 부부의 틈새를 보이지 않도록 최선을 다해 노력함이 마땅하다. 또한 혼외섹스는 죄성(罪性)의 발로이므로 아예 상상조차 하지 말아야 할 것이다. 부부간의 섹스가 원활하지 않거나 부족하면 죄의 그 길로 가는 발걸음이 점점 더 가속될 수 있음을 기억하라. 오늘날 간간이 들려오는 한국교회 안에서 일어나고 있는 혼외섹스에 대한 풍문이 못내 속상하고 안타깝다.

기억해야 할 것은 부부간의 '정절(貞節, fidelity, chastity)'인데 이는 상대를 향한 진정한 헌신이 전제되어야 가능하다. '정절'은 두 사람의 삶을 든든하게 지지해준다. 더 나아가 힘들고 어려울 때 견고한 힘(power)을 발휘케 하는 사랑의 동력이 된다. 결국 정절은 진실됨, 신실함과 어우러져 삶의 고단함을 끝까지 견디어 나가게 하는 '인내'라는 열매로 나타나게 된다.

안타깝게도 정절이 많이 무너져버린 오늘날에는 점점 더 '혼외정사'를 정당화하고 있다. 그러면서 성욕(sexuality)을 가진 인간은 성(性)을 즐길 권리가 있고 그렇게 하는 것이 꼭 나쁘다고만은 할 수 없다며 힘주어 말하곤 한다. 과연 그럴까? 만약 그렇게 혼외정사가 보편적으로 계속된다면 인간의 죄성(罪性)은 그런 상황을 더욱더 부추켜 혼외정사를 로맨스로 위장하면서 일상의 트렌드로 만들어버릴 것이다. 이럴 경우 서로를 향한 진실된 사랑이 바탕이 된 친밀감과 진솔함, 그리고 신실함은 기대하기 어려워지게 될 것이다.

히브리서 13장 4절은 "모든 사람은 혼인(γάμος, nm, a marriage, wedding, wedding-ceremony: plur: a wedding-feast, 결혼 및 결혼식)을 귀히 여기고 침소(κοίτη, nf, (a) a bed, (b) a marriage bed: plur: repeated (immoral) sexual intercourse, a place for lying down, resting, sleeping in: a bed, couch, 부부관계, 한 침대에 누움)를 더럽히지 말라 음행(πόρνος, nm, a fornicator, whoremonger, man who prostitutes himself, 혼전 섹스)하는 자들과 간음(μοιχός, nm, an adulterer, that is, a man who is guilty with a married woman, 혼외섹스)하는 자들을 하나님이 심판하시리라"고 하셨다. 모든 크리스천들은 엄위하신 '하나님의 심판(κρινεῖ ὁ Θεός, God will judge)'을 두려워해야 한다. 하나님께서 당신의 의지를 드러내시며 반드시 심판하시겠다는 말씀을 제7계명과 더불어 히브리서 말씀을 통해 주셨기 때문이다.

8) 도적질하지 말지니라

십계명 각 버전 8	
개역한글판	출 20:15 도적질하지 말지니라
	신 5:19 도적직하지도 말지니라
개역개정판	출 20:15 도둑질하지 말지니라
	신 5:19 도적직하지 말지니라
NIV	You shall not steal.
히브리어	도둑질하지 말라 לֹא תִגְנֹב 로 티그노브 לֹא - 아니다: (하지)마라 תִגְנֹב - 도둑질하다, 훔치다: 2인칭 남자단수 미래형
라틴어	Non furtum facies. 도둑질하지 마라.

'도둑질(혹은 도적질, stealing)'에 자신도 모르게 연루(連累, be involved in)되지 않으려면 먼저는 '소유(property, ownership)개념'과 '사유(cogitatio, thinking)개념(by Descartes' philosophy, 가장 기본적, 핵심적 개념)'을 잘 구분할 수 있어야 한다. 전자의 경우 무엇을 가질 수 있는 권리인 동시에 처분할 수 있는(가시적인 것들에 대한) 권리이다. 반면에 후자는 지성과 의지의 모든 작용들, 그리고 욕구들, 감정들, 정신 안에 있는 모든 현상들에 대한(비가시적인 것들까지도 포함한) 권리이다.

통상적으로 말하는 '절도'의 경우는 '소유'를 훔치는 것에만 국한되어 있다. 곧 자기 소유가 아닌 남의 소유를 훔치는 것을 '도둑질'이라 한다.

나와 공저자는 '소유'를 훔치는 것과 더불어 '사유(思惟)'를 제한하는 것까지도 도둑질에 포함시키고 있다.

　이상한 것 중 하나는 오늘날의 한국 사회가 절도(소유 & 사유에 대한 도둑질)에 대해 그다지 나쁜 것으로 생각지 않고 '그 정도는……'이라며 '그냥 눈감고 넘어간다'는 사실이다. 이는 명백한 현대사회의 병리 현상(病理現狀)중 하나이다. 또한 공동체의 소유임에도 불구하고 그것을 개인적으로 사유화(私有化)하면서 그것이 도둑질이라는 의식조차도 없는 것은 지독한 양심 마비의 증거이기도 하다. 공공의 재산, 공공의 권리, 공중도덕 등등을 침해하는 행위는 명백한 도둑질이다. 사실 더 놀랍고도 황당한 것은 대도(大盜)의 경우 박수갈채와 더불어 영웅 대접까지 받는다는 점이다. 참으로 헷갈린다.

　마르크스주의자(a Marxist)들은 자본주의를 가리켜 '합법화된 탐욕'이라며[74] '도둑질의 한 형태'라고 지적하기도 했다. 이런 점에서 볼 때 도둑질 곧 절도에 대해 더 엄격했던 마틴 루터는 마르크스가 자본주의를 가리켜 '합법화된 절도 체제'라고 지적할 때마다 토마스 아퀴나스보다 훨씬 더 심하게 고개를 끄덕였을 듯하다.

　나와 공저자는 상기의 생각과 조금 다르다. '자본주의(capitalism)'라고 하여 무조건적으로 터부시하는 것은 곤란하다는 것이다. 그러나 정경유착, 빈부격차, 물신숭배, 독점과 투기 등등으로 인한 정치적, 경제적, 사회적 불평등을 야기하는 타락한 자본주의인 천민자본주의(賤民資本主義,

---

74　반면에 자본주의자들은 사회주의를 가리켜 '합법화된 질투'라고 했다.

Pariakapitalismus, 전근대적, 비합리적 자본주의, 독 사회학자, 사상가 by Max Weber, 1864-1920)의 경우에는 '그렇다'라고 긍정할 수 있다. 반면에 '성경적 자본주의는 전혀 아니다'라고 생각한다. 왜냐하면 에베소서(4:28)의 사유재산에 대한 말씀 때문이다. 성경은 '우리에게 주어진 사유재산은 소유하기 위해서라기보다는 가난한 이웃을 구제하기 위해서'라고 했다. 그런 점에서 초기 기독교 교부였던 요한 크리스소톰(John Crysostom, 37대 콘스탄티노플 대주교, 347-407)의 날카로운 음성이 들리는 듯하다. 그는 '가난한 자들에게 자신의 소유를 나누지 않는 것은 도둑질이고 그들의 목숨을 빼앗는 것과 같다'고 일갈했다.

제8계명에 대한 기독교적 해석으로 야고보서 5장 1-6절의 말씀이 제시[75] 되기도 했다. 결국 도적질이란 남의 소유를 훔치지 않더라도 일한 수고에 대한 정당한 대가를 주지 않는 것, 지독하게 사치하는 것, 쾌락을 위해 대가를 지불하는 것, 주변을 바라보지 않고 먹고 마시자라고 했던 어리석은 부자(눅 12:13-21)처럼 몸과 마음을 살지게 하는 것 등등을 말한다.

성경이 말하는 도적질이란? (약 5:1-6)	
1	일한 수고의 정당한 대가를 주지 않는 것 곧 임금(賃金) 체불(滯拂)
2	지독하게 사치하는 것
3	쾌락을 위해 대가를 지불하는 것
4	주변을 바라보지 않고 먹고 마시자 라고 했던 어리석은 부자(눅 12:13-21) 처럼 몸과 마음을 살지게 하는 것

75 십계명, 스탠리 하우어워스, 윌리엄 윌리몬, 복있는 사람, 2019, p167-168

"들으라 부한 자들아 너희에게 임할 고생을 인하여 울고 통곡하라 너희 재물은 썩었고 너희 옷은 좀먹었으며 너희 금과 은은 녹이 슬었으니 이 녹이 너희에게 증거가 되며 불같이 너희 살을 먹으리라 너희가 말세에 재물을 쌓았도다 보라 너희 밭에 추수한 품군에게 주지 아니한 삯이 소리지르며 추수한 자의 우는 소리가 만군의 주의 귀에 들렸느니라 너희 땅에서 사치하고 연락하여 도살의 날에 너희 마음을 살지게 하였도다 너희가 옳은 자를 정죄하였도다 또 죽였도다 그는 너희에게 대항하지 아니하였느니라"_약 5:1-6

토마스 아퀴나스는 제6계명(살인하지 말라)은 이웃에 대하여, 제7계명(간음하지 말라)은 배우자에 대하여, 제8계명(도둑질하지 말라)은 이웃의 소유에 대하여 침해하지 말라는 것이라고 해석했다.

앞에서도 언급했듯이 '도적질(도둑질)'이란 단순히 남의 것을 강탈하는 것만을 의미하지 않는다. 남을 속여 나의 것을 늘려가는 것 또한 '도적질'이다. 그렇기에 도둑질이란 가시적인 물질 혹은 재물의 강탈뿐만 아니라 비가시적인 것을 강탈하는 것까지도 포함되어 있다. 결국 도둑질에는 가시적 비가시적인 여러가지 다양한 대상이 있음을 알아야 한다.

특별히 나와 공저자는 가장 먼저 '시간 도둑'들에게 경종을 울리고 싶다. 특별히 이 항목은 우리를 마음껏 기대하시며 우리에게 소중한 일회의 유한된 직선 인생을 허락하신 하나님의 것(시간)을 도둑질하는 것임을 알고 바싹 긴장해야 한다. 우리 각자에게 주어진 한 번의 직선 인생을 허비하지 말라. 인생을 허비하는 것은 하나님의 것을 도둑질하는 것이다. 상대와의 약속에 늦거나 아예 약속을 어기는 것은 상대의 인생을 도둑질하는 것이다. 그들의 유한된 직선 인생에의 한정적인 시간을 빼앗지 말라. 그것은 '시간 도둑'이다.

좀 더 확장하면 '건강 도둑', '달란트 도둑' 등등도 무지막지한 도둑에 해당한다. 내게 주신 '건강'을 하나님의 영광을 위해 사용하지 않는다면, 내게 주신 '달란트'를 하나님의 영광을 위해 사용하지 않는다면 그런 사람은 하나님의 것을 훔치는 도둑이다. 결국 세상에 대해 복음과 십자가로 살아가지 않는 것, 세상을 향해 복음과 십자가를 자랑하지 않는 것은 복음을 듣지 못한 세상에 대해 크리스천들이 알게 모르게 저지르고 있는 도둑질인 것이다.

또한 상대를 모함하여 내가 선하게 보임으로 그의 명예를 빼앗는 것도 도둑질이다. 왜냐하면 앞서가는 사람을 험담하고 모함함으로 그들의 신용을 떨어뜨려 그들의 평판을 훔쳤기 때문이다. 이를 가리켜 '신용도둑' 혹은 '평판 도둑'이라고 한다.

남의 돈을 빌린 후 갚지 않는 것은 그 돈으로 다른 사람이 할 수 있는 기회를 빼앗은 도둑질이다. 곧 '기회 도둑'이다.

도둑질의 또 다른 형태 (by Dr. Araw & Co-Author)	
시간 도둑	내게 주신 '시간'을 하나님의 영광을 위해 사용하지 않았다면
건강 도둑	내게 주신 '건강'을 하나님의 영광을 위해 사용하지 않았다면
달란트 도둑	내게 주신 '달란트'를 하나님의 영광을 위해 사용하지 않았다면
신용 도둑 혹은 평판 도둑	상대를 모함하여 내가 선하게 보임으로 그의 명예를 빼앗았다면
기회 도둑	남의 돈을 빌린 후 갚지 않아 다른 사람이 할 수 있는 기회를 빼앗았다면

공평(공정)하지 않은 추를 사용하여 폭리를 취하거나 지나친 가격상승, 부당이득 취득 등등 또한 도둑질과 진배없다(레 19:36, 잠 11:1). 더 나아가 금권(金權) 선거(選擧), 매관매직(賣官賣職), 이권 카르텔들의 결탁, 법관들의 재판 지연, 이념에 사로잡힌 법관들의 불공정한 재판 잣대, 노동자들의 불법 태업(怠業)이나 파업(罷業), 세금을 마치 자기 것인 양 생각하며 마구 질러버리는 정치인들의 행위, 포퓰리즘(populism)적 정책 남발 등등을 행하였다면 그것은 도둑에 진배없다.

"속이는 저울은 여호와께서 미워하시나 공평한 추는 그가 기뻐하시느니라"_잠 11:1

모든 '도적질'은 만족함이 없는, 그칠 줄 모르는 탐욕에서 비롯된다. 그런 탐욕을 가리켜 성경(골 3:5)은 탐심으로서 우상숭배라고 지적했다. 탐욕과 탐심은 '지금보다', '남보다' 더 많이 가지려는 욕심의 발로(發露, expression, manifestation)이다. 그러다 보니 맹목적인 질투 속에 과도한 경쟁심으로 다른 사람에 대한 재산이나 권리를 빼앗기 일쑤이며 심지어는 천국시민권마저 독차지하려고 한다.

그리스도인들이 우선 명심할 것은, '재산'이란 나의 것이 아니라 하나님의 것이라는 분명한 인식이다. 동시에 우리는 재산에 있어 그분의 '관리인(청지기)'이라는 사실이다. 결국 우리가 '지금' 가지고 있는 소유권이란 실상은 청지기로서 '맡은 자에게 주어진 관리권'인 것이다. 그렇다면 우리의 재산은 달란트인 것이 맞다. 그렇기에 '많다', 혹은 '적다'고 하면서 2달란트냐, 5달란트냐의 문제에 집착할 것이 아니다. 누가 충성된 청지기이며 누가 악하고 게으른 청지기냐에 집중해야 할 것이다.

이제 우리가 가장 먼저 해야 할 일은 도둑질에 대해 진정으로 회개하는 일이다. 회개는 잘못을 인정하고 원래의 자리로 되돌아가는 것까지를 말한다. 곧 '회개'에는 확연한 '돌아섬과 변화'가 전제되어 있어야 한다. 혹여라도 배상할 일(출 22:1-15, 레 6:1-7)이 있다면 삭개오의 경우(눅 19:8)가 좋은 예라고 할 수 있겠다. 1907년 우리 대한민국에서 일어났던 평양 장대현교회의 '평양대부흥운동'에서의 회개운동은 놀라운 역사적 고증(考證, historical evidence)이기도 하다.

조심스럽지만 꼭 첨언하고픈 것은 오늘의 한국교회에 '십일조 운동'과 '감사헌금 운동'이 꼭 필요하다는 것이다. 이는 벌과 복의 개념으로서가 아니라 그리스도인으로서 우리에게 허락하신 모든 물질은 '하나님의 것'이라는 '고백'과 함께 진솔한 '신앙고백의 척도'이기 때문이다. 더 나아가 연약한 육신을 가진 인간으로서 제8계명을 가장 잘 지키는 하나의 귀한 방도가 될 수 있기 때문이다.

물론 '헌금(연(捐), 버릴 연, 보(補), 도울 보, donation, 고후 8-9장)'문제에 있어 철저하게 전제되어야 할 것은 '교회 재정의 투명성'이다. 동시에 가급적 지켜져야 할 원칙은 교회의 리더십들이나 Full time Missionary(전임사역자)들은 '상대적으로' 조금은 청빈(淸貧)했으면 하는 바람이다. 무조건 가난해야만 한다는 의미가 아니다. 지난 역사를 돌이켜 볼 때 교회공동체가 돈이나 권력을 많이 가지거나 성직자가 부유해지면 반드시 세속화의 길로 들어서버리곤 했음을 보여주었기 때문이다. 그들은 종국적으로 부패하고 또 부패하여 썩은 냄새를 풍기곤 했었다.

9) 네 이웃에 대하여 거짓 증거하지 말지니라

십계명 각 버전 9	
개역한글판	출 20:16 네 이웃에 대하여 거짓 증거하지 말지니라
	신 5:20 네 이웃에 대하여 거짓 증거하지 말라
개역개정판	출 20:16 네 이웃에 대하여 거짓 증거하지도 말지니라
	신 5:20 네 이웃에 대하여 거짓 증거하지 말지니라
NIV	You shall not give false testimony against your neighbor.
히브리어	네 이웃에 대하여 거짓 증거하지 말라 לֹא-תַעֲנֶה בְרֵעֲךָ עֵד שָׁקֶר 로 타아네 베레아카 에드 샤케르 לֹא - 아니다: (하지)마라 תַעֲנֶה - 대답하다: 2인칭 남자단수 미래형 רֵעֲךָ - 너의 이웃, 너의 친구: רֵעַ [레아] 이웃, 친구 עֵד - 증인, 증언 שָׁקֶר - 거짓, 거짓말
라틴어	Non loqueris falsum testimonium. 너는 그릇된 증언을 하지 마라 non loqueris contra proximum tuum falsum testimonium 너의 이웃에게 반하여 거짓을 증언하지 말지어다

제9계명(네 이웃에 대하여 거짓 증거하지 말라)은 마치 제3계명과 약간은 중복되는 느낌이 든다. 왜냐하면 제3계명에서는 '네 하나님 여호와의 이름을 망령되이 일컫지 말라'고 했다. 이 말인즉 하나님의 이름을 망령되이 일컬을 정도이면 사람과의 관계에서 거짓증언이나 거짓말은 너무나 쉽게 행해질 수 있다는 말이다. 결국 제9계명은 제3계명에 더하여 하나님과 동시에 사람을 대함에 있어서도 더욱더 경각심을 가지라는 의미로 받아들

일 수 있다.

'거짓(lying)'이란 '진실이 아닌 것', 혹은 '어떤 정보 따위가 사실이 아닌 것'을 말한다. 더 나아가 반(半)만 진실인 것도 거짓에 해당한다. 신명기에서는 '신실하지 않음'이라고 했다. 이런 제9계명의 거짓 증거에 대해 NIV는 give false testimony로, NEB는 give false evidence로, KJV, RSV는 bear false witness로 번역했다. 서방기독교의 존경받는 교부였던 아우구스티누스(St. Augustinus, 354-430, Hippo)는 〈거짓말에 관하여〉라는 책에서 '거짓말이란 상대를 속일 목적으로 사실과 다르게 말하는 것'이라고 했다. 분명한 것은, 모든 거짓말은 거짓말쟁이자 거짓의 아비인 사단이 가장 좋아하는 레시피(Recipe)라는 점이다.

한편 사람들은 왜 거짓말을 할까? 나와 공저자는 영적 죽음 상태에서 죄성(罪性)을 지니고 태어난, 본성적으로 타락한 인간은 거짓말을 할 수밖에 없다는 절대절명의 사실에 약간의 절망을 느낀다. 그러나 예수를 믿은 후 성령충만함 가운데 그분을 주인으로 모시고 그분의 통치와 질서, 지배하에 살아가면 그나마 거짓말을 적게 할 수도 있다. 그런 의미에서 볼 때 그리스도인들은 거짓과 싸우며 거짓을 뿌리칠 수 있게 되었음에 감사해야 한다. 그렇기에 성령충만하게 되면 거짓이라는 죄와 싸우되 피 흘리기까지 싸울 수 있게 된다는 것이 기쁜 것이다. Already~not yet인 우리가 가슴 벅찬 소망을 가질 수 있게 되는 그날 이후에는 결코 거짓을 말할 수가 없게 된다는 사실이 기쁜 것이다.

사단은 거짓말쟁이요 거짓의 아비(요 8:44)이다. 그렇기에 사단의 하수인이 되거나 앞잡이가 되면 거짓말을 안 할 수가 없게 된다. 그러다 보면 거짓은 일상화(日常化)되어 버리고 만다. 그렇기에 일상생활에서 '지속적으로' 거짓말을 하는 사람은 이미 사단나라에 속한 사람이라고 해도 아주 지나치지 않은 지적이다.

한편 진리에 대해 바르게 설교하지 않고 투박한 복음을 진솔하게 전하지 않으며 동시에 이를 화려한 언변으로만 꾸며 자신을 돋보이게 하려고 거창하게 치장하는 설교 또한 일종의 거짓말에 해당할 수도 있음을 알아야 한다. 더 나아가 설교 본문과 영 동떨어진 설교는 교인들을 향한 목회적 기만 행위이자 목회자 스스로도 사단에게 보기 좋게 속은 것일 수도 있음에 긴장해야 한다. 가만히 보면 사단은 강단에서조차 교묘하게 숨어서 설교자를 속이며 작동하고 있음을 알 수 있다.

거짓말은 법정에서도, 병원에서도 빈번하게 일어나고 있다. 작금의 대한민국에서 벌어지고 있는 사법부의 재판 연기와 지연, 왜곡된 재판 판정, 다수를 장악한 입법부의 거짓말에 입각한 무지막지한 '아무렇게나 법' 집행 통과, 새가슴(coward)을 가진 초짜 행정부의 미숙함을 은근슬쩍 가리는 모든 것들, 언론의 왜곡, 직무유기 등등은 모두 다 거짓말에 근거하고 있음을 알아야 한다.

일반적으로 사람들이 거짓말을 하는 것은 악한 의도가 있거나 자신의 잘못(실책)을 숨기려 할 때이다. 종종 화인(火印)맞은 양심이기에 거짓말에 가책을 느끼지 못하거나 자신이 거짓말하는 것조차도 모를 때도 있다. 또한 자신의 적나라한 실체를 숨기려 할 때, 상대를 속여 자기의 이익을 극대화하려고 할 때에 거짓말을 하곤 한다. 더 나아가 두려움을 감추기 위해 거짓말할 때도 있고 과장된 자존심으로 상대를 무시하고자 할 때, 자신을 돌보이고자 할 때, 복수를 위해 속일 때 등등에서 사람들은 너무나 쉽게 거짓말을 하곤 한다.

드물게는 남에게 해가 되지 않는다고 생각하며 '하얀 거짓말(선의의 거짓말, white lie)' 곧 '선의의 거짓말'을 하기도 한다. 사회적으로는 타이밍(timing) 상 부득이한 경우 '하얀 거짓말'이 용인되기도 한다. 예를 들면 나약해져 있는 암환자에게는 진실을 숨기는 것이 낫다. 또한 라합처럼 정탐군을 숨겨주며 거짓말하는 경우도 있다.

그렇다면 사람을 위해(危害)하는 일에 공모하지 않으려고 진실을 말하지 않는 것, 공공정책의 비밀 등등의 경우 '하얀 거짓말'은 용인되어야 할까? 이 경우에는 제9계명과 무관한 것인가?

그 대답의 경우 성경의 말씀과 인간적인 상식이나 윤리적인 측면에서의 답은 상충될 수밖에 없다. 문자적으로만 접근하여 해석하는 것의 위험이기도 하다. 결국 우리는 제9계명을 주신 아버지 하나님의 마음에 집중해야 한다. '~하지 말라'에 숨겨진 그분의 뜻을 헤아려야만 한다는 것이다. 그러므로 매사 매 순간 그런 상황이 닥쳐오면 '최선(最善)'이냐 '최소악(惡)'이냐의 문제에 있어 하나님께 각자가 답을 구해야 할 것 같다.

그렇다 하더라도 하나님은 모든 종류의 거짓말을 다 싫어하심을 알아야 한다. 왜냐하면 거짓말을 함으로써 타락한 인간의 본성이 다시 죄의 구렁텅이로 점점 더 깊이 들어가기 때문이다. 또한 거짓말이 아무리 사랑과 충성에서 비롯되었다 할지라도 그것은 하나님의 마음이 아님을 알아야 한다. 더 나아가 자칫하면 목적이 수단화 될 위험도 있다. 물론 이웃을 위해(for) 한 것(하얀 거짓말)이 이웃에 대항(against)하여 한 것(새빨간 거짓말)보다야 나을 수 있다. 그렇더라도 '거짓말'은 하나님의 마음이 아니다. 왜냐하면 그러한 때조차도 우리의 마음은 여전히 불편함을 느끼기 때문이다.

이런 애매한 경우가 닥치면 우리는 가장 먼저 무릎부터 꿇어야 한다. 하나님과의 '독대의 시간'을 통해 주인 되신 하나님을 신뢰하고 여전히 유한되고 제한된 나 자신을 인정하며 그때그때 당신의 음성을 올바로 듣기 위해 지혜를 구하여야 할 것이다. 더 나아가 '하얀 거짓말'을 할 수밖에 없는 이 야릇한 상황 속에서 '최소 악(惡)'에 대하여조차 하나님의 뜻이 아님을 알고 그렇게 하였다면 얼른 진정으로 '아주 적은 거짓말조차도' 회개할 수 있는 마음을 구해야 할 것이다.

거짓이 없으신 하나님(딛 1:2, 민 23:19, 삼상 15:29)은 당신의 형상대로 당신의 모양을 따라 지음 받은 우리가 거짓 없이 신실하게 살아가기를 기대하신다. 그런 하나님은 "거짓된 혀와~거짓을 말하는 망령된 증인(잠 6:17, 19)"을 미워하신다. 잠언 19장 5절에는 "거짓 증인은 벌을 면치 못할 것이요 거짓말을 내는 자도 피치 못하리라"고 하셨다.

'거짓'에 대한 잠언의 반복된 말씀은 정말 많다. 거짓말을 하는 자를 가리켜 거짓증인(12:17, 14:5)이라고 한다. 이들은 벌을 받게 되고(19:5) 망하게 될 것(19:9, 21:28)이며 자기의 해한 자를 미워하고 말살하게까지 될 것(26:28)이다. 반면에 사람의 생명을 구하는 신실한 증인(14:25)은 거짓말을 하지 않으며 영원히 보존되는 진실한 입술을 소유하게 되나 거짓 혀는 잠시 동안만 있을 뿐이라(12:19)고 하셨다. 거짓 입술은 여호와께 미움을 받게 되고(12:22) 의인은 거짓말을 미워한다(13:5)고 하셨다. 거짓말하는 자는 그 또한 악한 혀가 하는 말에 귀 기울임으로 자신 또한 속는다(17:4)고 경고하셨다. 존귀한 자에게는 거짓말이 합당치 않으며(17:7) 거짓말하는 자보다 차라리 가난한 자가 낫다(19:22)고 하셨다. 자기의 이웃을 쳐서 거짓 증거하는 사람은 방망이요 칼이요 뾰족한 화살이니라(25:18)고 하셨다.

우리는 잠언 30장 8절의 말씀을 따라 "거짓말을 내게서 멀리 하옵시며"라고 기도해야 한다. 더 나아가 아버지 하나님의 마음을 먼저 파악한 후 아버지 하나님의 시선이 가는 곳을 동일하게 바라볼 수 있어야 한다.

종국적으로 하나님께서는 "모든 거짓말하는 자(계 21:8)", "거짓말하는 자(계 21:27)", "거짓말을 좋아하며 지어내는 자(계 22:15)"들은 거룩한 성 새 예루살렘 성밖에 있으리라(계 22:15)고 하셨다. 좀 더 적나라하게 표현하자면 "불과 유황으로 타는 못, 둘째 사망에 참예(계 21:8)"하게 될 것이라고 하셨다.

제9계명을 마치기 전 우리는 하나님께서 우리에게 입을 주신 이유가 무엇일까를 한번쯤은 진지하게 고민해보아야 한다. 이사야 43장 21절은 그 답에 대해 직설적으로 말씀하시기도 했다.

"이 백성은 내가 나를 위하여 지었나니 나의 찬송을 부르게 하려 함이니라"_사 43:21

그렇다. 우리에게 입을 주신 것은 하나님과의 바른 관계와 친밀한 교제를 위해 주셨다. 곧 그 입으로 삼위하나님을 전하고(복음전파) 삼위하나님께 찬양과 경배를 하라고 주신 것이다. 더 나아가 하나님과의 친밀한 교제를 위해 '기도'라는 성도의 특권으로 당신과 원활한 소통을 하라고 주셨다.

그러므로 우리는 먼저 입에서 거짓말을 제하여야 한다. 그런 후 우리의 입을 통해 하나님만을 찬양하고 경배하며 우리에게 주신 입으로 진술하게 아버지 하나님께 기도해야 한다. 무엇보다도 그들이 듣든지 아니 듣든지 예수는 그리스도라 가르치기와 선포하기를 그치지 말아야 한다. 이제 후로는 하나님의 은혜의 복음을 전하는 그 일에 입술이 터서 갈라질 때까지, 목이 쉬어 말이 나오지 않을 때까지 그 입을 사용해야 할 것이다.

사족을 달자면, 앞서 각자의 몫으로 남겨두었지만 상대에게 상처를 주지 않기 위해 침묵하거나 사실을 왜곡하는 것 또한 거짓말임을 알아야 한다. 일종의 '하얀 거짓말'에도 '근신(νήφω, ν)'과 '깨어있음(γρηγορέω, ν)'이 필요하다(벧전 5:8)는 것이다. 그리스도인들의 경우 '흰 것을 검다'고 말할 수는 없다. 도둑은 도둑놈이지 '도둑님'은 아닌 것이다. 범죄나 범죄자를 비난할 때에 아름다운 칭호를 쓰는 것은 본말이 전도(本末顚倒, topsy-turvydom)된 것임을 알아야 한다.

그런 의미에서 예수님은 사실에 대하여는 '하얀 거짓말'이 아닌 욕까지도(독사의 자식들아(마 3:7, 12:34, 눅 3:7), 독사의 새끼들아(마 23:33), 강도의 굴혈 혹은 소굴(마 21:13, 막 11:17, 눅 19:46)) 마다하지 않으셨다. 마틴 루터도 그랬다. 오늘날 한국 사회에서 우파를 대변하며 아스팔트에서 싸우고 있는 입이 거친 모 목사의 말(욕설)을 두고도 너무 일방적으로 한쪽으로 몰아가서는 안 될 것이다.

10) 네 이웃의 집을 탐내지 말지니라

십계명 각 버전 10	
개역한글판	출 20:17 네 이웃의 집을 탐내지 말지니라 네 이웃의 아내나 그의 남종이나 그의 여종이나 그의 소나 그의 나귀나 무릇 네 이웃의 소유를 탐내지 말지니라
	신 5:21 네 이웃의 아내를 탐내지도 말지니라 네 이웃의 집이나 그의 밭이나 그의 남종이나 그의 여종이나 그의 소나 그의 나귀나 무릇 네 이웃의 소유를 탐내지 말지니라 신 5:22 여호와께서 이 모든 말씀을 산 위 불 가운데, 구름 가운데, 흑암 가운데서 큰 음성으로 너희 총회에 이르신 후에 더 말씀하지 아니하시고 그것을 두 돌판에 써서 내게 주셨느니라
개역개정판	출 20:17 네 이웃의 집을 탐내지 말라 네 이웃의 아내나 그의 남종이나 그의 여종이나 그의 소나 그의 나귀나 무릇 네 이웃의 소유를 탐내지 말라
	신 5:21 네 이웃의 아내를 탐내지 말지니라 네 이웃의 집이나 그의 밭이나 그의 남종이나 그의 여종이나 그의 소나 그의 나귀나 무릇 네 이웃의 소유를 탐내지 말지니라 신 5:22 여호와께서 이 모든 말씀을 산 위 불 가운데, 구름 가운데, 흑암 가운데에서 큰 음성으로 너희 총회에 이르신 후에 더 말씀하지 아니하시고 그것을 두 돌판에 써서 내게 주셨느니라
NIV	You shall not covet your neighbor's wife. You shall not set your desire on your neighbor's house or land, his manservant or maidservant, his ox or donkey, or anything that belongs to your neighbor." These are the commandments the LORD proclaimed in a loud voice to your whole assembly there on the mountain from out of the fire, the cloud and the deep darkness; and he added nothing more. Then he wrote them on two stone tablets and gave them to me.

히브리어	네 이웃의 집을 탐내지 말라 네이웃의 아내나 그의 남종이나 그의 여종이나 그의 소나 그의 나귀나 무릇 네 이웃의 소유를 탐내지 말라 לֹא תַחְמֹד, בֵּית רֵעֶךָ 로 타흐모드, 베이트 레에카 לֹא-תַחְמֹד אֵשֶׁת רֵעֶךָ, וְעַבְדּוֹ וַאֲמָתוֹ וְשׁוֹרוֹ וַחֲמֹרוֹ, וְכֹל, אֲשֶׁר לְרֵעֶךָ 로 타흐모드 에세트 레에카, 바아브도 바아마토 바소로 바하모로, 베 콜, 아쉐르 레레에카 לֹא - 아니다: (하지)마라 תחמד - 탐내다: 2인칭 남자단수 미래형 בית - 집 רֵעֶךָ - 너의 이웃, 너의 친구: רע [레아] 이웃, 친구 אשה - 여자: 아내 עבד - 종 (남자) שור - 숫소 חמור - 당나귀 כל - 모두
라틴어	Non desiderabis uxorem eius. 너는 남의 아내를 탐내지 마라. Non concupisces universa proximi tui. 너는 너의 이웃의 모든 것을 탐내지 마라. non concupisces domum proximi tui nec desiderabis uxorem eius non servum non ancillam non bovem non asinum nec omnia quae illius sunt 네 이웃의 집도, 이웃의 아내도, 이웃의 노예와 하녀도, 이웃의 수소와 당나귀도, 그 어떠한 이웃의 것도 탐내지 말지어다.

   '탐내지 말라'는 것은 '탐심(탐욕과 시기, 남의 것을 탐하는 강한 욕망)을 부리지 말라'는 것으로 이 부분에 대해 하나님은 우리의 언행(言行) 심사(心思) 모두를 다 감찰(시 11:4-5, 잠 15:3, 16:2, 21:2)하실 것이라고 말씀하고 있다. 특별히 마음과 생각 속에 숨겨진, 잠재되어 있는 무질서한 무서운 욕망(evil desire)

까지도 살피겠다고 하셨다.

사실 '탐내지 말라'는 것은 주신 것에 자족(αὐτάρκεια, nf, self-satisfaction, self-sufficiency, 自足, 빌 4:11-12)하고 감사(感謝)하며 만족(滿足)하라는 말이기도 하다. 그렇기에 어느 누군가가 '나는 자족하고 감사하며 만족하다'고 말할 때 그는 '행복하다'라고 말하는 것과 같다. 결국 '행복'의 또 다른 이름이 바로 '자족(自足), 감사(感謝), 만족(滿足)'인 것이다. 그렇기에 현세에의 욕망이 충족되지 않아 불행한 것이 아니라 끝없는 강한 욕망으로 인해 결코 충족될 수 없는 것으로 만족을 느끼려 하고 실현되지 않는 것을 끊임없이 되풀이하며 갈망하는 것이 불행의 단초가 되는 것이다.

행복의 반대말은 '염려[76](μεριμνάω, v)와 근심(θορυβέω, v)'이다. 일단 염려와 근심이 생기기 시작하면 마음은 둘로 나뉘어져 두 마음(δίψυχος, adj)이 되고 만다. 두 마음을 품는 것을 '의심(διακρίνω, v)'이라고 한다. 결국 염려와 근심, 두 마음으로 나뉘는 것, 곧 의심은 신뢰의 부족으로 연결되어 행복을 깨어버리는 지름길이 된다.

디모데전서 6장 6절은 "그러나 지족하는 마음이 있으면 경건이 큰 이

---

76 염려(μεριμνάω, v)는 (from 3308 /mérimna, "a part, as opposed to the whole") - properly, drawn in opposite directions: "divided into parts" (A. T. Robertson): (figuratively) "to go to pieces" because pulled apart (in different directions), like the force exerted by sinful anxiety (worry). Positively, 3309 (merimnáō) is used of effectively distributing concern, in proper relation to the whole picture (cf. 1 Cor 12:25: Phil 2:20))와 근심(θορυβέω, v, make ado, agitate, I disturb greatly, terrify, strike with panic: mid: I show agitation of mind, snr 10:41)'이다. 염려와 근심이 생기면 마음이 갈라져 두 마음(δίψυχος, adj, of two minds, wavering, (lit: of two souls, of two selves), double-minded, 약 1:8)이 된다. 두 마음을 품는 것을 '의심(διακρίνω, v, "literally means, 'to separate throughout or wholly' (dia, 'asunder,' krinō, 'to judge,' from a root kri, meaning 'separation'), then, to distinguish, decide" (Vine, Unger, White, NT, 125).], 약 1:6)이라고 한다.

익이 되느니라"고 하셨다. 히브리서 13장 5-6절에도 "돈을 사랑치 말고 있는 바를 족한 줄로 알라 그가 친히 말씀하시기를 내가 과연 너희를 버리지 아니하고 과연 너희를 떠나지 아니하리라 하셨느니라 그러므로 우리가 담대히 말하되 주는 나를 돕는 자시니 내가 무서워 아니하겠노라 사람이 내게 어찌하리요 하노라"고 말씀하셨다.

우리는 빌립보서 4장 11-13절의 말씀을 따라 종국적으로 결론을 맺어야 한다.

"내가 궁핍하므로 말하는 것이 아니라 어떠한 형편에든지 내가 자족하기를 배웠노니 내가 비천에 처할 줄도 알고 풍부에 처할 줄도 알아 모든 일에 배부르며 배고픔과 풍부와 궁핍에도 일체의 비경을 배웠노라 내게 능력 주시는 자 안에서 내가 모든 것을 할 수 있느니라"_빌 4:11-13

'탐심'은 이미 가진 것에 만족치 못하고 더 많이 가지려는 지나친 욕심에서 나온다. 그러다 보니 탐심의 대상이 바로 최고의 가치가 되어 그것을 얻는 일을 최우선 순위에 두게 되는 것이다. 그렇기에 골로새서 3장 5절은 '탐심은 우상숭배'라고 지적하셨다. 구약에 나오는 악한 왕 아합과 그의 아내 이세벨은 나봇의 포도원을 빼앗은 것도 모자라 그를 누명 씌워 죽이기까지 했다. 다윗은 밧세바를 빼앗은 것도 모자라 충직한 신하 우리야를 죽이기까지 했다. 여호수아가 하나님을 신뢰함으로 여리고 성을 무너뜨렸을 당시 아간은 재물이 탐이 나서 시날산의 아름다운 외투 한 벌, 은 이백 세겔, 금덩이 오십 세겔을 훔쳤다.

바울은 "돈을 사랑함이 일만 악의 뿌리가 되나니 이것을 탐내는 자들은 미혹을 받아 믿음에서 떠나 많은 근심으로써 자기를 찔렀도다(딤전 6:10)"

라고 일갈했다.

온전한 교회 공동체는 서로를 사랑하며 거짓말하지 않고 서로의 것을 탐내려 하지 않아야 한다. 성도 간의 교제에 있어서는 제로섬 게임(zero-sum game)이란 없어져야 한다. 예수 그리스도 안에서 다양한 지체들(Variety in Unity)이 모여 최고의 균형과 조화를 이루어야 하고 성령님을 주인으로 모시고 그분의 통치와 질서, 지배하에서 아름답게 살아가야 한다.

결국 교회와 교회공동체는 하나님나라(현재형과 미래형 하나님나라)의 왕 같은 제사장이다. 그렇기에 지금 Already~not yet인 현재형 하나님나라에서는 하나님과 세상을 화목시키는 그 일에 그리스도의 대사(Christ's Ambassador)로 살아감이 마땅하다.

에필로그

이제 막 〈기독교의 3대 보물〉을 저자이신 성령님께서 불러주시는 대로 다 기록했다. 먼저는 제대로 기록했는지 약간 두렵기도 하다. 그럼에도 불구하고 기록하는 동안 내내 행복했다. 기뻤다. 그리고 감사할 수 있었다.

흔히 우리는 익숙한 것에 대해 지나치기가 쉽다. 가까이 있는 것을 소중히 여기지 않는 경향도 있다. 특히 나는 더욱 그런 듯하다. 그래서 나의 주인이신 성령님은 이번에 나와 공저자에게 소중한 기회를 주셔서 〈기독교의 3대 보물〉을 기록하게 하셨다.

사도신경, 주기도문, 십계명은 기독교의 핵심이자 근간을 담고 있는 최고의 요약문이다.

그런 '사도신경'은 신론(Theology), 인간론(Anthropology), 기독론(Christology), 구원론(Soteriology), 교회론(Ecclesiology), 종말론(Eschatology)을 오롯이 담고 있다.

예수님께서 직접 가르쳐 주신 '주기도문'을 통하여는 하나님과의 대화를 통한 바른 관계 설정과 동시에 지속적인 친밀한 교제를 쌓아가게 한다.

'십계명'을 통하여는 한 번 인생, 유한되고 제한된 직선의 일회 인생을 어떻게 살다가 죽을 것인가, 무엇을 하다가 죽을 것인가에 대해 지팡이와 막대기의 역할을 제시해주시고 있다.

간결한 내용으로 기독교의 핵심을 다 담아 내거나 짧은 시간안에 기독교의 본질을 디 요약하여 말하기는 무척이나 어렵다. 그러나 사실은 아주 쉽기도 하다. 그것은 하나님께서 미리 우리의 연약함을 아시고 잘 준비해 놓으셨기 때문이다. 곧 〈기독교의 3대 보물〉이 있기 때문이다. 문제는 우리가 그것을 경시했던 것이다.

기독교를 주변에 가장 정확하게, 동시에 가장 간결하게 전하고 싶은 가? 그렇다면 저자로서 나는 이 책을 권한다.

기독교를 바르게 알고 싶은가? 그렇다면 이 책을 권할 것이다.

자신이 믿고 있는 기독교에 대해 한번 더 점검하고 싶은가? 그렇다면 이 책을 찬찬히 살펴보라.

이 책 〈기독교의 3대 보물〉을 마치며 지난 몇 달을 되돌아본다. 공저자로 나서 준 큰 아들 이성진 전도사, 멘티 김선민 목사에게 먼저 고마움을 전하고 싶다. 이들은 나와 함께 동일한 성령님의 음성을 들으려고 무던히도 땀과 눈물을 흘렸다.

최근에 나는 급격한 체력 저하와 더불어 육신의 여러 곳이 한꺼번에 쇠퇴하는 과정을 겪고 있다. 그래서 더욱 하나님께 찰싹 달라붙어 있다. 간혹 투정을 부리며……

자주자주 히스기야의 기도를 떠올린다. 그리고는 동일한 기도를 올리고 있다. 동시에 '므낫세'는 사양한다라고 하며…….

〈기독교의 3대 보물〉은 노년의 내게 주신 하나님의 응답이자 선물이기도 하다. 원고를 다 쓰고 나자 확실하게 알 수 있었다. 지금은 주님의 품에 그대로 안겨 평안을 누리고 있다. 육신이 지금보다 더 연약해져도 무엇이 대수랴…….

돌이켜보면 지금까지의 나의 삶은 늘 '예수 그리스도 십자가'로 하나된 '삼위일체 하나님'과 '함께'였다. 육신의 장막을 벗는 그날까지도 그럴 것이다. '다른 하나님, 한 분 하나님'이신 삼위하나님은 내게 든든함이요 나의 뒷배이다. 그런 나는 언제 어디서나 삼위하나님만을 찬양하고 경배한다. 삼위하나님께만 영광 돌릴 것이다.

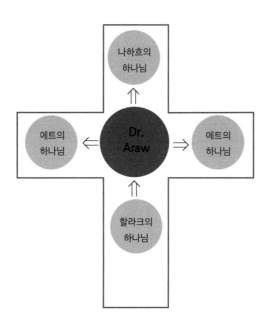

매사 매 순간 앞서가시며 인도하시는
나하흐(엑사고, ἐξάγω, נָחָה)의 성부하나님!

매사 매순간 함께하시는
에트(אֵת, עִמָּנוּאֵל, "with us is God", the name of a child/Ἐμμανουήλ, "God with us",
Immanuel, a name of Christ)의 성자하나님!

매사 매순간 뒤에서 밀어주시며 당신의 의도대로 가게 하시는
할라크(הָלַךְ, 파라칼레오, παρακαλέω)의 성령하나님!

모든 것이 하나님의 은혜이다.
할렐루야! 할렐루야!

하늘의 보물을 찾기 원하는가?

이홍남 목사/벨국제학교장

3대 보물!

그렇다. 이 3가지야말로 기독교의 시금석(試金石, touchstone) 이자 보물이 맞다. 그럼에도 불구하고 이선일 박사의 말대로 우리는 사도신경, 주기도문, 십계명에 대해 너무 주문식으로 외워왔고 지금도 그러고 있는 중이다.

보물이 보물인 줄도 모른 채…….

아무런 의식도 없이…….

사실 기독교의 핵심인 이 3가지 보물은 너무 익숙한 것에 반해 실상은 잘 모르는 것도 사실이다. 언제부터인가 우리 모두는 잘 알기라도 하듯 착각 속에 살아온 듯하다. 쉬운 것 같으면서도 정확한 뜻을 선명하게 아는 사람은 드물기 때문이다.

이번에 이선일 박사와 공저자가 저술한 이 책 〈기독교의 3대 보물〉의 내용을 읽어 내려가며 다시 한번 더 적나라한 현실을 점검할 수 있었다.

그렇기에 나의 친구에게 더욱더 감사한다.

나는 신실한 그리스도인들이 이 책 〈기독교의 3대 보물〉을 최고의 값진 보물로 인식한 후 자신의 삶에 적용한다면 한 번 밖에 살지 못하는 인생을 보다 더 풍성하게 살아갈 수 있다는 확신이 들어 기뻤다.

하나님나라에 대한 확신!

삼위일체 하나님에 대한 확신!

하나님의 자녀로서의 분명한 정체성을 가지고 복음과 십자가를 자랑하고 복음과 십자가로 살아가는 삶에 대한 자긍심!

이 책 〈기독교의 3대 보물〉을 읽게 되면 반드시 얻게 될 복이다. 친구로서 나는 저자와 공저자가 이 책을 쓰면서 내내 행복했던 이유를 알게 되었다. 그렇기에 나 또한 읽는 내내 행복했다.

하늘의 보물을 찾기 원하는가?

그렇다면 이 책 〈기독교의 3대 보물〉을 강력히 추천한다. 이 책에는 눈에 보이는 보물 외에도 비가시적인, 영원한 빛을 발하는 하늘의 보물이 숨어 있다. 감사한 것은 이 책을 찬찬히 읽고 천천히 묵상하다 보면 나처럼 최고의 보물을 발견할 수 있게 될 것이란 점이다.

교회의 회복을 갈망하는 저자가 마지막 심정으로 재해석한 책

허임복 목사/나로도중앙교회

스스로 절필을 선언했고, 불청객으로 다가와 육신을 괴롭히는 지독한 질고에 고통받으면서도 무엇이 저자를 다시 책상 앞에 앉게 했을까?

그동안 한국교회 앞에 내놓은 수많은 저서들만으로도 하고 싶은 복음 이야기, 세상에 던지는 야성 가득한 예수 이야기는 이미 풍성할 터인데…….

왜 저자는 다시 펜을 들었을까?

'정리와 결산'이라는 단어를 가끔 묵상하는, 그리하여 목회 은퇴를 앞둔 나의 상황으로 본다면 그에게 쉽게 공감이 된다.

평생을 강단에서 복음을 전했지만 내가 전한 복음이 과연 완벽하며 충분했을까? 매 주일, 마지막 심정으로 설교하는 내게 성령님은 놀랍게도 매번 하늘을 열어 보이시곤 했다. 그렇기에 매 순간 도대체 복음의 깊이는 어디까지일까라며 감동의 나날을 보내는 나로서는 친구인 이선일 박사의 마음이 이해가 되고도 남는다.

"절필??……."

천만에.

매사 매 순간 그에게 말씀하셨을 성령님의 음성을 머릿속에만 담아두기에는 몹시 죄송스러웠을 저자인 이선일 박사의 거룩한 성품이, 그에게 다시 펜을 들게 했을 것이다.

내가 아는 저자는 삼위일체 유일하신 하나님을, 성경을, 누구보다도 사랑한다. 또한 한국 교회를 사랑한다. 그렇기에 저자는 한국 교회를 향한 자신의 마음을 책으로 드러내기도 하고 강의와 설교를 통해 외치기도 했다. 그의 외침은 일관되게 '오직 말씀', '다시 말씀'이었다.

저자의 원고를 받아 든 시점은 때마침 복음 한쪽을 내게 선포했던 어떤 친구의 한마디가 나를 붙잡던 때였다.

'당신은 언제 회개하셨습니까?'

가장 익숙한 단어, 회개!

그 회개를 언제 했느냐는 세미나 강사인 친구의 외침을 만난 후 나는 한 달째 영적으로 신음 중이었다. 너무 당연하고 기본적인 단어인지라 나는 살아오면서 당연히 충분했던 것으로 착각하거나 잊고 살아왔던 것이다.

이번에 저자가 보내온 사도신경, 주기도문, 십계명도 그랬다.

기독자의 삶에 시작이며 과정이고 마침인 게 사도신경과 주기도문, 그리고 십계명 아니던가? 이 보물이 무너지면 교회도 속절없이 흔들릴 텐데…….

모든 것이 당연시되는 현대 사회의 기독자들이 주문처럼 외우고 이름표처럼 가슴에 붙이고 다녔을 '사·주·십'을 조국 교회의 회복을 갈망하는 저자가 마지막 심정으로 재해석했기에 줄을 그어가며 묵상했다.

어려서부터 평생을 야구만 했던 선수도 타격이 안 되거나 피칭이 안 될 때가 있다. 그러한 때는 다시 처음으로 돌아가 자세부터 살핀다고 한다. 오늘 조국 교회가 신음한다면 그것은 성도의 영적 자세가 흩어졌기 때문이리라.

이러한 때에 출간되는 나의 친구 이선일 박사와 공저자의 이 책〈기독교의 3대 보물〉이라는 보고가 기독교 역사 이후 어느 때보다 강력하게 준동하는 어둠의 세력들을 대항하는데, 그리고 내 신앙을 지켜가는 데 당연히 선명한 이정표가 되리라 믿어 의심치 않기에 강력한 추천과 더불어 일독을 권한다.

다양한 버전을 비교하여 핵심을 놓치지 않도록

정성철 목사/하늘문교회

사도 베드로는 우리에게 "당신이 가진 소망(희망)에 대해 설명해 주기를 바라는 사람들에게 언제나 답변할 말을 준비해 두라"고 했다. 곧 베드로전서 3장 15절 말씀이다.

그런 의미에서 성도라면 현재 '내가 무엇을 믿고 있는지', 그리고 '어떻게 기도해야 하는지', 향후 '어떻게 살아가야 할지'에 대한 분명한 답을 가지고 있어야 한다.

나의 의형제 이선일 박사와 공저자의 이 책 〈기독교의 3대 보물〉에서는 이런 3가지 질문에 선명한 답을 제시하고 있다

저자는 지금까지 성령님의 인도하심을 따랐던 7권의 장편(掌篇) 주석의 대장정을 막 마쳤다. 그렇게 갈라디아서 장편(掌篇) 주석 〈예수 믿음과 하나님의 계명을 붙들라〉, 히브리서 장편(掌篇) 주석 〈오직 믿음, 믿음, 그리

고 믿음〉, 로마서 장편(掌篇) 주석 〈살아도 주를 위하여 죽어도 주를 위하여〉, 요한복음 장편(掌篇) 주석 〈은혜 위에 은혜러라〉, 요한계시록 장편(掌篇) 주석 〈예수 그리스도 복음의 계시라〉, 창세기 장편(掌篇) 주석 〈태초에 하나님이 천지를 창조하시니라〉, 사도행전 장편(掌篇) 주석 〈오직 성령이 너희에게 임하시면〉이 세상에 나오게 되었다.

그동안 저자의 책을 모두 읽었던 나로서는 이 책 〈기독교의 3대 보물〉의 장편(掌篇) 강의에서 그동안 저술했던 저자의 모든 책의 엑기스를 다시 읽게 되는 기쁨을 누렸다. 그런 의미에서 이 책은 한 권이 아니라 일곱 권이다. 신앙생활에서 알아야 할 모든 것이 들어 있다.

저자와 공저자는 표를 만들어 '사주십'의 다양한 버전을 비교하여 볼 수 있게 하였다. 더하여 길게 설명한 내용 중 주요 핵심사항은 표로 만들어 한 번 더 명료하게 요약해 주고 있다. 그러다 보니 이 책은 내용의 핵심을 놓치지 않도록 친절한 배려가 곳곳에 들어가 있다.

그동안 매너리즘에 빠져 신앙생활을 하셨던 분들이 이제 후로는 과연 '내가 무엇을 믿고 있으며 무엇을 구해야 하고 향후 어떻게 살아가야 할지'에 대한 해답을 찾기 원한다면 나의 의형이자 동역자 이선일 박사와 공저자의 이 책 〈기독교의 3대 보물〉을 통해서 선명한 답을 찾는 귀한 시간이 되기를 바란다. 그렇게 될 것을 믿고 강력하게 추천하는 바이다.

영혼의 만족감을 한층 더하게 하는 보물과 같은 책

하상선 목사/GEM(세계교육선교회)대표. 마성침례교회

최근 들어 한국 교회는 점점 더 영적으로 메말라갈 뿐만 아니라 병들어 가는 현상이 역력하다. 설상가상으로 안팎의 시대 상황은 더욱더 암울해져가고 있다. 진실로 응급상황이다. 우선적으로 생명을 살려야 하기에 빠른 처방이 절실하다. 이러한 때 나의 동역자 이선일 박사와 공저자의 책 〈기독교의 3대 보물〉이 세상에 나오게 됨이 못내 기쁘다.

지난날 고린도 교회는 비즈니스로 인한 급작스러운 부요함과 무분별하게 흡수했던 다양한 문화들, 교회 안의 무질서한 종교행위 등등으로 인해 혼란스러웠다. 이때 사도 바울은 믿음, 소망, 사랑이라는 처방전을 내렸다. 동시에 믿음, 소망, 사랑 이 세 가지는 항상 있을 것인데 그중의 제일은 사랑이라(고전13:13)고 외쳤다.

사도 바울의 영적 지혜와 분별력이 필요한 시기에 나의 동역자 이선일 박사와 공저자의 이 책 〈기독교의 3대 보물〉이 출간된다는 소식은 사막의 오아시스같은 느낌이다.

한국 기독교 140여 년 역사 속에서 이처럼 영적 바이러스에 감염됨으로 부흥과 성숙이 침체된 적이 있었던가?

특별히 이 책은 가장 힘들 뿐만 아니라 다양한 어려움 속에서 신음하고 있는 이 땅의 그리스도인들을 향해 가장 적절한 치료제일 뿐만 아니라 백신 역할까지도 할 것 같아서 자꾸만 코끝이 시큰거려온다.

사도신경은 니케아-콘스탄티노플 신경과 함께 가장 광범위하게 수용되는 신조로서 기독교의 가장 기본적인 신앙 조항을 담고 있는 텍스트다. 그렇기에 수많은 신학자들이 자기 시대의 역사적 배경 안에서 사도신경에 대한 해석을 시도해왔다. 그런 현대 신학자들 가운데 칼 바르트, 판넨베르크, 한스 큉, 라칭거와 같은 신-구교의 저명한 학자들이 있다. 그러나 본서 〈기독교의 3대 보물〉과 같이 간략하고 명쾌하게 서술한 책은 아직 보지 못했다.

사도 신경, [누구를 믿을 것인가].

우리가 붙들어야 할 분명한 믿음의 대상 곧 삼위일체 하나님에 대한 명료한 답이 제시되어 있다. '다른 하나님(기능론적 종속성), 한 분 하나님(존재론적 동질성)'. 나는 침례교 목사라 사도신경으로 매주 신앙고백은 하지 않지만 그 내용은 인정하고 있다.

주기도문, [어떻게 기도할 것인가].

성부하나님께, 성령님의 도움을 바라며 예수님의 이름으로 기도하라.

하나님이 아버지 되심을 전제로 하여 아버지와 자녀 관계에서 오는 여러 가지 복들을 저자는 소망에 초점을 두고 풀어 나가고 있다. 주기도문은 가장 모범적이고 가장 완벽한 구조를 갖고 있다. 단순하고도 간결한, 우리에게 꼭 필요한 6가지 간구를 저자는 문자(원어)적, 상징적, 배경적 원리를 통하여 해석하고 있다

또한 주님이 가르쳐 주신 기도 속에 숨어 있는 [믿음, 경배, 소망, 순종, 간구, 동정, 고백, 의지, 승인] 등등 다양한 신학적, 신앙적인 과제들을 저

자는 자신만의 독특한 해석과 방법으로 해석하고 있다.

천국 소망을 가진 신자라면 누구나 다 쉽게 이해할 수 있으며 신앙 회복과 각성을 위한 지침서로 쉽고 바르게 적용할 수 있는 책이다.

십계명 [어떻게 살다가 죽을 것인가].

하나님께서 직접 돌판을 준비하시고(물론 첫 번째와 두 번째 돌판의 제조 과정이 다르기는 하지만) 직접 쓰셔서 모세를 통해 선민들에게 선포되었던 10계명!

저자가 설명했듯이 10은 완전수(完全數), 만수(滿數)로서 하나님께서 주신 구원받은 백성들이 살아가는 데 꼭 필요한 10가지 계명이다. 그렇기에 10계명은 우리가 흔히 생각하듯 징계를 전제로 한 두렵고 무서운 계명이 아니다.

오히려 율법이나 십계명에는 하나님의 성품이 잘 드러나 있다. 그러므로 우리가 십계명을 가지고 지키며 살아가게 되면 하나님의 참 형상인 거룩함으로 살아가게 될 뿐만 아니라 보다 더 완벽한 보호 속에 안전한 삶을 누릴 수 있게 된다. 저자는 이런 바른 교훈과 자유함을 주는 진리를 통해 십계명을 하나님의 사랑으로 풀어 나가고 있다. 그렇기에 나의 동역자 이선일 박사와 공저자의 이 책 〈기독교의 3대 보물〉의 출간을 함께 기뻐할 수 있는 것이다.

영혼의 만족감을 한층 더하게 하는 기독교의 3대 보물로, 세상 문화에 병들어가는 예수쟁이들에겐 3대 보약으로, 선교 현장에서 영적 전쟁을 하고 계시는 선교사들에게는 영적 무기로, 믿음으로 기독교 신앙에 입문하는 모든 이들에게는 신앙의 지침서이기에 강력하게 추천한다.

병들고 지쳐, 혼탁한 가운데 있는 모든 믿는 이들에게 치유의 백신이 될 것을 기대하면서……

신앙이 흔들릴 때마다 묵상할 이 3가지 보물

이종삼 목사/티엔미션 대표, 꿈의학교 명예교장, 성경통독 인도자

보물을 싫어하는 사람은 없을 것입니다. 왜냐하면 그것은 값이 나가고 귀하기 때문입니다. 우리가 길거리에서 흔히 볼 수 있는 돌맹이를 보물이라 하지 않고 희귀한 금이나 보석 등 엄청난 가치가 있는 것을 보물이라고 합니다. 그런 의미에서 이번에 이선일 박사와 공저자들의 〈기독교의 3대 보물〉이라는 책은 단번에 나의 관심을 갖게 했습니다.

사도신경과 주기도문과 십계명이 기독교의 3대 보물이라는 저자 이선일 박사와 공저자의 주장에 전적으로 공감합니다.

저는 평소 성경을 읽고 성경통독을 진행하면서 "사도신경으로 신앙고백을 분명히 하고 진행한다"고 선포해 왔습니다. 사도신경은 "누구를 믿을 것인가"에 대한 분명한 답을 줍니다. 성부하나님, 성자하나님, 성령하나님의 삼위일체 하나님에 대한 분명한 신앙고백은 우리의 믿음을 더욱더 견고하게 합니다.

"어떻게 기도할 것인가."

하나님께 바르게 기도를 드리는 행위는 결코 쉽지 않습니다. 우리는 많

은 경우 중언부언하기도 하고, 하나님의 뜻과는 상관없이 자신의 소원을 일방적으로 말하는 경우가 있습니다. 기독교의 기도는 살아계신 하나님이 들으신다는 전제가 있어야 가능합니다. 어떤 기도도 드릴 수 있지만 아무렇게나 기도해서는 안 된다고 생각합니다. 기도를 가르쳐 달라는 제자들의 요청에 주기도문을 가르쳐 주신 예수님은 우리가 원하는 것보다는 우리의 필요를 훨씬 더 정확하게 보시는 분입니다.

우리는 기도할 때, 하나님을 경외하는 마음으로 해야 합니다. 하나님의 말씀에 보다 더 집중하면서 동시에 그 말씀을 귀하게 여기며 말씀에 기준을 두고 기도해야 합니다. 하나님 말씀에 순종하면서 '그리 아니하실지라도 감사', '그럼에도 불구하고 감사'의 각오로 기도해야 합니다.

"삶에서의 명료한 기준을 어디서 찾을 것인가."

십계명입니다. 십계명은 출애굽기와 신명기 등 모세오경에 나오지만 예수 믿고 신약시대를 살아가는 우리뿐만 아니라 모든 민족, 모든 사람들을 복되게 하는 계명입니다. 저는 예수 믿는 모든 사람들이 십계명을 지켜서 하나님이 주시는 사명을 감당하는 신자가 되기를 간절히 소망합니다. 그러나 아쉽게도 십계명을 아주 오래전 모세 시대를 살았던 사람들에게 준 낡은 계명으로 알고 소홀히 하는 그리스도인들이 많은 것 같아 안타깝습니다(regrettable, sad). 예수 믿는 모든 사람들이 십계명만 제대로 지켜도 하나님 사랑과 이웃 사랑은 저절로 될 것이라 확신합니다.

십계명은 개인과 공동체에 주신 하나님의 은혜의 선물입니다. 십계명을 지킴으로 의롭게 되는 것은 아니나 십계명을 통해 우리가 죄인임을 고백할 수 있게 됩니다.

나의 동역자 이선일 박사와 공저자들은 이 책 〈기독교의 3대 보물〉을 통해 사도신경과 주기도문과 십계명에 대해 깊이있게 설명해 주었습니다.

우리는 신앙 생활하면서 수없이 많은 어려움과 마주칩니다. 신앙이 흔들릴 때도 있습니다. 그럴 때마다 우리가 가진 이 3가지 보물에 대해 깊은 묵상과 마음에 새기는 과정을 통해 더욱 더 견고해지리라 확신합니다. 자신이 믿는 대상이 누구이며, 그분께 어떻게 기도해야 하는지, 한 번 인생을 어떻게 살다가 죽을 것인지를 결단하는 그리스도인들께 이 책을 추천합니다. 큰 유익이 있을 것이라 확신합니다.

성령님이 쓰라고 인도하신 이유를 알 수 있었다

정창석 목사/포항성안교회

닥터 아라우(Dr. Araw)!

이선일 선교사님과 저는 오랜 기간 친구로, 동역자로 알고 지내왔습니다. 선교사님은 순교자이신 할아버지와 목회자이신 아버지를 이어 순교자의 신앙을 이어오고 계십니다. 그러다 보니 윗대로부터 내려오는 귀한 신앙의 유산이 뇌속과 혈관 속 그리고 뼛속까지 가득 차 있습니다. 그야

말로 예수그리스도로 가득 차 있는 분입니다.

선교사님은 청년사역자로서, 의료선교사로서, 성경교사로서 지난 40년의 세월을 살아왔습니다. 특히 지난 코로나의 엄혹한 4년 동안에는 집중적으로 10여 권의 책을 출간하셨습니다. 이렇듯 일인다역하다 보니 요즘 들어 몸이 많이 약해지신 듯합니다. 그런 가운데 이번에 공저자들(이성진 전도사, 김선민 목사)과 함께 이 책 〈기독교의 3대 보물〉이라는 좋은 책을 출간하셨으니 친구인 나는 정말 기쁩니다. 마음껏 축복하고 또 축복하고 싶습니다.

나는 이번에 이책 〈기독교 3대 보물〉을 읽어보며 한국교회뿐만 아니라 목회자들에게도 아주 유익한 책이라는 생각이 들었습니다. 다음의 이유 때문입니다.

1) 이 책은 사도신경과 주기도문과 십계명에 대한 강해서입니다. 기독교인으로서 신앙적인 기본 골격을 형성하는 데 꼭 필요한, 아주 중요한 내용을 다루고 있습니다. 선입관으로는 책의 내용이 딱딱할 것 같은데 읽어보면 전혀 그렇지 않은 놀라움이 있습니다. 저자는 사도신경과 주기도문과 십계명을 '기독교의 3대 보물'이라고 단정합니다.

사도신경은 '누구를 믿을 것인가'라는 믿음에 관한 내용이고, 주기도문은 '어떻게 기도할 것인가'라는 소망을 다룬 것이며, 십계명은 '어떻게 살 것인가'에 대한 사랑을 다룬다고 강론합니다. 자칫 무미건조한 개념을 논할 수 있음에도 불구하고 놀랍게도 실제 적용을 논하고 있기에 책을 읽는 내내 마음이 뜨거워짐을 느꼈습니다.

2) 이 책은 사도신경과 주기도문과 십계명을 해설하면서 히브리어 헬라어 원문과 라틴어역와 영어역 그리고 한글번역을 나란히 대조하며 보여줍니다. 지금까지 이런 식으로 설명하는 책을 보지 못했기 때문에 아주 설득력있고 좋았습니다. 사도신경, 주기도문, 십계명의 한구절 한구절을 이렇게 대조하다 보면 그 뜻을 보다 더 명확히 이해할 수 있게 됨으로 참 좋았습니다.

3) 이 책은 사도신경과 주기도문과 십계명에 대하여 장황하지 않게 비교적 간결하게 설명합니다. 그러면서도 이슈가 되는 부분에서는 좀 더 깊게 자세하게 짚어주고 있어서 좋았습니다. 선교사님은 이 책을 성령께서 쓰게 하셔서 쓰셨다고 담대하게 말씀하셨습니다. 원고를 정독하고 난 후 나는 적어도 그렇게 말할 만한 이유를 확실하게 느꼈습니다.

여러분께서 나의 친구이자 동역자 이선일 박사와 공저자의 이 책 〈기독교의 3대 보물〉을 통해 신앙의 기본골격을 튼튼히 하실 수 있기를 간절히 바라마지 않습니다. 하나님 감사합니다!

이런 책은 아직까지 본적이 없었다

김범석목사/호주 시드니순복음교회

나의 의형이자 동역자인 이선일 박사와 공저자의 이 책 〈기독교의 3대 보물〉을 읽으며 깜짝 놀랐다. 이런 책은 아직까지 본적이 없었기 때문이다.

나는 사도신경, 주기도문, 십계명을 새신자들이 알기 쉽게 설명한 간단한 책들은 여러 권 보아왔다. 그때마다 누구나 다 아는 그 이상의 내용은 없었기에 무심코 넘겨왔다. 그러다 보니 지금 저자가 기독교의 3대 보물이라고 명명했을때 약간 주저되는 면이 없지도 않았다.

그러나 이번에 보내온 원고는 일단 분량이 있었고 읽다 보니 내용의 무게가 느껴지기 시작했다. 마지막 장을 덮노라니 진한 감동마저 몰려왔다. 잠시 눈을 감고 다시 처음부터 묵상해 보았다.

사도신경, 누구를, 무엇을 믿을 것인가?

주기도문, 어떻게 기도할 것인가?

십계명, 유한되고 제한된 직선의 일회 인생! 어떻게 살다가 죽을 것인가? 무엇을 하다가 죽을 것인가?

저자와 공저자는 기독교의 3대 보물을 자연스럽게 믿음, 소망, 사랑으로 대치하여 설명하였다. 그런 이 책 〈기독교의 3대 보물〉은 강력하게 때로는 은근하게 다가온다.

특별히 이 책은 각 문구마다 여러 신학자들의 견해를 실었고 지나간 역사 속에서 믿음의 선조들이 사용했던 믿음의 고백들을 나열했다. 그런 후 저자와 공저자의 견해를 밝혔다. 왜 그런 해석을 했는지에 대한 설명까지 총체적으로 볼 수 있다. 그래서 더욱 흥미로웠고 목사인 나도 미처 생각지 못했던 것들을 발견하기도 했다.

나는 기독교에 좀 더 관심이 있는 모든 그리스도인들에게 나의 의형이자 동역자 이선일 박사와 공저자가 쓴 이 책 〈기독교의 3대 보물〉을 한번은 꼭 읽어보기를 추천하고 싶다. 신앙에 진심인 사람은 신학에 진심일수밖에 없다. 기독교의 핵심이자 보물을 담고 있는 이 책을 통해 기독교의 바른 요약이 선명하게 정립되길 바란다.

당신은 누구를 믿는가? 또 무엇을 믿는가?

당신은 어떻게 기도하려는가?

당신은 어떻게 살다가 죽으려는가?

이 책은 상기의 3가지 질문을 시원하게 풀어준다.

성도의 생활을 풍성하게 해주는 보물이 될 것

김형남 목사/멜번 한마음장로교회

이번에도 역시 너무나 기대가 되는 책을 추천하게 되었습니다. 저는 개혁 교단의 목사로서 지난날부터 기독교의 3대 보물이라고 할 수 있는 사도신경과 주기도문 그리고 십계명에 관한 여러 책들을 살펴 왔습니다. 그런데 이번에 나의 친구이자 동역자 이선일 박사와 공저자들은 〈기독교의 3대 보물〉을 통해 이런 귀한 보물들을 한 권에 묶어 출간합니다. 그들의 노고와 열정에 큰 박수를 보내며 진심으로 감사하고 마음껏 축복하고 싶습니다.

이 책은 각권으로 출판된 어떤 저서보다도 그 깊이와 내용이 풍성합니다. 부족하지도 아쉽지도 않습니다. 책을 다 읽고난 지금 감사의 마음뿐입니다.

무언가 아쉽다는 갈증을 느끼지 못하여 그 이유를 곰곰이 생각해 보았습니다. 그러던 중 나는 저자 이선일 박사의 생애를 통해 금방 고개를 끄덕일 수 있었습니다.

나의 친구 이선일 박사는 수 대에 걸친 목회자 가정에서 태어났습니다. 그는 어려서부터 철저한 신앙적 환경 속에서 말씀과 교리에 대한 엄한 교육을 받고 자랐습니다. 나의 생각에는 그 스스로도 그런 교육을 즐겼다고 생각합니다. 그는 성경암송에 탁월합니다. 히브리어와 헬라어의 경우 어디에 내어 놓아도 손색이 없습니다. 그런 친구는 명철함에 더하여 엄청난 노력파입니다. 무엇보다도 그는 하나님을 사랑하고 또 두려워할 줄 아는 경건의 훈련을 늘 사모하며 실행하는 사람입니다.

이런 배경을 통해 나의 친구이자 동역자 이선일 박사와 공저자들은 〈기독교의 3대 보물〉을 저술하였습니다. 그동안 저술했던 여러 다른 주석들처럼 이 책 또한 모든 독자들을 믿음으로 믿음에 이르게 해주고 또한 삶의 방향에 큰 도전을 줄 것이라 생각합니다.

제가 너무나도 사랑하는 기독교 강요, 웨스트민스터 대소요리문답, 하이델베르크 요리문답도 사도신경, 십계명 그리고 주기도문을 핵심으로 교리를 정립한 책들입니다. 그러다 보니 교회 공동체는 늘 사도신경, 십계명, 주기도문을 중심에 두어 왔습니다. 전통적인 교회 공동체는 공적으로 모일 때마다 사도신경과 십계명, 그리고 주기도문으로 신앙고백을 합니다. 목회자로서 나는 지난날 동안 늘 교인들에게 그 중요성을 가르쳐왔고 이 3가지를 양육해 왔습니다. 그런 내게 이 책은 금상첨화(錦上添花, cherry(icing) on the cake)입니다.

우리가 가져야 할 참된 믿음의 지표인 사도신경, 하나님나라 시민으로서 소중한 삶의 양식이 되는 십계명, 그리고 끊임없이 타올라야 할 하나님나라에 대한 비전을 제시하는 주기도문에 대한 이번 〈기독교의 3대 보물〉이라는 책은, 사도신경, 십계명 그리고 주기도문의 내용에 대한 바른 의미를 정확하게 인도해 주기에 전혀 부족함이 없어 보입니다.

교회는 종말시대의 끝날까지 '사주십'은 반드시 전하고 지켜야 할 핵심임을 잊지 말아야 합니다. 나의 친구이자 동역자 이선일 박사와 공저자가 쓴 이 책 〈기독교의 3대 보물〉은 성도의 생활을 풍성하게 해주는 보물이 될 것입니다. 나는 이러한 사실을 확신합니다. 부디 많은 성도들이 이 책을 접할 수 있기를 기도합니다.

모든 세대에게 건강한 교리를 제시

박상춘 목사/미시건 앤아버대학촌교회

나는 저자인 이선일 박사의 동역자이자 20년지기 친구입니다. 그는 지난 4년여 동안 코로나의 엄혹한 시기를 지나며 성경의 뿌리인 교리서신을 깊이있게 파헤치며 주석들을 썼습니다. 그런 그의 무섭도록 집중적인 열정을 곁에서 지켜보았습니다.

나는 그가 그리스도인으로서 삶의 목표를 잃고 방황하는 이 세대들과 함께하는 것도 보았습니다. 그런 나의 친구였기에 놀랍도록 인내하는 것을 볼 기회가 많았습니다. 마침내 그는 그들을 도와 하나님의 일꾼으로 성장하도록 책을 출간함으로 그들을 부드럽게 이끌어 갔습니다.

이선일 박사는 언제나 든든한 반석인 말씀과 복음적 교리를 깊이 묵상하고 공부하는 사람입니다. 나의 친구이자 동역자 이선일 박사와 공저자가 쓴 이 책 〈기독교의 3대 보물〉의 모든 내용들은 전적으로 명확한 성경의 원리들에 기초하고 있습니다. 그렇기에 기독교의 3대 보물인 사도신경, 주기도문, 십계명을 다루고 있는 이 책 또한 기독교의 보물이요 모든 그리스도인의 영적 유산임에 틀림없습니다.

기독교의 보물을 다룬 이 책은 영적 유산을 깊이있는 영성으로 퍼올리는 역할을 합니다. 특히 이 시대를 살아가며 방황하는 모든 세대들에게 건강한 교리와 성경적 영적 리더십을 제시하고 있습니다. 이는 마치 지난날 세례요한의, 광야에 외치는 자의 소리와 같은, 큰 울림을 들려주기도 합니다.

이 세대를 향한 강건한 영적 반석이 되는, 3가지 유산을 파헤치고 있는 성령님의 기본 원리들은 아무도 흉내낼수 없을 것입니다. 적어도 하나님의 쓰임을 갈구하는 영적 지도자라면 이 책을 꼭 접해보시길 강력히 추천 드립니다.

이러한 이유로 나의 친구이자 동역자 이선일 박사와 공저자가 쓴 이 책 〈기독교의 3대 보물〉을 모든 그리스도인들에게 적극 권해 드리고 싶습니다.

귀하고 값진, 그리고 영원한 소망이 담겨있는 책

김우미 교수/고신의대학장, 약리학교실

'주기도문'

'사도신경'

'십계명'

저자이신 이선일 선교사, 공저자이신 이성진 대표와 김선민 목사는 상기의 세 가지를 일컬어 '기독교의 3대 보물'이라고 하셨습니다.

'보물'

이 책을 읽으며 보물이란 단어를 다시 되새길 수 있었습니다. 그렇기에 기독교의 3대 보물을 다룬, 이선일 박사와 공저자가 쓴 〈기독교의 3대 보물〉에는 말로 다 표현할 수 없는 귀하고 값진, 그리고 영원한 소망이 담겨 있습니다.

돌이켜보면 우리에게 거저 주신 보물이었기에 얼마나 소중한지조차도 몰랐습니다. 그 넓이와 깊이를 느끼지 못하고 지내왔습니다. 그 보물의 의미를 정확하게 잘 알지 못했기에 절실하게 붙들지도 않았습니다.

아마 저의 삶을 온전히 맡겨드릴 용기가 없었나 봅니다.

순간순간 더 커보이는 것들에 온통 마음을 빼앗기기도 하고 실상은 아무 것도 아닌 일들에 자주자주 넘어지기도 했습니다. 그러던 차에 이선일 박사와 공저자가 쓴 〈기독교의 3대 보물〉을 접하게 되었습니다.

좋으시고 신실하신 하나님께서는 이 책을 통해 당신이 어떤 분이신지를 드러내셨습니다.

주기도문을 통하여는 제게 소망을 주셨습니다.

사도신경을 통하여는 저의 믿음을 고백하기 원하셨습니다.

십계명을 주시며 모든 근본에 사랑이 있음을 가르쳐 주셨습니다.

저자이신 이선일 선교사님은 자신에게 주신 지혜를 통해 평상시에도 이들을 알리기 원하셨고 사랑의 하나님을 자랑하고 싶어하셨습니다. 정기적으로 만남을 갖고 있는 저는 이런 사실의 증인이기도 합니다. 더 나아가 이 책 〈기독교의 3대 보물〉을 읽으며 그 감동을 고스란히 느낄 수 있었습니다.

지난날부터 함께 했던 성경공부모임을 통한 그와의 나눔 속에서 나는 하나님께서 내게 주신 보물들을 많이 발견했습니다. 그야말로 보물같은 시간들이었습니다. 그리하여 지금은 너무나 마음이 풍요로워졌습니다.

저는 지금도 앞으로도 성경모임의 그 시간을 기대합니다. 그런 모임을 인도하셨고 그런 이선일 선교사님을 만나게 하신 좋으신 하나님께 깊은 감사를 드립니다.

우리에게 보물을 나누고자 매번 먼 길을 달려오시는 이선일 선교님과 그의 가정을 위해 마르지 않는 은혜 부어주시기를 기도드립니다.

마지막으로 기독교의 3대 보물을 다룬, 이선일 박사와 공저자가 쓴 〈기독교의 3대 보물〉을 간절히 권하며 동시에 일독을 권합니다.

그래, 이런 책이 진작 나왔어야지!무릎을 탁 쳤다

이은호 목사/감림산기도원 부원장

우리가 성경을 대할 때 가장 중요한 것 세 가지를 말하라고 한다면 저는 이렇게 답합니다.

첫째는, 하나님께서 그 본문을 통해 본래 하시고자 하시는 말씀이 무엇인가입니다. 둘째는 그것이 오늘 나에게 어떤 의미가 있는가입니다. 셋째는, 그것이 다른 하나님, 한 분 하나님이신 삼위일체 하나님을 어떻게 드러내는가입니다.

간혹 두 번째 항목을 가장 중요한 것으로 여기는 견해가 있습니다. 그러나 그것은 하나님께서 본래 하시고자 말씀하셨던 것에서 변질될 우려가 큽니다.

저자 이선일 박사님은 이런 기본기에 탁월한 성경교사일 뿐만 아니라 하나님 말씀을 깊이 사랑하는 삶을 살아가고 있는 크리스천입니다. 영국의 성경교사 아더 핑크가 오버랩되기도 합니다. 이러한 삶의 연장선 상에서 본서가 출간된 것이기에 추천하는 저는 상당히 기쁩니다.

저는 나의 동역자 이선일 박사와 공저자가 쓴 이 책 〈기독교의 3대 보물〉의 원고를 보면서 몇 번이나 무릎을 탁! 쳤습니다.

'그래, 이런 책이 진작 나왔어야지!'

돌이켜보면 사도신경, 주기도문, 십계명을 각각 설명하는 서적들은 이미 시중에 제법 많이 나와 있습니다. 그러나 이 세 가지를 유기적으로 연결하면서 설명해 준 서적은 찾아보기 어렵습니다.

본서에서 설명하고 있는 사도신경 이야기를 듣다보면 주기도문과 십계명이 보입니다. 마찬가지로 주기도문을 듣다보면 사도신경과 십계명이 보이고 십계명을 듣다보면 사도신경과 주기도문이 보입니다.

두말할 나위 없이 이 3가지 보물은 기독교 신앙에서 무척 중요합니다. 더 나아가 이 세 가지가 서로 어떤 위치에 있는지, 기독교 신앙 원리 안에서 어떻게 연결되고 있는지를 알게 된다면 그 가치는 더욱 빛나게 될 것입니다.

나의 동역자 이선일 박사와 공저자가 쓴 이 책 〈기독교의 3대 보물〉은 원어에 대한 애착심에서 우러나는 든든한 해설, 세밀하게 환자를 살피듯이(그는 의학박사이기도 합니다) 오늘날 우리의 삶의 정황(Sitz im Leben)을 진찰하는 섬세한 안목, 삼위일체 하나님을 드러내기 위해 달려가는 묵직한 발걸음이 잘 어우러진 하나의 요리와도 같습니다.

실력있는 요리사의 요리에 가장 중요한 것은 훌륭한 재료를 선택하는 것에서부터 시작된다는 말이 있습니다. 이와 마찬가지로 재료 선택에서부터 세심한 손질까지 감당해주신 의학박사이며 학자이며 성경교사인 저자 이선일 선교사님과 귀한 동역자로 살아가는 공저자 이성진 전도사, 김선민 목사에게 깊은 감사를 드립니다.

이 시대를 살아가며 하나님의 마음을 더 깊이 알기를 원하시는 모든 분들에게 나의 동역자 이선일 박사와 공저자가 쓴 이 책 〈기독교의 3대 보물〉이 귀한 선물이 될 것이라고 확신하기에 강력하게 추천합니다.

'보물'을 '보물'답게 탁월한 이해와 해석으로 집필

허정훈 교수/고신의대부학장, 분자생물학, 면역학교실

저자인 이선일 박사님은 하나님의 말씀에 목숨을 걸 뿐만 아니라 그 말씀의 달콤한 맛을 진정으로 아시는 분이라고 단언할 수 있습니다.

그는 지난 5년간 주옥 같은 7권의 장편(掌篇) 주석들을 저술해오셨고 약간의 휴식 후 이번에는 〈기독교의 3대 보물〉의 출간을 눈앞에 두고 있습니다.

저자의 열정은 분명 하나님께서 주신 것이요 저자에게 주신 재능은 하나님의 은사라는 생각이 듭니다. 성경 말씀에 대한 이선일 박사님의 탁월하신 분석과 설명은 지금까지의 7권 장편(掌篇) 주석서에서 증명되었습니다.

이번에는 〈기독교의 3대 보물〉이라는 책이 출간되는데 이들의 내용은 기독교인들이라면 거의 모두가 다 알고 있고 습관적으로 암송하고 있는 것들입니다.

사도신경, 주기도문, 십계명은 기독교의 핵심을 아우르는 요약입니다. 그럼에도 불구하고 나를 위시하여 대부분의 그리스도인들은 매너리즘에 빠져 '보물'의 깊은 맛은 맛보지도 못한 채 지금까지 온 것이 사실입니다. 이번에 저자는 이런 맹점을 부드럽게 질타하듯 폭로하면서 '보물'을 '보물'답게 그의 탁월한 이해와 해석으로 집필하였습니다.

다시 강조하지만 기독교의 핵심을 가장 정확하고 명료하게 드러내는 것 중의 하나가 사도신경, 주기도문, 십계명입니다. 이는 아무리 반복하여 가르쳐도, 강조해도, 지나침이 없는 진정한 기독교의 보물입니다.

저자는 사도신경을 통해 내가 누구를 믿을 것인가에 대한 명확한 개념을, 주기도문을 통해 하나님과의 올바른 관계와 친밀한 교제를, 그리고 십계명을 통해 하나님께서 직접 우리에게 주신 삶의 명료한 기준이 무엇인지를 알 수 있어야 한다고 강조하고 있습니다.

더하여 이 책 또한 저자가 자신의 저술에서 일관되게 선포해왔듯이 자신이 정해놓은 저술의 5가지 원칙에 따라 기독교의 3대 보물인 사도신경, 주기도문, 십계명에 대해 흔들림없이 써내려갔습니다. 나는 원고를 읽으며 행간을 메우고 있는 글자 글자마다 하나님에 대한 그의 사랑과 열정을 느낄 수 있었습니다.

이선일 박사와 공저자가 쓴 〈기독교의 3대 보물〉은 성경 66권을 명쾌하게 요약하고 있을 뿐만 아니라 이 책을 통해 십계명, 주기도문, 사도신경에 대해 새로운 맛과 풍성한 맛을 더하게 되리라 확신합니다.

그렇기에 특별하고 소중한 이 책을 꼭 필독할 것을 강력하게 추천합니다.

주문 외우듯 했던 사도신경을 깊게 이해하게 되었다

이진욱 과장/좋은강안병원, 소화기내과

나는 저자이신 이선일 선생님의 멘티이다. 의과대학 예과 2학년 여름방학 때 그를 처음 뵈었다.

당시 선생님은 40대 초중반쯤이었던 것으로 기억된다. 이제는 내가 당시의 선생님 나이가 된 것을 생각하니 시간의 흐름이 무섭다. 다른 한편으로는 긴 세월 한결같은 말씀 양육, 복음전파와 더불어 한치의 흔들림도 없이 청년사역을 묵묵히 감당해 오신 선생님의 사랑과 수고에 머리가 숙여진다.

말씀을 향한 선생님의 마음이 얼마나 진심인지는 굳이 설명하지 않아도 그가 집필한 주석들과 그가 길러낸 멘티들을 보면 알 수가 있다.

나는 모태신앙이다. 그렇기에 어릴 때부터 말씀을 듣고 자랐음에도 서른이 될 때까지 말씀의 진면목을 정확하게, 풍성하게 알지 못했다.

성경의 어떤 부분은 이해하기 힘든 암호 같았다. 또한 매주일마다 혹은 예배시간마다 봉독했던 사도신경은 미처 그 내용이 무엇인지도 모른 채 주문 외우듯 소리만 발하곤 했다. 그러다 보니 봉독이 끝나면 그만이었다. 주기도문이나 십계명 또한 매한 가지였다.

나의 이런 약점을 정확하게 간파하신 분이 바로 나의 멘토인 이선일 선생님이시다. 동시에 그분은 나의 갈증을 해소해주신 분이기도 하다.

멘티로서 선생님께 성경과 교리를 배우는 동안 모호한 성경말씀은 갈수록 선명해졌고 이제는 살아서 움직이기까지 한다.

특별히 이번에 선생님과 공저자가 함께 한 〈기독교의 3대 보물〉을 통해 나는 사도신경, 주기도문, 십계명에 대해 보다 넓고도 깊게 이해하게 되었다.

사도행전을 '믿음', 주기도문을 '소망', 십계명을 '사랑'으로 이해하며 묵상하다보니 처음에는 낯선 글처럼 새롭게 느껴졌으나 다 읽고난 후 추천사를 쓰게된 지금은 그 풍성함에 감사하지 않을 수 없다.

이제 후로는 예배시간에 사도행전을 봉독할 때마다 '누구를 믿는 것인가'를 명확히 되새기며 진정한 신앙고백을 할 수 있을 것만 같다. 또한 기도할 때 어떻게 시작해야 할지 막막한 경우가 있었는데 이제는 예수님께서 친히 가르쳐주신 주기도문이 길을 안내할 것이다. 더하여 주기도문 속에 담긴 미래형 하나님나라에 대한 소망을 알게 된 지금은 기도하는 것이 전혀 부담스럽지 않다. 오히려 기도가 나의 가슴을 설레이게 한다.

무엇보다도 십계명에 대한 나의 생각이 완전 바뀌었다. 이전에는 십계명이 무겁고도 투박하게 느껴졌었다. 마치 모든 것이 불만스러운 사춘기 때의 '이것저것 하지말라는 아버지의 훈계'로만 느껴졌었다. 하지만 나를 구속하는 듯한 그 말씀들이 사실은 사랑이었다는 것을 알게 된 순간, 진정으로 아버지 하나님의 사랑을 느낄 수 있었다.

독자 여러분도 이선일 선생님과 공저자가 쓴 〈기독교의 3대 보물〉을 통해 사도행전, 주기도문, 십계명이 믿음, 소망, 사랑을 품고 있는 기독교의 감추인 보화임을 알게 될 것이라 확신하기에 추천과 더불어 일독을 권한다.

신앙의 성장에 소중한 디딤돌, 마중물 같은 역할

김영호 교수/고신의대예과장, 분자생물학, 면역학교실

저자인 이선일 선교사의 책은 하나님의 사랑을 전하는 소중한 지혜의 보고이다. 좋으신 하나님은 저자를 통해 성경의 많은 내용들을 이해하기 쉽게 저술할 수 있는 지혜를 주셨다. 그리하여 지금까지 7권의 장편(掌篇) 주석을 주저함 없이 저술하였다.

이번에 출간하게 될 〈기독교의 3대 보물〉 또한 독자들에게 기독교 핵심의 이해를 돕는 아주 유익한 책이 되리라 확신한다.

이선일 박사는 사랑과 믿음을 실천하는 이 시대의 실천가이기도 하다. 그는 무엇보다도 성경 말씀을 사랑한다. 그렇기에 자녀들에게 믿음의 유산인 말씀과 교리를 물려주는 일에 최선을 다하고 있다. 그런 그의 삶을 본받아 자녀들 또한 성경주석의 공저자가 되어 영적 로열패밀리의 가문을 이어가고 있다. 특별히 거룩한 욕심이 있는 나는 이런 부분에 그를 많이 부러워한다.

나는 성기석으로 이선일 박사와 함께 성경공부모임을 갖고 있다. 그와 함께하는 공부 시간은 언제나 즐겁기만 하다. 그의 깊고도 해박한 말씀에의 지식과 함께 헬라어, 히브리어를 통한 원어적 접근, 문화적 배경과 역사적 배경 등등 그야말로 풍성한 말씀 잔치이다.

그런 그에게서는 열정이 활활 타오르며 자연스럽게 열정이 전염되어 우리에게 옮겨붙곤 한다. 이런 그를 가리켜 우리는 '성경선생님'이라 부른다. 진정 '선생님'이다. 간혹 그의 주 업무인 의사의 직분은 아르바이트인 것처럼 보일 때도 있다.

이번에 이선일 선생님과 공저자가 쓴 〈기독교의 3대 보물〉은 우리에게 기독교의 기본과 근본 골격에 해당하는 믿음, 소망, 사랑을 잘 소개하고 있다. 사도신경, 주기도문, 십계명의 내용을 믿음, 소망, 사랑으로 대치하면서 아주 흥미롭게 설명하고 있기도 하다. 그렇기에 이 시대 하나님의 말씀을 사랑하는 모든 청년, 크리스천들에게 신앙의 개념과 성장에 소중한 디딤돌, 마중물 같은 역할을 하는 책이 될 것이라 확신한다.

많은 독자들이 이선일 선생님과 공저자가 쓴 〈기독교의 3대 보물〉을 통해 진정한 기독교의 진가를 알아가는 시간이 되기를 바라며……

이 시대의 열정 넘치는 성경선생, 헌신으로 섬기는 의사선생인 이선일 박사를 축복한다. 동시에 귀한 책을 허락하신 하나님의 다음 계획을 기대해본다.

소천하신 이영식 목사와 함께

References (참고도서)

1) 사도신경, 제임스 패커/김진웅 옮김, 아바서원, 2021

2) 십계명, 제임스 패커/김진웅 옮김, 아바서원, 2012

3) 주기도문, 제임스 패커/김진웅 옮김, 아바서원, 2012

4) 십계명, 스탠리 하우어워스, 윌리엄 윌리몬, 복 있는 사람, 2019

5) 사도신경, 알리스터 맥그래스/송동민 옮김, 죠이북스, 2020

6) 메시지 신약/유진 피터슨, 복 있는 사람, 2009

7) 게제니우스 히브리어 아람어사전, 이정의 옮김, 생명의 말씀사, 2007.

8) 스트롱코드 헬라어사전, 로고스편찬위원회, 로고스, 2009.

9) 로고스 스트롱코드 히브리어 헬라어사전(개혁개정4판), 로고스편찬위원회, 2011.

10) 핵심 성경히브리어, 김진섭, 황선우 지음, 2012.

11) 핵심 성경히브리어, 김진섭, 황선우 지음, 크리스챤출판사, 2013.

12) 직독직해를 위한 히브리어 400 단어장, 박철현, 솔로몬, 2016.

13) 직독직해를 위한 헬라어 400 단어장, 박철현, 솔로몬, 2017.

14) 성경 히브리어, PAGE H. KELLEY, 류근상, 허민순 옮김, 크리스챤출판사, 1998.

15) 신약성경 헬라어 문법, S. M. BAUGH, 김경진 옮김, 크리스챤출판사, 2003.

16)기타 참고 도서

하나님나라, George Eldon Ladd, 원광연 옮김, CH북스(리스천 다이제스트), 2018/하나님 나라, 헤르만 리델보스, 오광만 옮김, 솔로몬, 2012/하나님나라 복음, 김세윤, 김회권, 정형구 지음, 새물결플러스, 2017/Oxford Learner's THESAURUS, A dictionary of synonyms, OXFORD, 2008. /아가페 성경사전, 아가페성경사전편찬위원회, 아가페출판사, 1991. / 네이버 지식백과(라이프성경사전) / 구글(위키백과) / Bible Hub app / 복음과 하나님의 의(로마서강해1), 존 파이퍼 지음, 주지현 옮김, 좋은 씨앗, 2013 / 복음과 하나님의 은혜(로마서강해2), 존 파이퍼 지음, 주지현 옮김, 좋은 씨앗, 2013 / 복음과 하나님의 구원(로마서강해3), 존 파이퍼 지음, 주지현 옮김, 좋은 씨앗, 2013 / 복음과 하나님의 사랑(로마서강해4), 존 파이퍼 지음, 주지현 옮김, 좋은 씨앗, 2013 / 복음과 하나님의 주권(로마서강해5), 존 파이퍼 지음, 주지현 옮김, 좋은 씨앗, 2013 / 복음과 하나님의 백성(로마서강해6), 존 파이퍼 지음, 주지현 옮김, 좋은 씨앗, 2013 / 복음과 하나님의 나라(로마서강해), 존 파이퍼 지음, 주지현 옮김, 좋은 씨앗, 2013 / 복음과 하나님의 나라, 그레엄 골즈워디, 김영철 옮김, 성서유니온, 1988 / 복음과 하나님의 계획, 그레엄 골즈워디, 김영철 옮김, 성서유니온, 1994 / 내가 자랑하는 복음, 마틴 로이드 존스, 강봉재 옮김, 복있는 사람, 2008 / 바이블 키(신약의 키), 송영목 지음, 생명의 양식, 2015 / 바이블 키(구약의 키), 김성수 지음, 생명의 양식, 2015 / 최신 구약개론(제2판), 트렘퍼 롱맨,레이몬드 딜러드, 박철현 옮김, 크리스챤다이제스트, 2009. /구약 탐험, 찰스 H. 다이어 & 유진 H. 메릴 지음, 마영례 옮김, 디모데, 2001. /성경 배경주석(신약), 크레이그 키너, 정옥배외 옮김, IVP, 1998. /성경배경주석(창세기-신명기), 존 월튼, 빅터 매튜스, 정옥배 옮김, IVP, 2000. /한권으로 읽는 기독교, 앨리스터 맥그래스, 황을호, 전의우옮김, 생명의 말씀사, 2017 /성경해석, 스코트 듀발-J.다니엘 헤이즈지음, 류호영 옮김, 성서유니온, 2009 /성경을 어떻게 읽을 것인가, 고든 D 피-더글라스 스튜어트 지음, 오광만, 박대영 옮김, 성서유니온, 2014 /책별로 성경을 어떻게 읽을 것인가, 고든 D 피-더글라스 스튜어트 지음, 길성남 옮김, 성서유니온, 2016 /성경파노라마, 테리 홀 지음, 배응준 옮김, 규장, 2008 /넬슨성경개관, 죠이선교회, 2012 /이 책을 먹으라, 유진 피터슨, 양혜원 옮김, IVP, 2006. /성경통독(통박사 조병호의), 조병호, 통독원, 2004, 2017 /성경해석학, 권성수지음, 총신대학출판부, 1991 /현대신학연구, 박아론저, 기독교문서선교회, 1989. /기독교강요(상, 중, 하), 존 칼빈지음, 김종

흡, 신복윤, 이종성, 한철하공역, 생명의 말씀사, 1986. /프란시스 쉐퍼전집(1-5), 기독교철학 및 문화관, 프란시스 쉐퍼, 생명의 말씀사, 1994. /바벨탑에 갇힌 복음, 행크 해네그라프지음, 김성웅옮김, 새물결플러스, 2010. /복음의 진수, 프란시스 쉐퍼 지음, 조계광 옮김, 생명의 말 씀사, 2014 /첫째는 유대인에게, 대렐보크-미치 글래이저 공동편집, 김진섭 옮김, 이스트윈 드, 2009 /한눈에 보는 성경 조직신학, 안명준지음, 성경말씀사관학교, 2014/순례자의 노래, 스탠리 존스지음, 김순현옮김, 복있는사람, 2007. /영성을 살다, 리처드 포스터, 게일 비비지 음, 김명희, 양혜원옮김, IVP, 2009. /하나님 나라를 욕망하라, 제임스 스미스지음/박세혁옮 김, IVP, 2016. /성령을 아는 지식, 제임스 패커지음/홍종락옮김, 홍성사, 2002. /쉽게읽는 진 정한 기독교, 윌리엄 윌버포스지음/조계광 옮김, 생명의 말씀사, 2001. 2009 /세계개혁교회 의 신앙고백서, 본문 및 해설, 이형기교수, 한국장로교출판사, 1991, 2003 /복음은 삶을 단순 하게 한다. 이선일지음, 더메이커, 2018 /복음은 삶을 선명하게 한다. 이선일지음, 더메이커, 2019 등등. /요한계시록 신학, 라챠드보쿰 지음, 이필찬 옮김, 한들출판사, 2013(7쇄). P15- 133 /요한계시록 어떻게 읽을 것인가, 이필찬 지음, 성서유니온, 2019(개정 2판 2쇄). P7-198 /요한계시록 40일 묵상 여행, 이필찬 지음, 이레서원, 2018(4쇄) /신천지 요한계시록 해석 무 엇이 문제인가, 이필찬 지음, 새물결플러스, 2020(5쇄) /내가 속히 오리라, 이필찬 지음, 이레 서원, 2006 /평신도를 위한 쉬운 요한계시록 1, 양형주지음, 브니엘, 2020. P12-382 /요한 계시록 Interpretation, 유진 보링지음, 한국장로교출판사, 2011 /요한계시록, 이달지음, 한국 장로교출판사, 2008 /만화 요한계시록 1, 2, 백금산 글/김종두 그림, 부흥과 개혁사/요한복음 장편주석, 은혜 위에 은혜러라, 이선일·이성진, 산지, 2022/요한계시록 장편주석, 예수 그리 스도 복음의 계시라, 이선일·이성진, 산지, 2022/히브리서 장편주석, 오직 믿음, 믿음, 그리 고 믿음, 이선일·이성혜, 산지, 2021/갈라디아서 장편주석, 예수믿음과 하나님의 계명을 붙 들라, 이선일·황의현, 산지, 2022/로마서 장편주석, 살아도 주를 위하여 죽어도 주를 위하여, 이선일·이선호·윤요셉, 산지, 2022/창세기 장편주석, 태초에 하나님이 천지를 창조하시니 라, 이선일·최용민·이상욱, 산지, 2023/사도행전 장편주석, 오직 성령이 너희에게 임하시면, 이선일·이성준, 산지, 2023

기독교의 3대 보물

2023년 9월 15일 1판 1쇄 발행

지은이 이선일, 이성진, 김선민
펴낸이 조금현
펴낸곳 도서출판 산지
전화 02-6954-1272
팩스 0504-134-1294
이메일 sanjibook@hanmail.net
등록번호 제309-251002018000148호

@ 이선일 2023
ISBN 979-11-91714-40-1 03230